Washington Irving (1783–1859), respektvoll als Vater der amerikanischen Literatur bezeichnet, legte 1809 mit seiner ›Humoristischen Geschichte der Stadt New York‹ einen der klassischen Texte der Literatur der Neuen Welt vor, das erste große komisch-satirische Werk eines amerikanischen Autors über ein amerikanisches Thema. Aus geschichtlich Verbrieftem und frei Erfundenem formte Irving eine von burlesken Episoden strotzende Chronik der künftigen Riesenstadt New York vom Zeitpunkt ihrer Gründung durch niederländische Seeleute bis zum Ende der holländischen Herrschaft. Er bekannte sich nachdrücklich zu den Traditionen seines Volkes, was ihn jedoch nicht hinderte, deftige Idiotien beim Lenken des Staatsschiffchens der jungen Kolonie aufzuspießen; er berichtet von Parties und Ratsversammlungen, von Trachten und Uniformen, von Krieg und Frieden, Freundschaft und Auseinandersetzung – und beschreibt so die ›glorreiche‹ Pionierzeit mit Spaß und Ironie.

insel taschenbuch 592

Irving

Geschichte der Stadt

New York

WASHINGTON IRVING

DIEDRICH KNICKERBOCKERS HUMORISTISCHE GESCHICHTE DER STADT NEW YORK

*worin, unter vielen erstaunlichen
und merkwürdigen Dingen,
abgehandelt sind die
unausgesprochenen Überlegungen
Walters des Zweiflers,
die vom Unstern verfolgten Projekte
Wilhelms des Reizbaren
und die tapferen Taten
Peters des Starrköpfigen,
der drei holländischen Gouverneure
von New Amsterdam*

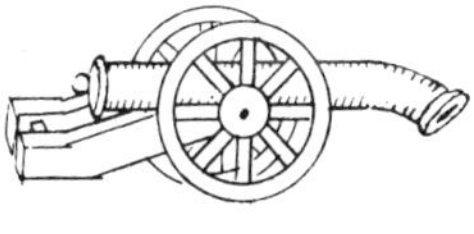

MIT ILLUSTRATIONEN VON
RUDOLF PESCHEL

INSEL VERLAG

Nach einer Übersetzung aus dem Jahr 1829
neu herausgegeben von Hans Petersen

insel taschenbuch 592
Erste Auflage 1981
Lizenzausgabe mit freundlicher Genehmigung
des Eulenspiegel Verlags Berlin

Vertrieb durch den Suhrkamp Taschenbuch Verlag
Umschlag nach Entwürfen von Willy Fleckhaus
Satz: Neo-Satz, Hürth-Efferen
Druck: Nomos Verlagsgesellschaft, Baden-Baden
Printed in Germany

De waarheid die in duister lag,
Die komt met klaarheid aan de dag

BERICHT ÜBER DEN VERFASSER

Wenn ich mich recht erinnere, so war es im Frühherbst des Jahres 1808, als ein Fremder im Independent Columbian Hotel in der Mulberry Street, dessen Besitzer ich bin, um Logis bat. Er war ein kleiner, lebhaft wirkender alter Herr in einem abgetragenen schwarzen Rock, olivgrünen samtenen Beinkleidern und mit einem kleinen Dreispitz. Die spärlichen grauen Haare trug er zu einem Zopf geflochten, und den Bart schien er sich zwei Tage lang nicht geschoren zu haben. Er konnte nur mit seinen viereckigen silbernen Schuhschnallen Staat machen, sein Gepäck bestand lediglich aus zwei Satteltaschen, die er unter dem Arm trug. Sein Äußeres hatte etwas Ungewöhnliches, und meine Frau, eine sehr gewitzte Person, stufte ihn auf der Stelle als gewichtigen Dorfschulmeister ein.

Da wir nicht viel Platz in unserem Gasthof haben, wußte ich nicht recht, wohin mit ihm. Aber meine Frau, die Gefallen an ihm zu finden schien, wollte ihn durchaus in ihrem Paradezimmer unterbringen, das mit den schwarz ausgeführten Bildnissilhouetten unserer ganzen Familie geschmückt ist, eine sehr schöne Aussicht auf die Rückseite des Armenhauses und der Besserungsanstalt sowie auf die Vorderfront des Hospitals gewährt und somit das freundlichste Gemach des Hauses ist.

Die ganze Zeit, die er bei uns wohnte, betrachteten wir ihn als einen sehr ehrenwerten, wenngleich ein wenig wunderlichen alten Herrn. Er blieb tagelang auf seinem Zimmer, und wenn eines der Kinder weinte oder vor seiner Tür lärmte, so lief er plötzlich wütend und die Hände voller Papiere heraus und sprach von »Konfusion in seinen Gedanken«, woraus meine Frau schloß, daß es bei ihm im Oberstübchen nicht richtig war. Für diese ihre Vermutung gab es manchen Grund, denn in seinem Zimmer lagen Zettel und alte, stockfleckige Bücher wild durcheinander, die niemand anrühren durfte. Ich

werde nie vergessen, welch Aufhebens er einmal machte, weil meine Frau in seiner Abwesenheit das Zimmer gesäubert und aufgeräumt hatte, und er schwor, er könne seine Aufzeichnungen nie wieder in Ordnung bringen, und sei's in einem Jahr.

Und doch hatte er zuvor stundenlang nach Unterlagen gesucht, die er gut aufgehoben zu haben versicherte. Meine Frau konnte nicht umhin, ihn zu fragen, was er denn mit so vielen Büchern und Papieren anfange. Seine Antwort, er trachte nach Unsterblichkeit, bestätigte sie noch mehr in ihrer Meinung über den Geisteszustand des alten Herrn.

Er war ein recht neugieriges Männchen; wenn er nicht auf dem Zimmer saß, schnüffelte er den ganzen Tag in der Stadt nach Neuigkeiten herum, vor allem zur Zeit der Wahlen. Zu Hause schimpfte er voller Wut auf beide Parteien, die, zwei Spitzbuben gleich, der Nation noch den Rock vom Leib reißen würden. Unter den Nachbarn galt er als Orakel, zumal am Nachmittag, wenn er auf der Bank am Tor sein Pfeifchen rauchte und sie sich um ihn versammelten. Gewiß hätte er alle von seiner Meinung überzeugt, wenn sie nur jemals begriffen hätten, auf welcher Seite er stand.

Meine Frau verlor endlich, weil gar keine Zahlung erfolgte, die Geduld und gab ihm zu verstehen, es wäre Zeit, »daß gewisse Leute von gewissen Leuten Geld zu sehen bekämen«. Der alte Herr antwortete sehr gekränkt, sie brauche sich keine Sorgen zu machen, er habe da drinnen (und damit deutete er auf den Mantelsack) einen Schatz, der ihr ganzes Haus aufwiege. Da er nie etwas anderes zur Antwort gab, auch bedeutende Verwandte wie die Knickerbockers in Schaghticoke hatte, so wollte sie ihn am Ende umsonst logieren lassen, wenn er nur ihren Kindern dafür Unterricht im Schreiben geben wollte, vielleicht auch noch den Nachbarskindern; aber das nahm der alte Herr so gewaltig übel, daß sie diesen Punkt nie wieder zu berühren wagte.

Vor ungefähr zwei Monaten ging er eines Morgens mit einem Bündelchen in der Hand aus – und hat nichts wieder von sich hören lassen. Alle meine Nachforschungen waren vergebens, ebenso verschiedene Annoncen in den Zeitungen.

Nun glaubte meine Frau, daß es höchste Zeit sei, uns als Entgelt für Unterkunft und Essen seiner Habe zu bemächtigen. Im Beisein seines Freundes, des Stadtbibliothekars, öffneten wir seinen Mantelsack. Aber es fand sich darin nichts als ein paar abgetragene Kleidungsstücke und ein dicker Stoß beschmiertes Papier. Dieses hielt der Bibliothekar für den Schatz, von dem der alte Herr gesprochen hatte; denn es war eine gar treffliche und wahrheitsgetreue Geschichte von New York, welche zu veröffentlichen er uns sehr anriet, weil wir damit unsere Rechnung zehnfach bezahlt bekämen. Ein gelehrter Schulmeister, der Erzieher unserer Kinder, hat sie daraufhin für den Druck vorbereitet.

Dies sind also die Gründe, warum ich das Buch habe drucken lassen, ohne die Einwilligung des Verfassers abzuwarten, und ich erkläre hiermit, daß, sollte er je zurückkommen (obwohl ich befürchte, daß ihn ein Unglück betroffen hat), ich wie ein ehrlicher Mann mit ihm abrechnen werde.

Des Publikums untertäniger Diener
Seth Handaside
Independent Columbian Hotel, New York

Das Vorstehende wurde der ersten Ausgabe dieses Werkes vorangedruckt. Bald nach dem Erscheinen derselben erhielt Mr. Handaside einen Brief von Diedrich Knickerbocker, aus einem kleinen holländischen Dorf an den Ufern des Hudson datiert, wo er sich aufhielt, um in bestimmten alten Dokumenten nachzulesen. Da dies eines jener wenigen glücklichen Dörfer war, die noch keine Zeitung kannten, war es nicht verwunderlich, daß er erst spät und durch bloßen Zufall von der Veröffentlichung seines Geschichtswerkes erfuhr. Er äußerte seinen Schmerz über die vorzeitige Drucklegung, weil dadurch verschiedene wichtige Verbesserungen und Nachträge seinerseits vereitelt worden seien. Denn bei einer weiteren Reise hatte er die guten alten holländischen Sitten, die er schildert, sehr verändert gefunden. In Albany erntete er zwar großes Lob, doch wies man ihm einige grobe Irrtümer nach, besonders den betreffs des Klumpens Zucker, der dort zu gemeinschaftlichem Gebrauch über den Teetischen hänge, eine Sitte – wie man ihm versicherte –, die vor mehreren Jahren abgeschafft worden sei, wie auch Fehler hinsichtlich der in seinem Werk erwähnten Familien; denn jene, deren Vorfahren nicht aufgeführt waren, fühlten sich vor den Kopf gestoßen, weil die Erwähnung im genannten Werk einem Adelsbrief gleichkam, in diesem republikanischen Land Gegenstand nicht geringer eitler Sorge. Der Gouverneur drückte ihm – so heißt es – verschiedene Male die Hand, und obgleich er einer anderen politischen Überzeugung anhing, ging er doch so weit, eines Tages nach Tisch an seiner Tafel zu erklären, Mr. Knickerbocker sei ein recht wohlmeinender alter Herr und beileibe kein Narr. Wäre unser Autor also

Anhänger einer anderen politischen Richtung gewesen, hätte er vielleicht zu einer ehrenvollen und einträglichen Notar- oder Friedensrichterstelle gelangen können. Da er seine Lebensaufgabe mit der Publikation seines Buches als erfüllt ansah, hätte er sich, wäre er nicht ein Mann von moralischen Grundsätzen und regelmäßigen Gewohnheiten gewesen, nun noch auf zwei Dinge – aufs Politisieren oder aufs Trinken – legen können. Zwar versuchte er noch, an einer zweiten Auflage seines Opus zu arbeiten, um Fehler, die sich eingeschlichen hatten, auszumerzen und seinem Werk den Ruhm der Zuverlässigkeit – die Seele der Geschichtsschreibung – zu verschaffen. Allein der schöpferische Funke war verglommen, er war unsicher und zweifelnd im Ändern und Verbessern geworden. Endlich kehrte er in seine Vaterstadt New York zurück, der er sich stets aufs engste verbunden fühlte, und erlebte hier die ganze Glückseligkeit literarischen Ansehens. Wohltätige Gesellschaften, die sich um jährliche Spenden an ihn wandten, wurden gern von ihm bedacht, denn er faßte all diese Gesuche als Komplimente auf. Eine Menge Ehren wurden ihm zuteil. Er war inzwischen so berühmt, daß er nicht mehr wie in früheren Zeiten unerkannt Streifzüge durch die Stadt unternehmen konnte, und mehrmals, als er mit Stock und Dreispitz wie gewohnt durch die Gassen schlenderte, riefen spielende Jungen bei seinem Anblick: »Da geht der Diedrich!«, was dem alten Herrn nicht wenig gefiel, vernahm er doch in diesen Begrüßungen den Schall des Nachruhms.

Die größte Ehre widerfuhr ihm durch einen überaus lobenden Artikel im »Port Folio«, und dies übermannte ihn so sehr, daß er zwei oder drei Tage krank daniederlag. Kurz, man muß zugeben, daß kaum einem lebenden Schriftsteller je so hoher Lohn zuteil wurde oder in so hohem Maße im voraus der Genuß der Unsterblichkeit vergönnt war.

Die Stuyvesants überließen ihm, wegen der ehrenvollen Verewigung ihres großen Ahnherrn, einen abgeschiedenen Ruhesitz auf den Familienländereien. Er war hübsch am Rand eines der Salzsümpfe jenseits von Corlear's Hook gelegen, an einer Stelle, die zwar des öfteren Überschwemmungen ausgesetzt war und im Sommer von Moskitos wimmelte, ansonsten aber recht angenehm war und reiche Ernte an Alkaligras und Binsen brachte.

Hier erkrankte der gute alte Mann leider sehr ernstlich an einem von den benachbarten Salzsümpfen verursachten Fieber. Als er sein Ende herannahen fühlte, ordnete er seine weltlichen Angelegenheiten und vermachte den größten Teil seiner Habe der Historical Society von New York, seine wertvollsten Bücher der Stadtbibliothek und seine Satteltaschen Mr. Handaside. Er vergab allen seinen Feinden, das heißt allen, die ihm feindlich gesinnt waren, denn von sich selbst bekannte er, daß er in Frieden mit der ganzen Welt von hinnen scheide. Nachdem er einige freundliche Botschaften an Verwandte und verschiedene unserer einflußreichsten holländischen Bürger diktiert hatte, verschied er in den Armen seines treuen Freundes, des Bibliothekars.

Seine sterblichen Überreste wurden nach seinem Willen auf dem St.-Markus-Kirchhof neben den Gebeinen seines Lieblingshelden, Peter Stuyvesant, beigesetzt, und es heißt, die Historical Society wolle ihm zu Ehren auf dem Bowling Green ein hölzernes Denkmal errichten lassen.

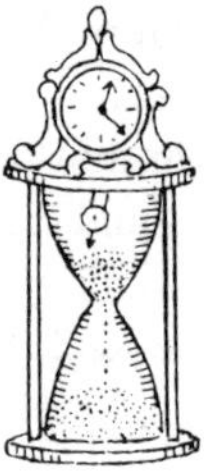

AN DEN LESER

»Um Vergangenes der Vergessenheit zu entreißen und vielen großen und wunderbaren Taten unserer holländischen Vorfahren den gerechten Tribut des Nachruhms zu verschaffen, bringt Diedrich Knickerbocker, aus New York gebürtig, diesen historischen Versuch heraus.« Wie Herodotos, der große Vater der Geschichtsschreibung, dessen Worte ich soeben auf mich anwandte, handle ich von längst vergangenen Zeiten, über die das Zwielicht der Ungewißheit bereits seine Schatten geworfen hat und auf welche die Nacht der Vergessenheit bereits für immer fallen wollte. Mit einiger Besorgnis sah ich schon lange die Geschichte dieser ehrwürdigen und alten Stadt sich unserem Griff entziehen, auf den Lippen des redseligen Alters erzittern und tagtäglich Stück für Stück ins Grab sinken. Binnen kurzem, dachte ich, werden jene altangesehenen holländischen Bürger, wankende Denkmäler der guten alten Zeit, zu ihren Vätern versammelt sein; ihre Kinder, von oberflächlichen Vergnügungen oder unbedeutenden Beschäftigungen der Gegenwart in Anspruch genommen, werden es versäumen, die Erinnerungen an die Vergangenheit zu bewahren, und die Nachwelt wird sich vergebens nach Andenken aus den Tagen der Patriarchen umsehen. Der Ursprung unserer Stadt liegt dann in ewiger Vergessenheit begraben, und selbst die Namen und Taten eines Wouter Van Twiller, eines Willem Kieft und Peter Stuyvesant erscheinen wie die von Romulus und Remus, Karl dem Großen, König Artus, Rinaldo und Godefroid de Bouillon in Dunkel und Dichtung gehüllt.

Fest entschlossen, diese drohende Gefahr abzuwenden, sammelte ich unermüdlich alle noch vorhandenen Bruchstücke aus unserer frühen Geschichte, und wo diese nicht ausreichten, versuchte ich, wie mein verehrtes Vorbild Herodotos, den Verlauf der Geschichte durch wohlverbürgte Traditionen zu ergänzen. Das mühevolle Unterfangen hat mich während meines ganzen langen und in Einsamkeit verbrachten

Lebens beschäftigt. Ich habe viele gelehrte Bücher mit nur geringem Erfolg befragt. Ein Manuskript im Archiv der Familie Stuyvesant gab mir jedoch viele wertvolle und merkwürdige Hinweise; andere angesehene holländische Bürger, auch einige alte Damen, die nicht genannt sein wollen, und schließlich die berühmte Historical Society von New York haben in gleicher Beziehung Anspruch auf meinen Dank.

Meine Art der Geschichtsschreibung ist nicht einem einzigen Vorbild entlehnt. Ich strebte nach der größten Unparteilichkeit und Wahrheitsliebe, gleich Xenophon. Wie Sallust habe ich meine Geschichte mit treffend gezeichneten Gestalten alter Helden bevölkert. In der Tiefgründigkeit politischer Gedanken strebte ich Thukydides nach, milderte sie mit der gefühlvollen Anmut eines Tacitus und erfüllte das Ganze mit der Würde, Erhabenheit und Pracht eines Livius. Selten konnte ich, gerade wie mein geliebter Herodotos, der Versuchung widerstehen, mich auf kühne Abschweifungen einzulassen, auf jene reizenden Episoden, die wie blumengeschmückte Hänge und duftende Lauben den staubigen Weg des Historikers begleiten und ihn einladen, sich auszuruhen und zu erfrischen von seiner Reise. Gern hätte ich wie Polybios die unerläßliche Einheit der Geschichte beobachtet, aber die lokkere Beschaffenheit vieler Tatsachen ließ dies kaum zu. Was dies noch mehr erschwerte, war die Beschäftigung mit den verschiedenen Sitten und Einrichtungen dieser besten aller Städte in ihrer Entwicklung und Veränderung bis hin in unser gegenwärtiges, aufgeklärtes und fortschrittliches Zeitalter.

Das größte Verdienst jedoch, dessen ich mich rühmen möchte, ist die Zuverlässigkeit und Wahrhaftigkeit, mit der ich dieses unschätzbare kleine Werk zusammengestellt und damit die Geschichte eines beträchtlichen Teils der Erde vor dem Vergessen gerettet habe. Und nun gestatte mir der Leser, die Feder niederzulegen, mich zwei- oder dreihundert Jahre weiterzudenken und aus der Vogelperspektive rückschauend einen Blick auf mich zu werfen, den Ahnherrn, das Vorbild und den Vorläufer vieler nachfolgender Geschichtsschreiber dieses Landes, mein Buch unter dem Arm, New York auf dem Rücken, vorwärts, vorwärts, ein tapferer Führer zu Ruhm und Unsterblichkeit. Solch eitle Bilder drängen sich wohl zuweilen in das Gehirn eines Schriftstellers, sie erhellen mit fast himmlischem Licht seine einsame Kammer, muntern seine Lebensgeister auf und geben ihm neue Schaffenskraft.

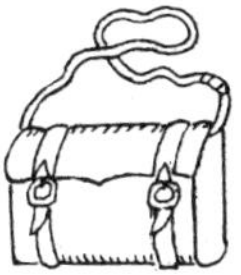

ERSTES BUCH

Die Besitznahme Amerikas und die erste Ansiedlung in der Provinz New Netherland

ERSTES KAPITEL

Worin der Verfasser mit Hilfe des Mannes im Mond eine wichtige Frage ein für allemal klärt und damit nicht allein Tausende von Menschen aus großer Verlegenheit reißt, sondern auch mit der eigentlichen Geschichte beginnt

Ein Historienschreiber gleicht in gewisser Hinsicht einem abenteuerlichen Ritter, der des Ruhms wegen eine gefahrvolle Reise unternimmt und der bei seiner Ritterehre keinem Hindernis, keiner Mühsal ausweicht und vor keinem noch so entsetzlichen Feind zurückschreckt. In diesem Sinne nehme auch ich entschlossen die Feder zur Hand und gehe beherzt auf jene wackeren Fragen und verzwickten Paradoxa los, die wie feurige Drachen und blutrünstige Riesen das Tor meiner Geschichte belagern und mir den Eingang verwehren wollen. Und gerade jetzt erhebt sich eine riesenhafte Frage, die ich sogleich beim Schopf packen und besiegen muß, bevor ich in meinem historischen Unternehmen fortfahren kann. Doch ist es gewiß auch der letzte Gegner, der zu bekämpfen ist, und ich werde den Leser im weiteren voller Triumph mitten ins Werk führen.

Die Frage, die so plötzlich aufgetaucht ist, lautet: Welches Recht hatten die ersten Entdecker von Amerika, ein Land in Besitz zu nehmen, ohne die Bewohner um Erlaubnis zu fragen oder sie für den Verlust in angemessener Form zu entschädigen? Ein Punkt, der äußerst schwer zu klären und für viele freundliche Leute höchst beunruhigend ist.

Die erste Quelle des Rechts, wodurch Eigentum an einem Land erworben wird, ist die *Entdeckung.* Alle Menschen haben ein gleiches Recht auf Dinge, die zuvor niemandem gehörten, und so kann jede Nation, die ein unbesiedeltes Land entdeckt und es in Besitz nimmt, volles Eigentumsrecht genießen und absolute Herrschaft ausüben.

Daraus folgt klar, daß die Europäer, welche Amerika zuerst besuchten, die wahren Entdecker waren. Um diese Tatsache festzustellen, bedarf es nur des einfachen Beweises, daß das Land von Menschen völlig unbewohnt war. Das mag anfangs etwas schwierig erscheinen, denn es ist allseits bekannt, daß dieser Teil der Welt von gewissen zweibeinigen, aufrecht einhergehenden Tieren wimmelte, die menschenähnliche Züge hatten, unverständliche, sehr an Sprache erinnernde Laute ausstießen, kurz: eine erstaunliche Ähnlichkeit mit Menschen hatten. Aber die eifrigen, erleuchteten Priester, welche die Entdecker begleiteten, um das Reich Gottes zu befördern, indem sie reiche Klöster und Bistümer auf Erden gründeten, klärten diesen Punkt zum großen Wohlgefallen Seiner Heiligkeit des Papstes und aller christlichen Reisenden und Entdekker bald auf.

Sie bewiesen, daß diese zweibeinigen Tiere bloße Menschenfresser, abscheuliche Ungeheuer, ja Riesen seien; daß sie unempfänglich für alle Eindrücke der Kultur seien; daß sie nackt herumliefen und keine Bärte trügen; daß sie kupferrot und damit fast so wie Neger seien, diese aber seien schwarz, und Schwarz, so sagten die frommen Patres, indem sie sich andächtig bekreuzigten, Schwarz sei die Farbe des Teufels; und endlich, so sagte man, hausten sie wie die wilden Tiere in den Wäldern und müßten wie jene unterjocht oder ausgerottet werden.

Das zweite Recht leitet sich her von der *Urbarmachung.* Nun ist es allbekannt, daß die Wilden zur Zeit der Entdeckung

durch die Europäer den Ackerbau nicht kannten, sondern sich herumtrieben, ein gar liederliches und sündhaftes Leben führten und verschwenderisch mit den Geschenken der Natur umgingen. Sie hatten also kein Recht auf das Land und verdienten, ausgerottet zu werden. Sie waren der Segnungen, die der Himmel ihnen ringsum hatte angedeihen lassen, nicht würdig. Daß sie so geringe Bedürfnisse hatten, bewies noch ihre Roheit, denn erst die Zahl und Größe der Bedürfnisse unterscheidet den Menschen vom unvernünftigen Vieh.

Das bringt uns auf das dritte Recht, das man sich durch *Zivilisation* erwirbt. Kaum sahen die mildtätigen Bewohner Europas ihre traurige Lage, als sie ihnen zu Hilfe eilten. Sie machten sie mit Rum, Genever, Branntwein und anderen Tröstungen des Lebens bekannt, und es ist erstaunlich, wie schnell die armen Wilden diese Segnungen schätzen lernten. Sie machten sie auch mit Heilmitteln gegen die hartnäckigsten Krankheiten bekannt, und um ihnen diese Wohltaten recht angedeihen zu lassen, führten sie erst jene schweren Krankheiten ein. Auf diese und andere Weise wurde der Zustand der armen Wilden unendlich verbessert, und da derjenige die meisten Quellen des Glückes besitzt, der recht viele Bedürfnisse zu befriedigen hat, so waren sie nun zweifellos viel glücklichere Wesen. Aber der wichtigste Zweig der Zivilisation, den die eifrigen und frommen Väter der römischen Kirche am emsigsten priesen, war die Bekehrung zum Christentum. Zwar hatten die Wilden zuvor weder gestohlen noch betrogen, sie waren enthaltsam, mäßig, keusch und hielten ihr Wort, aber das war alles nur aus Gewohnheit, nicht nach Vorschrift. Daher bedienten sich die Ankömmlinge aller möglichen Mittel, um sie zur wahren Religion zu führen, ausgenommen das Mittel, ihnen selber ein Beispiel zu geben. Sie ließen eine ganze Meute glühender Mönche und toller Bluthunde auf sie los, reinigten sie mit Feuer und Schwert, mit Pfahl und Scheiterhaufen, und infolge dieser Bekehrungsmittel nahm die christliche Liebe und Zärtlichkeit so überhand, daß innerhalb weniger Jahre kaum noch der fünfte Teil der Ungläubigen in Südamerika am Leben war. Mit Recht schrieb ein ehrwürdiger spanischer Pater an seinen Prior in der Heimat folgende Worte: »Kann irgend jemand so vermessen sein zu behaupten, daß diese wilden Heiden ihren Wohltätern kein geringes Entgelt gegeben haben, indem sie ihnen ein erbärmlich kleines Stück dieses schmutzigen weltlichen Planeten für einen glorreichen Besitz im Reich Gottes abtraten!«

Dies bringt mich auf ein viertes Recht, welches alle anderen überwiegt. Denn nachdem die Urbewohner alle getötet und begraben waren und niemand mehr vorhanden war, der den Spaniern ihren Anspruch auf das Land streitig machen konnte, so befanden diese sich in der Lage des Henkers, der die Kleider des Delinquenten erhält. Da sie nun Blackstone und alle gelehrten Kommentatoren der Gesetze auf ihrer Seite haben, die alle Besitzstörungsklagen zunichte machen, so kann diese letzte Befugnis das *Recht durch Ausrottung* oder das *Recht des Schießpulvers* genannt werden.

Weil jedoch Beweisführungen immer erst richtig verstanden werden, wenn sie uns egoistischen Sterblichen auf uns selber angewandt klargemacht werden, so will ich einen vergleichbaren Fall erzählen, um es meinen Lesern recht einleuchtend darzustellen.

Nehmen wir also an, die Bewohner des Mondes hätten durch erstaunliche Fortschritte in den Wissenschaften und durch tiefe Einsichten in jene Mondphilosophie, deren bloßes Flackern in letzter Zeit die schwachen Augen unserer guten Erdbewohner geblendet und ihre trägen Hirne verwirrt hat – sie hätten also dadurch solche Kräfte und eine so beneidenswerte Vollkommenheit erreicht, daß sie über die Elemente Herr geworden und die endlosen Weiten des Alls zu durchfahren imstande wären. Nehmen wir weiter an, eine umherschweifende Mannschaft solch hochfliegender Philosophen, mit höherer Weisheit und größeren Kenntnissen in der Kunst der Ausrottung begabt, sei im Laufe einer Entdeckungsreise unter den Sternen auch zufällig auf diesem unserem rückständigen Planeten gelandet. Sie sitzen auf Hippogryphen, sind mit undurchdringlichen Rüstungen bekleidet und mit gebändigten Sonnenstrahlen bewaffnet und haben überdies ungeheure Maschinen bei sich, aus denen sie gewaltige Mondsteine abschießen. Kurzum, sie sind uns ebenso überlegen wie wir damals den Indianern bei der Entdeckung Amerikas. Alles das ist leicht denkbar, denn es ist nur unser Eigendünkel, der uns anders denken läßt. Und ich bin sicher, die armen Wilden waren, bevor sie den weißen Mann, gewappnet mit den Schrecknissen glänzenden Stahls und des Schießpulvers, kennenlernten, ebenso fest davon überzeugt, die weisesten, mächtigsten und vollkommensten Geschöpfe zu sein, wie gegenwärtig die stolzen Bewohner Englands, die lebhafte Bevölkerung Frankreichs und gar die selbstzufriedenen Bürger dieser höchst aufgeklärten Republik.

Nehmen wir ferner an, daß diese Luftschiffer von unserem Planeten, den sie als schaurige Wildnis sehen, nur von uns armen Wilden und von gefährlichen Tieren bewohnt, im Namen Seiner Allergnädigsten und Weisesten Exzellenz, des Mannes im Mond, feierlich Besitz nehmen. Da ihre Zahl jedoch nicht ausreicht, unsere Erde aufgrund der unvorstellbaren Grausamkeit ihrer Bewohner völlig zu unterjochen, nehmen sie unseren würdigen Präsidenten, den König von England, den Kaiser von Haiti, den mächtigen Bonaparte und den großen König von Bantam gefangen und nehmen sie mit zurück auf ihren Planeten, an den Hof ihres Gebieters, um sie, wie wir die indianischen Häuptlinge an den Höfen von Europa, zur Schau zu stellen.

Während sie alle Reverenzen erweisen, welche die Hofetikette fordert, werden sie den mächtigen Mann im Mond wahrscheinlich in folgenden Sätzen anreden:

»Allererleuchtetster und großmächtigster Gebieter, dessen Reiche sich ausdehnen, so weit das Auge reicht, der auf dem

Großen Bären reitet, sich der Sonne als Spiegel bedient und ungefährdet über Ebbe und Flut, über Verrückte und Krebse herrscht. Wir, deine getreuen Untertanen, sind soeben von einer Entdeckungsreise heimgekehrt, in deren Verlauf wir auf jenem unbedeutenden, kleinen und schmutzigen Planeten, den du dort siehst, gelandet sind und von ihm Besitz genommen haben. Die fünf ungeschlachten Ungeheuer, die wir hier vor dein hoheitliches Antlitz stellen, waren einst bedeutende Häuptlinge ihrer wilden Brüder, eines Stammes, dem die üblichen Attribute der Menschheit völlig fremd sind und die sich in allen Stücken von den Mondbewohnern unterscheiden, indem sie die Köpfe auf den Schultern tragen anstatt unter dem Arm, zwei Augen statt eines einzigen haben, nicht mit einem Schwanz ausgestattet sind und in verschiedenen häßlichen Hautfarben vorkommen, insbesondere in einem abscheulichen Weiß statt unseres Erbsengrüns.

Wir haben ferner diese erbärmlichen Wilden in einem Zustand äußerster Unwissenheit und Verworfenheit angetroffen, in dem jeder, ohne sich zu schämen, mit seinem eigenen Weib lebt und seine eigenen Kinder aufzieht, statt sich der durch das Naturgesetz gebotenen Vielweiberei zu erfreuen, wie es unsere Mondphilosophen erläutert haben. Mit einem Wort, sie haben keinen schwachen Schimmer wahrer Weisheit und sind in der Tat schreckliche Ketzer, Ignoranten und Barbaren. Da wir nun mit der betrüblichen Lage dieser irdischen Jammerwesen Mitleid fühlten, haben wir beim Aufenthalt auf ihrem Planeten versucht, das Licht der Vernunft und die Tröstungen des Mondes bei ihnen einzuführen. Wir haben sie mit Mondschein und mit Schlückchen vom besten Lachgas bedient, das sie mit unglaublicher Gier verschlangen, besonders die Frauen. Auch haben wir versucht, ihnen die Maximen der Mondphilosophie einzutrichtern. Wir haben großen Wert darauf gelegt, daß sie die verabscheuungswürdigen Ketten der Religion und des gesunden Menschenverstandes abschütteln und die tiefe, allmächtige und allgenügende Energie, die ekstatische, unwandelbare, unbewegliche Vervollkommnung anbeten. Aber so unsagbar hartnäckig waren diese elenden Wilden, daß sie immer ihren Weibern treu blieben, ihre Religion verteidigten und die erhabenen Lehren des Mondes völlig in den Wind schlugen; ja, unter andern furchtbaren Ketzereien und Gotteslästerungen gingen sie so weit zu erklären, dieser unser unauslöschlicher Planet sei nichts weiter als ein grüner Käse!«

Bei diesen Worten wird der große Mann im Mond (der ein profunder Philosoph ist) in heftigen Zorn geraten und in seiner erhabenen Autorität über Dinge, die ihn nichts angehen, sogleich eine gewaltige Bulle erlassen, in der es heißt:

»Nachdem eine Schar von Mondbürgern kürzlich einen Planeten entdeckt und diesen neuentdeckten Planeten in Besitz genommen hat und nachdem sich herausstellte, daß dieser Stern von einem Geschlecht zweibeiniger Tiere bewohnt ist, welche die Köpfe auf den Schultern statt unterm Arme tragen, zweiäugig sind, die Mondsprache nicht sprechen und statt erbsengrün fürchterlich weiß aussehen, haben Wir selbige Geschöpfe aus diesen und vielen anderen guten Gründen für unfähig befunden, irgend etwas auf dem Planeten, wo sie ihr Unwesen treiben, zu besitzen, und bestätigen hiermit die ersten Entdecker in ihren Rechten und Ansprüchen. Von nun an aber sind diejenigen Kolonisten, die den genannten Planeten zu besuchen beabsichtigen, ermächtigt und angewiesen, jedwedes Mittel anzuwenden, um diese heidnischen Wilden aus der Nacht des Christentums zu bekehren und sie ganz und gar mondsüchtig zu machen.«

Auf Grund dieser hilfreichen Bulle gehen nun unsere philosophischen Wohltäter mit großem Eifer ans Werk. Sie bemächtigen sich unserer fruchtbaren Länder, vertreiben uns von unserem rechtmäßigen Eigentum, erleichtern uns um unsere Weiber, und wenn wir unvorsichtig genug sind, uns darüber zu beklagen, dann geben sie uns folgendes zu verstehen: »Armselige Barbaren! Undankbares Pack! Sind wir nicht Tausende von Meilen zu euch gekommen, um euren unwürdigen Planeten zu beglücken? Haben wir euch nicht mit Mondschein gefüttert und mit Lachgas berauscht gemacht? Spendet unser Mond euch nicht jede Nacht Licht, und seid ihr so niederträchtig zu murren, wo wir geringen Lohn für so große Wohltaten erwarten?« Sobald sie aber feststellen, daß wir nicht allein in der unbedingten Verachtung ihrer Argumente und in der Ablehnung ihrer Philosophie beharren, ja selbst so weit gehen, unser Eigentum zu verteidigen zu wagen, dann ist ihre Geduld erschöpft. Sie werden zu stärkeren Argumenten ihre Zuflucht nehmen, uns mit Hippogryphen hetzen, uns gebändigte Sonnenstrahlen durch den Leib jagen und unsere Städte mit Mondsteinen in Grund und Boden schießen. Und wenn wir uns, der Übermacht uns beugend, zum wahren Glauben bekannt haben, werden sie uns gnädigst erlauben, in den ausgedörrten Wüsten Arabiens oder in den Eisregionen Lapplands zu wohnen und uns dort der Segnungen der Zivilisation und des Zaubers der Mondphilosophie zu erfreuen, gerade so, wie es den geläuterten und aufgeklärten Wilden unseres Landes gütig gestattet ist, die unwirtlichen Wälder des Nordens und die undurchdringlichen Dschungel Südamerikas zu bewohnen.

So ist, wie ich hoffe, das Recht der Besitznahme Amerikas durch die ersten Ansiedler klar bewiesen und überzeugend dargelegt. Nachdem ich nun tapfer alle Hindernisse überwunden und alle Einwände entkräftet habe, kann ich meine Leser sogleich in die Stadt führen, die wir sozusagen schon so lange belagert haben. Doch halt! Bevor ich weitergehe, muß ich erst anhalten und Atem schöpfen, um mich von den Anstrengungen bei der Vorbereitung dieser höchst zuverlässigen Geschichte zu erholen. Ich folge hierin nur dem Beispiel eines berühmten holländischen Akrobaten aus alter Zeit, der einen Anlauf von drei Meilen nahm, um über einen Hügel zu springen. Weil er aber, als er den Fuß der Anhöhe erreichte, außer Atem war, setzte er sich ein paar Augenblicke hin, um zu verschnaufen, und nahm dann das Hindernis gemütlich im Spazierschritt.

ZWEITES KAPITEL

Welches von verschiedenen Gründen handelt, warum ein Mann nicht in Eile schreiben soll; dann von Kapitän Henry Hudson und seiner Entdeckung eines seltsamen Landes, endlich von seiner glänzenden Belohnung durch die Freigebigkeit Ihrer Hoheiten

Als mein Urgroßvater mütterlicherseits, Hermanus Van Clattercop, den Auftrag erhielt, die große steinerne Kirche in Rotterdam zu bauen, welche ungefähr dreihundert Yards zu Eurer Linken liegt, wenn Ihr von den Bompjes kommt, und die so bequem gebaut ist, daß alle eifrigen Christen Rotterdams lieber hier als in einer anderen Kirche der Stadt die Predigt verschlafen – als also mein Urgroßvater den Auftrag erhielt, dieses berühmte Gotteshaus zu bauen, ließ er zunächst aus Delft eine Kiste langer Pfeifen kommen, dann kaufte er sich einen neuen Spuckkasten und hundert Pfund vom besten Virginia-Tabak, setzte sich hin und tat drei Monate lang nichts als eifrig zu rauchen. Drei weitere Monate brachte er damit zu, zu Fuß und in der Treckschuit von Rotterdam nach Amsterdam, nach Delft, Harlem, Leyden und nach Den Haag zu reisen und sich an jeder Kirche auf dem Weg den Kopf zu stoßen und seine Pfeife zu zerbrechen. Dann näherte er sich wieder allmählich Rotterdam, bis er genau an der Stelle ankam, wo die Kirche gebaut werden sollte. Darauf brachte er abermals drei Monate damit zu, immer wieder um den Platz herumzugehen und ihn bald von der einen, bald von der anderen Seite zu betrachten. Er ließ sich auf dem Kanal daran vorbeirudern, spähte vom anderen Ufer der Maas mit einem Teleskop hinüber und betrachtete ihn endlich von der Spitze einer der riesigen Windmühlen, welche die Stadttore beschützen, aus der Vogelperspektive. Die guten Leute der Stadt waren voller Erwartung und Ungeduld, denn ungeachtet aller Unruhe, die mein Urgroßvater veranstaltete, war noch keine Spur von einer Kirche zu sehen; sie begannen sogar zu fürchten, sie werde nie das Licht der Welt erblicken, weil ihr großer geistiger Vater sich hinlegen und an den Wehen seines gewaltigen Plans umkommen könnte. Endlich, nachdem zwölf volle Monde mit Rauchen und Rudern, mit Reden und Gehen verstrichen, nachdem er ganz Holland durchreist und selbst nach Frankreich und Deutschland Abstecher gemacht hatte, nachdem fünfhundertundneunundneunzig Pfeifen und dreihundert Pfund vom besten Virginia-Tabak verraucht waren, versammelte mein Urgroßvater alle jene klugen und rührigen Bürger um sich, die sich lieber mit allem anderen als mit ihren eigenen Angelegenheiten zu schaffen machen, zog seinen Rock und fünf Paar Hosen aus, trat entschlossen vor und legte im Beisein der Menge den Grundstein zur Kirche, als gerade der dreizehnte Monat begann.

In ähnlicher Art und Weise bin ich, das Beispiel meines würdigen Ahnen deutlich vor Augen, bei der Niederschrift dieser sehr authentischen Geschichte verfahren. Die schlichten Rotterdamer glaubten ohne Zweifel, daß mein Urgroßvater bei all dem einstimmenden Gewese vor Baubeginn nichts Rechtes getan; ebenso werden viele kluge Bewohner dieser schönen Stadt annehmen, daß alle meine einleitenden Worte völlig überflüssig und zur Sache nicht nötig gewesen. Aber niemals haben sich gescheite Leute wohl mehr getäuscht; denn weil mein Urgroßvater langsam und bedächtig ans Werk ging, wurde sein Gebäude zu einem der prächtigsten in der Welt, wenn man einmal vergißt, daß es ihm wie unserem großartigen Kapitol in Washington erging: Es wurde in so großem Stil angefangen, daß das Geld nur zu dem einen Flügel reichte. Auch ich werde, wenn ich imstande bin, das Werk wie geplant zu vollenden – woran ich, ehrlich gesagt, manchmal zweifle –, den etwas mageren Stoff nach der jetzigen Sitte zu einer umfassenden Historie verarbeiten, was ja heutzutage als Triumph historischer Wissenschaft gilt. Nun zurück zu unserer Geschichte.

In dem unvergeßlichen Jahr 1609, eines Sonnabends morgens, am fünfundzwanzigsten Tag des Monats März alten Stils, segelte »der würdige und unwiederbringliche Entdecker« (wie man ihn sehr treffend genannt hat) Kapitän Henry Hudson von Holland in einem fest gebauten Schiff mit dem Namen »Half Moon« im Auftrag der Dutch East India Company los, um eine nordwestliche Passage nach China zu suchen.

Henry (oder, wie ihn die niederländischen Geschichtsschreiber nennen, Hendrik) Hudson war ein Seefahrer von Reputation, der unter Sir Walter Raleigh Tabak rauchen lernte und der erste gewesen sein soll, der ihn in Holland einführte, was ihn in seinem Land sehr beliebt machte und ihm die große Gunst Ihrer Hoheiten, der Herren Generalstaaten, sowie der ehrenwerten West India Company einbrachte. Er war ein kurzer, vierschrötiger und kräftiger alter Herr mit einem Doppelkinn, einem Mund wie ein Bullenbeißer und einer breiten Säufernase, deren feurige Tönung man zu jener Zeit der ständigen Nachbarschaft seiner Tabakspfeife zuschrieb.

Er trug, in einen ledernen Gürtel gesteckt, einen echten Andrea Ferrara und einen Kommodore-Dreispitz, den er etwas schief aufsetzte. Er hatte, wenn er seine Befehle erteilte, die Angewohnheit, sich die Hosen hochzuziehen, und seine Stimme tönte wie das Schmettern einer blechernen

„Half Moon"
Kapitän Henry Hudson

Kindertrompete, was auf die vielen steifen Nordwestwinde zurückzuführen war, die er auf seinen Seefahrten geschluckt hatte.

So war Henry Hudson, von dem wir so viel hören und so wenig wissen. Ich habe ihn so genau gezeichnet, weil ich damit unseren Malern und Bildhauern zur Hand gehen möchte, damit sie ihn darstellen, wie er war, und ihm nicht, wie sie es gewöhnlich mit zeitgenössischen Helden tun, das Aussehen eines Cäsar oder Marcus Aurelius oder eines Apollo vom Belvedere geben.

Zum Ersten Begleitoffizier und Lieblingsgefährten wählte sich der Kommodore Kapitän Robert Juet aus Limehouse in England. Einige haben seinen Namen *Chewit** geschrieben und behauptet, man habe ihn darum so geheißen, weil er der erste gewesen, der Tabak gekaut habe; aber das ist leichtfertig. Er war ein Jugendkamerad des großen Hudson, mit dem er oft die Schule geschwänzt und Holzschiffchen auf einem nahen Teich hatte segeln lassen, als sie noch kleine Knaben waren, woher der Hang des Kommodore zum Leben auf See rührt.

Ein nichtsnutziger, träger Bursche in seiner Jugend, wurde er in alle Teile der Welt verschlagen, lernte mehr Gefahren und Wunder als Sindbad der Seefahrer kennen, ohne davon weiser oder klüger oder schlechter zu werden. Bei jedem Mißgeschick tröstete er sich mit einem Priem und der wahrhaft philosophischen Maxime: »Das wird in hundert Jahren nicht anders sein!« Er schnitzte Anker und Liebesschleifen in Schotten und Relingsbretter und galt an Bord als witziger Kopf, weil er alle nach der Reihe foppte und dann und wann sogar dem alten Hendrik eine Grimasse schnitt, wenn dieser den Rücken wandte.

Diesem Universalgenie verdanken wir viele genaue Angaben über die gegenwärtige Reise, über die er auf Verlangen

* chew it = (engl.) kau es

des Kommodore einen Bericht niederschrieb, denn dieser hegte einen unüberwindlichen Widerwillen gegen das Schreiben, weil er dafür in der Schule viel Prügel bekommen hatte. Da Juet so knapp berichtet wie ein Logbuch, bediene ich mich noch einiger mündlicher Überlieferungen von meinem Ururgroßvater her, der als Schiffsjunge an der Expedition beteiligt war.

Die Reise verlief ruhig und glücklich, die Besatzung war von geduldigem Temperament, viel dem Schlaf und dem Dahindösen, weniger dem Denken ergeben, einer Geisteskrankheit, welche die Ursache allen Mißvergnügens ist. Hudson hatte sich reichlich mit Genever und Sauerkraut eingedeckt, und jeder durfte bei Windstille auf seinem Posten schlafen. Kommodore Hudson benahm sich zwar einigemal nicht ganz zur Zufriedenheit der erfahrenen Seeleute und verbot ihnen, mehr als fünf Jacken und sechs Hosen zu tragen, damit die Leute, wie er sagte, beweglicher seien, und niemand durfte mit der Pfeife im Mund im Takelwerk arbeiten oder sich an den Segeln zu schaffen machen, wie es noch heute Sitte auf holländischen Schiffen ist. Doch diese Kabbeleien mit den Seeleuten waren nur vorübergehend; sie aßen tüchtig, tranken viel und schliefen endlos, und so erreichte das Schiff, unter dem besonderen Beistand der Vorsehung, die Küste von Amerika, wo sie endlich nach einigem Halten und Ab- und Zuliegen am vierten September in jene majestätische Bucht einfuhren, die bis auf den heutigen Tag ihren einladenden Busen vor der Stadt New York ausbreitet und niemals zuvor von Europäern berührt worden war.

Nach unserer Familienüberlieferung verriet der große Seefahrer, als er nun den Anblick dieser bezaubernden Insel genoß, zum ersten und einzigen Mal in seinem Leben deutliche Anzeichen von Erstaunen und Bewunderung. Er wandte sich an Herrn Juet, sprach die bemerkenswerten Worte: »Sieh! Dort!« und stieß, wie gewöhnlich, wenn ihm etwas besonders gut gefiel, solch dicke Tabakswolken aus, daß man im Handumdrehen das Land aus dem Gesicht verlor und Herr Juet warten mußte, bis die Winde den undurchdringlichen Nebel zerstreut hatten.

Es war – so pflegte mein Ururgroßvater zu sagen (wie mir berichtet wurde) – wirklich ein Ort, auf dem das Auge ewig ruhen möchte, voll immer neuer und unendlich reicher Schönheiten. Die Insel Mannahata breitete sich wie ein liebliches Phantasiegebilde oder wie eine Schöpfung von fleißiger Zauberhand vor ihnen aus. Hügel mit lachendem Grün wogten sanft ineinander, gekrönt von hohen, üppig wachsenden Bäumen; einige reckten das sich verjüngende Laub zu den Wolken, die in hellem Glanz erschienen, andere, mit der grünen Last rankender Reben beschwert, beugten die Zweige zur blumenübersäten Erde. Auf den sanften Hängen standen in heiterer Üppigkeit Sumach, Hornstrauch und Hagebutte, deren scharlachrote Früchte und weiße Blüten gegen das satte Grün der Blätter abstachen. Da und dort kräuselte sich eine Rauchsäule aus den kleinen Tälern empor, die sich zum Meer hin öffneten, und schien den müden Reisenden ein Willkommen ihrer Mitgeschöpfe zuzuwinken. Wie sie so hingerissen die reizende Szene betrachteten, trat ein roter Mann, mit einem Federbusch gekrönt, aus einem der Täler, und nachdem er in stummer Verwunderung das stattliche Schiff betrachtet, das wie ein erhabener Schwan auf einem Silberteich dahinschwamm, stieß er den Kriegsruf aus und sprang wie ein Hirsch in den Wald, zum nicht geringen Erstaunen der phlegmatischen Holländer, die noch nie im Leben einen solchen Laut gehört oder solche Luftsprünge gesehen hatten.

Über die Verhandlungen unserer Abenteurer mit den Wilden, wie diese kupferne Pfeifen rauchten und getrocknete Trauben aßen, wie sie große Mengen Tabak und Austern herbeischleppten, wie sie ein Mitglied der Besatzung erschossen und wie dieses begraben wurde, darüber will ich mich nicht weiter auslassen, denn es ist für meine Geschichte nicht von Bedeutung. Nachdem sie einige Tage in der Bucht verweilt hatten, um sich von der Fahrt zu erholen, lichteten unsere Seehelden die Anker und fuhren einen breiten Strom hinauf, der in die Bucht mündete und den die Wilden Mohegan nannten. Der unternehmungslustige Henry zweifelte keinen Augenblick daran, daß es die langgesuchte Passage nach China war.

Auf dieser Fahrt den Fluß hinauf ereignete sich nichts Besonderes. Nur eine Probe von der praktischen Philosophie unseres Helden und seines Schulkameraden muß erzählt werden. Sie beschlossen, einige von den Häuptlingen aufs Schiff zu nehmen, um zu sehen, ob sie keine Verräterei im Schilde führten. Sie führten sie hinab in die Kajüte, gaben ihnen Wein und Aquavit zu trinken, bis sie leicht betrunken waren. Zufrieden mit diesem scharfsinnigen Experiment, welches bewies, daß die Eingeborenen ehrliche, gesellige und lustige Kerle waren, lachte der Kommodore von Herzen über seine Schlauheit, steckte sich ein großes Stück Kautabak in die Backen und befahl Herrn Juet, er solle doch ja nicht vergessen, den Spaß getreulich aufzuzeichnen, um die Naturphilosophen an der Universität Leyden zufriedenzustellen.

Nachdem er ungefähr hundert Meilen flußaufwärts gefahren war, merkte er, daß die Wasserfläche immer seichter und schmaler, die Strömung schneller und das Wasser immer klarer wurde. Diese ganz gewöhnlichen Erscheinungen an einem Fluß setzten den ehrlichen Holländer ungeheuer in Erstaunen. Es wurde Schiffsrat gehalten, der volle sechs Stunden dauerte und damit endete, daß das Schiff sich festfuhr, worauf man einstimmig den Beschluß faßte, daß auf diesem Wege wenig Aussicht bestünde, nach China zu kommen. Es wurde indessen ein Boot ausgesetzt, das den Fluß noch etwas weiter untersuchen sollte und das nach seiner Rückkehr die gefaßte Meinung nur bestätigte. Man machte das Schiff mit vieler Mühe wieder flott und wendete es, und der kühne Hudson kehrte nach dieser großen Schlappe den Strom hinab zurück.

Überzeugt, daß die Wahrscheinlichkeit, auf diese Art nach China zu kommen, gering war, wenn man nicht wie ein Blinder von dort wieder ausgehen wollte, wo man angefangen, segelte er zurück nach Holland und wurde mit großem Jubel von der ehrenwerten East India Company empfangen, die sehr erfreut war, daß er und ihr Schiff unversehrt zurückgekehrt waren, und in einer großen Zusammenkunft der ersten Kaufleute und Bürgermeister von Amsterdam wurde einmütig beschlossen: Um ihn für die geleisteten hervorragenden Dienste und seine wichtige Entdeckung großzügig zu belohnen, sollte der große Mohegan seinen Namen erhalten, und so heißt er bis auf den heutigen Tag Hudson River.

DRITTES KAPITEL

Welches einen Bericht enthält von einer mächtigen Arche, die unter dem Schutz des heiligen Nikolaus von Holland nach Gibbet Island schwamm, von den merkwürdigen Tieren, die daraus an Land gingen, und von einem großen Sieg nebst Beschreibung des alten Dorfes Communipaw

Die ergötzlichen Berichte des großen Hudson und von Herrn Juet über das entdeckte Land erregten kein geringes Aufsehen und Nachdenken bei dem guten holländischen Volk. Die Regierung stellte Patente für eine Gesellschaft von Kaufleuten aus, die sich West India Company nannte, zum ausschließlichen Handel auf dem Hudson, an dem sie eine Handelsniederlassung namens Fort Aurania oder Orange gründeten, woraus später die bedeutende Stadt Albany hervorging.

Drei bis vier Jahre nach der Rückkehr des unsterblichen Henry schiffte sich eine Schar braver niederländischer Kolonisten von der Stadt Amsterdam nach den Küsten Amerikas ein. Ihr Schiff trug den Namen »Goede Vrouw« (oder »Gute Frau«) zu Ehren der Gattin des Präsidenten der West India Company, die jedermann (außer ihrem Gemahl) für eine sanftmütige Dame hielt, wenn sie nicht betrunken war. Es war in der Tat ein recht stattliches Schiff von vollendetster holländischer Bauart und ein Werk der besten Schiffszimmerleute in Amsterdam, die, wie man weiß, ihre Schiffe immer den gefälligen Formen ihrer Landsmänninnen angleichen. So maß es hundert Fuß in der Breite, hundert Fuß in der Tiefe und hundert Fuß vom Achtersteven bis zur Heckreling. Wie sein Vorbild, das man für die größte Schönheit in Amsterdam hielt, hatte es einen vollen Bug, ein Paar riesiger Davits, einen Kupferboden und obendrein ein mächtiges Hinterteil.

Anstatt mit heidnischen Gottheiten versah der fromme Baumeister den Bug des Schiffes mit dem Konterfei des heiligen Nikolaus mit flachem, breitkrempigem Hut, gewaltigen flämischen Pluderhosen und einer Pfeife, die bis zur Spitze des Bugspriets reichte. So vortrefflich ausgestattet, schwamm das tüchtige Schiff wie eine majestätische Gans seitwärts aus dem Hafen der großen Stadt Amsterdam, und alle Glocken, die nicht anderweitig benötigt wurden, ließen bei diesem freudigen Anlaß ein dreifaches, achtstimmiges Wechselgeläute erklingen.

Die Reise der »Guten Frau« verlief unter dem Beistand des vielverehrten Schutzpatrons ungewöhnlich schnell und glücklich, und nach wenigen Monaten lag sie in der Mündung des Hudson vor Anker, etwas östlich von Gibbet Island.

Als die Seefahrer den Blick hoben, sahen sie an der heutigen Küste von New Jersey ein kleines indianisches Dorf,

» Goede Vrouw «

anmutig in einem Ulmenhain versteckt, die Bewohner aber standen alle an der Küste und starrten mit einfältiger Bewunderung die »Goede Vrouw« an. Man sandte sogleich ein Boot aus, um mit den Leuten zu unterhandeln. Durch ein Sprachrohr suchte man sich ihnen in den freundlichsten Ausdrücken verständlich zu machen, aber die armen Wilden erschraken so sehr über die lauten, ungeschlachten Töne der holländischen Sprache, daß alle die Flucht ergriffen, über die Höhen der Berge liefen und nicht anhielten, bis sie auf der anderen Seite in die Sümpfe gerieten und dort jämmerlich umkamen. Ihre Gebeine wurden zum sogenannten Klapperschlangenhügel zusammengetragen, der sich etwas östlich von der Chaussee nach Newark mitten aus den Salzsümpfen erhebt.

Durch den unverhofften Sieg mutig gemacht, gingen die kühnen Helden jubelnd an Land, nahmen im Namen Ihrer Hoheiten, der Herren Generalstaaten, von der Gegend Besitz und stürmten das Dorf Communipaw, obwohl es von etwa einem Dutzend alter Squaws und von kleinen Kindern hartnäckig verteidigt wurde. Sie waren so entzückt von der trefflichen Lage des Ortes, daß sie wenig daran zweifelten, der heilige Nikolaus habe sie zur Gründung einer Kolonie akkurat hierhergeführt. Der lockere Boden war hervorragend zum Eintreiben von Pfählen geeignet, die Sümpfe ringsum boten gute Gelegenheit für Gräben und Dämme, und das seichte Gestade war für den Bau von Hafenanlagen wie geschaffen – kurz, der Ort hatte alle Eigenschaften zur Gründung einer bedeutenden holländischen Stadt. Nachdem sie der Mannschaft der »Goede Vrouw« Meldung erstattet hatten, einigten sich alle, dies als vorausbestimmtes Endziel ihrer Reise zu betrachten. Also verließen Männer, Weiber und Kinder in schönem Zug die »Goede Vrouw« wie einst die Tiere die Arche und gründeten eine Niederlassung, die sie mit dem indianischen Namen Communipaw nannten.

Communipaw ist gegenwärtig nur ein kleines Dorf, hübsch gelegen in ländlicher Umgebung an einer schönen Stelle der

Küste von New Jersey, die in alten Sagen Pavonia heißt und eine Aussicht auf die Bucht von New York bietet. Man fährt nur eine halbe Stunde dorthin, wenn der Wind günstig ist, und kann von der Stadt aus gesehen werden.

Die an diesem Ort ansässigen Neger sind viel unternehmungslustiger und gescheiter als ihre Herren, sie bewältigen den gesamten Außenhandel und unternehmen häufig Reisen in die Stadt, ihre Kanus vollgeladen mit Austern, Buttermilch und Kohl. Sie sind gute Astrologen und Wetterpropheten, sie spielen ausgezeichnet auf der dreisaitigen Geige und können es im Pfeifen fast mit der weitgerühmten Kraft von Orpheus' Leier aufnehmen, denn kein Pferd oder Rindvieh vor Wagen oder Pflug rührt sich von der Stelle, wenn es nicht das wohlbekannte Pfeifen seines schwarzen Treibers und Gefährten hört. Auch werden sie wegen ihrer erstaunlichen Gabe, mit den Fingern zu rechnen, verehrt, als hätten sie die heilige Vierzahl des Pythagoras studiert.

Was die rechtschaffenen Bürger von Communipaw betrifft, so blicken sie wie weise Männer und vernünftige Philosophen nie über ihre Pfeife hinaus und zerbrechen sich den Kopf nicht über Dinge, die über ihre unmittelbare Nachbarschaft reichen, so daß sie in einer ebenso tiefen wie beneidenswerten Unwissenheit über alle Unruhen, Ängste und Revolutionen dieses zerrissenen Planeten leben. Man hat mir sogar erzählt, daß viele wahrhaftig der Meinung sind, Holland liege irgendwo auf Long Island, Spuyten Duyvil und The Narrows seien Anfang und Ende der Welt, das Land stünde noch immer unter der Herrschaft Ihrer Hoheiten und die Stadt New York heiße noch immer New Amsterdam. Jeden Sonnabendnachmittag treffen sie sich in der einzigen Schenke des Ortes, die ein quadratschädeliges Ebenbild des Fürsten von Oranien ziert; sie rauchen schweigend eine Pfeife und trinken jedesmal einen Krug Apfelwein auf den Erfolg des Admirals Van Tromp, der – so glauben sie – noch immer den Ärmelkanal durchsegelt.

Kurz: In Communipaw herrschen, wie in vielen anderen

kleinen Dörfern in der Umgebung von New York, noch ganz die einfachen Sitten unserer Vorfahren. Die Kleidung der ursprünglichen Siedler wird unverändert von Generation zu Generation weitergegeben: breitrandige Hüte, breitschößige Röcke und weite Beinkleider, und gelegentlich sieht man riesige Knieschnallen aus schwerem Silber, die bereits zur Zeit der Patriarchen von Communipaw Aufsehen erregten. Auch die Sprache ist noch unverdorben, und der Dialekt des Dorfschulmeisters beim Vorlesen der Psalmen ist so gefährlich genau, daß man dieselbe Wirkung auf die Nerven verspürt wie beim Schärfen einer Säge.

VIERTES KAPITEL

Worin die rechte Kunst, Handel zu treiben, erklärt wird sowie das wundersame Verschwinden einer berühmten Hauptstadt im Nebel, verbunden mit den Lebensläufen gewisser Helden von Communipaw

Nachdem ich der Kindespflicht der Dankbarkeit genügt, welche New York seiner Mutterkolonie Communipaw schuldig ist, und getreu beschrieben habe, wie es heutigentags aussieht, kehre ich beruhigt zu seiner früheren Geschichte zurück. Die Mannschaft der »Goede Vrouw« wurde bald durch frische Zuwanderung von Holland verstärkt, und die Niederlassung gedieh zusehends. Die benachbarten Indianer gewöhnten sich an den rauhen Klang der holländischen Sprache, und ein lebhafter Verkehr zwischen ihnen und den Neuankömmlingen begann sich anzubahnen. Die Indianer waren langem Sprechen, die Holländer langem Schweigen ergeben, paßten also in dieser Hinsicht sehr gut zueinander. Die Häuptlinge hielten Reden über den Großen Büffel, den Wabash und den Großen Geist, die andern hörten ganz aufmerksam zu, rauchten ihre Pfeifen und grunzten »Ja, Mijnheer«, worüber die armen Wilden sehr entzückt waren. Sie lehrten die Ansiedler, wie Tabak am besten getrocknet und geraucht wurde, diese wiederum machten sie mit feinem holländischem Genever betrunken und brachten ihnen bei, wie man Handel treibt.

Bald entspann sich ein lebhafter Handel mit Pelzen. Die niederländischen Geschäftsleute waren überaus ehrlich; sie hökerten nach dem Gewicht und legten ein für allemal fest, daß die Hand eines Holländers einem Pfund, sein Fuß zwei Pfund entsprechen sollte. Allerdings waren die schlichten Indianer oft erstaunt über das große Mißverhältnis zwischen Masse und Gewicht; legten sie ein noch so großes Pelzbündel auf die eine Waagschale und der Holländer legte die Hand oder den Fuß auf die andere, so fuhr gewiß der Pelz in die Höhe. Niemals wog auf dem Markt von Communipaw ein Bündel Pelze mehr als zwei Pfund!

Das ist sehr merkwürdig, aber ich habe es von meinem Ururgroßvater, der zu großer Bedeutung in der Kolonie gelangte, denn aufgrund des ungewöhnlichen Gewichts seines Fußes erhielt er das Amt des Waagmeisters.

Nun gewannen die holländischen Besitzungen in der neuen Welt sichtbaren Wohlstand, und man nannte sie New Netherland, gleichwohl die Gegend rauh und bergig, das Mutterland aber eben und sumpfig war. Um diese Zeit wurde die Ruhe der holländischen Kolonisten zeitweilig erschüttert. Im Jahre 1614 besuchte der englische Kapitän Sir Samuel Argall von Virginia aus die holländischen Niederlassungen am Hudson und forderte von ihnen die Unterwerfung unter die englische Krone und die Oberherrschaft von Virginia, was die Kolonisten, da sie keinen Widerstand leisten konnten, als bescheidene und vernünftige Leute für den Augenblick taten.

Der tapfere Argall scheint die Niederlassung von Communipaw nicht belästigt zu haben. Man erzählt im Gegenteil, als sein Schiff zuerst erschien, habe die würdigen Bürger eine solche panische Angst ergriffen, daß sie mit erstaunlicher Heftigkeit ihre Pfeifen geraucht und in kurzer Zeit eine Wolke gebildet hätten, die in Verbindung mit den umgebenden Waldungen und Sümpfen ihr geliebtes Dorf ganz umhüllte und verbarg, so daß der fürchterliche Eroberer weitersegelte und nicht merkte, daß im Schlamm, hinter den pestilenzialischen Dünsten, eine standhafte kleine holländische Kolonie verborgen lag. Zur Erinnerung an diese glückliche Errettung setzten die Bewohner das Rauchen unaufhörlich bis auf den heutigen Tag fort, und dies soll denn auch die Ursache des dichten Nebels sein, der oft an ganz heiteren Nachmittagen über Communipaw liegt.

Unsere hochherzigen Vorfahren brauchten sechs volle Monate, um wieder zu Atem zu kommen; dann beriefen sie einen Sicherheitsausschuß, um über den Zustand der Provinz zu rauchen. Nach weiteren sechs Monaten reiflicher Überlegung, wobei ungefähr fünfhundert Worte und fast ebensoviel Pfund Tabak zum besten gegeben wurden, beschloß man, eine Kanuflottille auszurüsten und sie auf Entdeckungsfahrt zu schicken, ob nicht ein besserer Ort für eine Kolonie zu finden wäre.

Dieses gefährliche Unternehmen wurde der Leitung von vier Bürgern anvertraut – es waren die Mijnheers Oloffe Van Cortlandt, Abraham Hardenbroek, Jacobus Van Zandt und Winant Ten Broek –, zweifellos vier bedeutenden Männern, über deren Leben in Holland ich trotz fleißiger Nachforschungen fast nichts erfahren konnte. Aber Abenteurern ergeht es hierin wie Propheten, die, im Ausland hochberühmt, im eigenen Land selten einen Namen haben. Und da die Sitte des Altertums, daß obskure Helden ihre Herkunft bescheiden von Göttern ableiten, nicht mehr verbreitet ist, so wäre ich wahrlich mit der Vorgeschichte meiner Heerführer in Verlegenheit, gäben nicht ihre Namen einige Hinweise auf ihre Biographie.

Van Cortlandt war einer jener aristotelischen Philosophen, welche sich für ihren Unterhalt auf die Vorsehung verlassen und sich wie Diogenes eines freien, hypothekenfreien Besitztums erfreuen. Seine Kleidung war, seinen Vermögensumständen entsprechend, von der Hand der Zeit merkwürdig gefranst, sein Helm war der Rest einer Kopfbedeckung in Gestalt eines Zuckerhutes, und er trieb die Verachtung für die Mode so weit, daß er – so wird behauptet – sein zerfetztes Hemd, das wie ein Schnupftuch aus den zerrissenen Beinkleidern heraushing, nie waschen ließ, außer von den freigebigen Güssen des Himmels. In dieser Hülle sah man ihn sich oft mit einer Schar von gleichgesinnten Philosophen am großen Kanal in Amsterdam sonnen. Wie der Adel in Europa nannte er sich Cortlandt (frei übersetzt: Herr von Habenichts) nach seinen Ländereien, die irgendwo auf dem Mond lagen.

Der nächste unserer Helden trug den Namen Van Zandt oder, frei übersetzt, Vom Dreck. Er war wie Triptolemos, Themis, die Zyklopen und die Titanen ein Kind der Erde. Diese Vermutung wird durch seine Körpergröße nachdrücklich bestätigt, denn es ist bekannt, daß alle Nachkommen der Mutter Erde von gigantischem Wuchs waren. Er war also ein langer, grobknochiger Kerl, mehr als sechs Fuß groß und mit einem erstaunlich harten Schädel. Er teilt mit unseren angesehensten oder besser unseren reichsten Leuten den Ursprung – niedrige, will sagen: erdnahe Verhältnisse.

Von dem dritten Helden ist nur eine schwache Beschreibung auf die Nachwelt gekommen, wonach er ein derbes, eigensinniges, stämmiges, eifriges Kerlchen war, und da er gewöhnlich wildlederne Hosen trug, nannte man ihn vertraulich Hardenbroek oder Zähhosen.

Ten Broek machte die Schar der Abenteurer voll. Der Name Ten Broek oder Tin Broek wird im allgemeinen mit Zehnhosen oder Dünnhosen übersetzt. Holländische Kom-

mentatoren neigen zu der ersten Deutung und führen sie darauf zurück, daß er die alte holländische Sitte, zehn Paar Hosen übereinander anzuziehen, in die Kolonie eingeführt hat. Aber elegantere und klügere Fachleute plädieren für Tin oder besser Thin – das heißt dünn – und folgern daraus, daß er ein armer, aber fröhlicher Teufel gewesen ist, der nicht gerade die besten Beinkleider gehabt und den man auch für den Verfasser jener wahrhaft philosophischen Stanze hält:

»So laßt uns denn, Brüder, um Schätze nicht losen,
Hinweg mit dem Flitterstand;
Ein fröhlicher Sinn und ein Paar dünne Hosen
Gehn frisch über Meer und Land!«

Dies also war die tapfere Schar, die auserlesen war, in unbekannte Gebiete vorzudringen; das Ganze aber stand unter dem Oberbefehl Oloffe Van Cortlandts, der wegen der Vielseitigkeit und Unverständlichkeit seiner Ansichten in Communipaw sehr verehrt wurde. Da er sich, wie bereits erwähnt, in

Amsterdam der aristotelischen Philosophie unter freiem Himmel ergeben hatte, so war er ein großer Stern- und Wetterkundiger und konnte erkennen, wann ein Sturm heraufzog – mit der Sicherheit eines musterhaften Ehemannes, der an der Stirn seiner Gemahlin schlecht Wetter auf sich zukommen sieht. Er war außerdem ein Geisterseher und glaubte fest an Vorzeichen. Was ihm aber vor allem allgemeines Vertrauen einbrachte, war seine große Begabung im Träumen, denn in Communipaw ereignete sich nichts von einiger Bedeutung, von dem er nicht versicherte, er habe vorher davon geträumt.

Diese übernatürliche Gabe war bei den Bewohnern Pavonias ebenso hoch geschätzt wie bei den aufgeklärten Nationen des Altertums. Ähnlich dem listenreichen Odysseus war er allemal besser mit dem Schlafen als mit dem Wachen beraten und begann selten eine große Unternehmung, ohne zunächst ausgiebig darüber zu schlafen, weshalb er denn auch den Namen Oloffe der Träumer erhielt.

Nachdem dieser vorsichtige Befehlshaber seine Mannschaft ausgewählt und dringend ermahnt hatte, sich nach Haus zu begeben, einen tüchtigen Schlaf zu tun, alle Familienangelegenheiten zu ordnen und ihr Testament zu machen, rüstete er sich mit seinen Gefährten zur Reise ins Unbekannte.

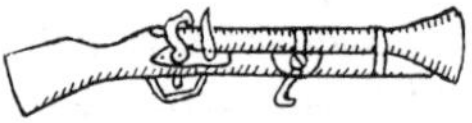

FÜNFTES KAPITEL

Wie die Helden von Communipaw nach Hell Gate fuhren und wie sie dort empfangen wurden

Und nun begann sich das rosige Erröten des Morgens im Osten zu verbreiten, und bald erhob sich die steigende Sonne aus goldenem und purpurnem Wolkenmeer und ergoß ihre fröhlichen Strahlen auf die blechernen Wetterhähne von Communipaw. Es war die köstliche Jahreszeit, da die Natur, aus der starren Gefangenschaft des alten Winters erlöst wie ein blühendes Mädchen von der Tyrannei eines filzigen, alten Vaters, mit tausend Reizen aufknospend in die Arme des jugendkräftigen Lenzes sinkt. Jedes buschige Wäldchen und jeder Blütenhain ertönte von hochzeitlichen Melodien. Selbst die Insekten, die den Tau sogen, der das zarte Gras der Wiesen beperlte, stimmten in das fröhliche Brautlied ein; furchtsam regte sich die Blütengestalt der Jungfrau, die Turteltaube zog durchs Gefild, der Menschen Herz schmolz dahin in Zärtlichkeit. Oh süßer Theokrit! hätte ich deine Hirtenpfeife, mit der du einst die lachenden Ebenen Siziliens entzückt, oder, oh milder Bion, deine Rohrflöte, an der sich die glücklichen Schäfer auf der Insel Lesbos so oft ergötzt, dann dürfte ich es wagen, mit sanftem Hirtengedicht oder nachlässiger Idylle die ländlichen Schönheiten dieser Szene zu feiern. So aber habe ich nur diesen stumpfen Gänsekiel, meine Begeisterung zu beflügeln, muß alle poetischen Spiele der Phantasie fahrenlassen und meine Geschichte in niederer Prosa fortsetzen, mich tröstend mit der Hoffnung, daß sie zwar nicht so süß in das Ohr des Lesers eindringt, doch mit jungfräulicher Schüchternheit und in das keusche, einfache Gewand der Wahrheit gekleidet sich seinem besseren Urteil empfehlen möge.

Kaum waren die ersten Strahlen des gnädigen Phöbus in die Fenster Communipaws geflogen, als der weise Van Cortlandt aus seiner Festung hervortrat, eine Muschelschale ergriff und einen weithin schallenden Ton ausstieß, der bald seine tapferen Gefährten herbeirief. Sie marschierten in Begleitung eines Schwarms von Verwandten und Freunden, die ihnen ade sagen wollten, zum Ufer hinab. Das zeigt, wie alt die langen Familienprozessionen schon sind, die man heutigentags noch in unserer Stadt sieht, wenn Vettern vom Lande zum Marktschiff begleitet werden, das sie nach Haus bringt. Beim Einschiffen und Lebewohlsagen riefen ihnen die Angehörigen, selbst als sie bereits außer Hörweite waren, die üblichen unschätzbaren Warnungen nach, gut auf sich acht zu haben und nicht zu ertrinken, und bald hatten die Reisenden die grünen Gestade Pavonias aus den Augen verloren.

Zuerst legten sie kurz an den beiden reizenden Inseln an, die Communipaw fast gegenüberliegen, fuhren dann am Governors Island vorbei, welches jetzt stark befestigt ist. Um keinen Preis wären sie hier an Land gegangen, weil sie die Insel für den Aufenthaltsort von Geistern und Dämonen hielten, die in diesen Tagen in diesem wilden, heidnischen Land in großer Zahl sich herumtrieben.

Gerade kam ein Schwarm lustiger Tümmler dahergeschwommen, sie drehten die glänzenden Seiten zur Sonne und spien das salzige Element in funkelnden Strahlen aus. Der weise Oloffe war hierüber sehr erfreut. »Dies«, rief er, »ist ein gutes Zeichen, denn der Tümmler ist ein fettes, wohlbeschaffenes Tier, ein Bürgermeister unter den Fischen. Sein Aussehen deutet auf Gemächlichkeit, Überfluß und Wohlstand; ich bin voller Bewunderung für diesen runden, fetten Fisch und zweifle nicht, daß er ein gutes Omen für den Erfolg unserer Fahrt ist.« Mit diesen Worten befahl er dem kleinen Geschwader, diesen Ratsherren der Gewässer zu folgen.

Sie bogen deshalb nach links ab und glitten die enge Durchfahrt hinauf, die jetzt East River genannt wird. Die schnelle Strömung ergriff den Kahn von Kommodore Van Cortlandt mit einer Heftigkeit, deren sich der nur an Kanalfahrten gewöhnte Niederländer nicht versehen hatte, und nun glaubte er um so mehr, sie befänden sich in der Hand einer unsichtbaren Macht und würden von den fröhlichen Tümmlern zu einem Hafen gebracht, wo alle ihre Wünsche und Erwartungen in Erfüllung gehen sollten.

Sie flogen um Corlear's Hook, und indem sie die gewundene Bucht von Wallabout rechts liegen ließen, trieben sie auf eine prächtige, weite Wasserfläche, deren liebliche Küsten von erfrischendem Grün waren. Als sie sich nun auf diesem – wie sie meinten – heiteren, sonnigen Teich umzusehen begannen, entdeckten sie plötzlich in einiger Entfernung eine Gruppe emsig mit Fischen beschäftigter, bemalter Wilder, die eher den Schutzgeistern dieses romantischen Ortes glichen und deren schlankes Kanu leicht wie eine Feder auf den sanften Wellen der Bucht schaukelte.

Bei ihrem Anblick überkam die Gemüter der Helden von Communipaw nicht geringes Entsetzen. Aber zum Glück stand an Bord des Schiffes von Van Cortlandt ein tapferer Mann namens Hendrik Kip, was soviel wie Hühnchen heißt und eine Anerkennung für seinen Mut war. Kaum sah er diese heidnischen Schelme, als er vor lauter Kühnheit zu zittern anfing und, obgleich sie noch eine gute halbe Meile entfernt waren, den neben ihm liegenden Muskedonner ergriff, den Kopf abwandte und mit großer Unerschrockenheit der lieben Sonne ins Gesicht feuerte. Das ungefüge Gewehr prallte zurück und gab dem tapferen Kip einen gemeinen Kick, so daß er lang ins Boot schlug und die Beine zum Himmel reckte. Aber die Wirkung des gewaltigen Feuers war so groß, daß die wilden Männer des Waldes vor Schreck hastig nach den Paddeln griffen und eiligst in eine der tiefen Buchten von Long Island zurückruderten.

Dieser beachtliche Sieg erfüllte die kühnen Seefahrer mit neuem Mut, und dem heldenhaften Kip zu Ehren gaben sie der Bucht den Namen Kip's Bay, den sie noch heute trägt.

Der gute Van Cortlandt sah sich schon in süßen Träumen als Besitzer großer Wiesen in den Salzsümpfen und unabsehbarer Kohlfelder, als die Ebbe eintrat, die ihn jäh aus diesem Land der Verheißung hinweggetragen hätte, wenn er nicht sogleich den Befehl zu landen gegeben hätte. Dies geschah in der Nähe der Felsenhöhen von Bellevue, wo unsere wackeren Ratsherren für das Wohl der Stadt gut essen und trinken und die Schildkröten mästen, die zu feierlichen Anlässen geschlachtet werden.

Hier, auf der grünen Wiese am Ufer eines Flüßchens, das im Gras funkelnd dahinplätscherte, erfrischten sie sich nach den Anstrengungen der Seefahrt und genossen die mitgebrachten reichlichen Vorräte, worauf sie ernsthafte Beratungen abhielten. Dies war das erste Ratsherrenessen zu Bellevue, und laut Überlieferung ist hier auch der Ursprung der großen Feindschaft zwischen den Häusern Hardenbroek und Ten Broek zu suchen, die in der Folgezeit von so entscheidendem Einfluß auf die Errichtung der Stadt war. Der stämmige Hardenbroek, entzückt über die Salzsümpfe der Kip's Bay, riet, dorthin zurückzukehren und die Stadt zu gründen, doch der unnachgiebige Ten Broek erhob starke Einwände dagegen, und manch gereiztes Wort wurde gewechselt. Endlich machte der weise Oloffe dem Streit damit ein Ende, daß er den Weg weiter zu verfolgen beschloß, den die geheimnisvollen Tümmler so deutlich gezeigt hatten, worauf Hardenbroek sich von der Expedition trennte, von einem benachbarten Hügel Besitz nahm und in großer Wut den ganzen Landstrich bevölkerte, der bis auf diesen Tag noch von den Hardenbroeks bewohnt wird.

Unterdessen war der muntere Phöbus wie ein mutwilliger Bengel, der spielend auf einem grünen Hügel herumtollt, den Himmelsabhang heruntergerollt, und da jetzt wieder die Flut eintrat, so überließen sich die entschlossenen Pavonier ihr aufs neue und fuhren an der Westküste entlang zur Enge am Blackwells Island.

Hier versetzten die launischen Strömungen die hervorragenden Seefahrer in nicht geringe Verwunderung und Bestürzung, denn bald wurden sie um eine Spitze herum in eine romantische Bucht der schönen Insel Manhattan getrieben, bald schossen sie gefährlich nahe an überhängenden Felswänden vorbei, von denen üppige Weinranken herabhingen und deren Waldeskronen einen breiten Schatten auf die Wellen warfen, und bald wurden sie wieder in die Mittelströmung getrieben und mit reißender Geschwindigkeit fortgetragen.

Wo die Reisenden den Blick auch hinwandten, überall schien eine neue Welt aufzusprossen. Kein Zeichen menschlichen Fleißes störte die herrliche Wildheit der Natur, die sich hier im üppigsten Wechsel darbot. Die Hügel, die heute gleich einem Stachelschwein mit Reihen von Pappeln (erbärmlichen Modegewächsen) besetzt sind, waren damals mit den kräftigen einheimischen Pflanzen – der königlichen Eiche, der prächtigen Kastanie, der anmutigen Ulme – bewachsen, und dazwischen erhob der Tulpenbaum, jener Riese der Wälder, sein majestätisches Haupt. Wo der Luxus sich jetzt fröhliche Landsitze errichtet hat, da baute noch der Fischadler sein einsames Nest auf einem dürren Baum, hoch über seinem Wasserreich. Das furchtsame Reh äste noch ungestört an den Ufern, die jetzt durch abendliche Spaziergänge von Liebenden geheiligt und vom zarten Fuß weiblicher Schönheit berührt werden; eine wilde Einsamkeit lag über dieser Gegend, wo gegenwärtig die stattlichen Türme der Jones, Schermerhornes und Rhinelanders emporsteigen.

Sie bogen um die Spitze des Vorgebirges, das wie ein Elefant auf seinem Rücken ein schönes Schloß trägt und das Gracie's Point genannt wird. Und hier, wo Wasser und Land sich in reizender Abwechslung verbanden, bot sich ihren Augen eine wilde, mannigfaltige Landschaft. Gerade war die Sonne untergegangen, und die Dämmerung lag wie ein durchsichtiger Schleier über jungfräulichem Busen. Ach, verhexte Bilder böser Täuschung, ach, unglückliche Reisende, die so staunend diese Küsten der Circe betrachteten! Verräterisches Lächeln, verderbenbringende Liebkosung! Und so geschah es, daß unsere Helden von Pavonia arglos und ruhig dahintrieben, bis sie vom ungewöhnlichen Schleudern und Schaukeln ihrer Schiffe aufgeschreckt wurden. Denn ringsum begannen die vorher gekräuselten Wellen zu toben, zu brodeln und zu schäumen in fürchterlicher Wut. Der verwunderte Oloffe erwachte wie aus einem Traum und schrie, man solle umkehren, aber die tosenden Fluten verschluckten seine Worte. Und nun folgten Augenblicke schrecklicher Bestürzung, denn bald wurden sie mit unglaublicher Geschwindigkeit zwischen eine wilde Brandung geschleudert, bald durch brüllende Stromschnellen gerissen. Beinahe wurden sie auf einen scyllaähnlichen Felsen namens Hen and Chickens geschleudert, dann schienen sie in gähnende Abgründe zu treiben, und einige erstaunte Seefahrer sahen Felsen und Bäume der nahen Ufer durch die Lüfte schweben. Schließlich wurde der mächtige Kahn Van Cortlandts in den Schlund eines ungeheuren Strudels gezogen und herumgewirbelt, so daß dem Kommodore und seiner Mannschaft Hören und Sehen verging.

Als sie wieder zu sich kamen, waren sie an der Küste von Long Island gestrandet. Der treffliche Kommodore erzählte viele wunderbare Geschichten von seinem Abenteuer: Er habe Geister in der Luft gesehen und Kobolde lachen hören, er habe die Hand in den Strudel gesteckt, als sie darin herumkreiselten, und das Wasser sei siedendheiß gewesen, und ein paar verdächtige Gestalten hätten auf Felsen gesessen und mit großen Löffeln den Schaum abgeschöpft. Aber die größte Freude machte es ihm zu erzählen, daß die nichtsnutzigen Tümmler, die sie in diese Gefahr gelockt hatten, in Strudeln, die Namen wie »Rost« und »Bratpfanne« trugen, schmurgelten und brutzelten.

Gewiß verdankt man die späteren wunderbaren Sagen von dieser Meerenge Oloffe dem Träumer und seinen Gefolgsleuten, nämlich daß man den Teufel dort oft, auf einem Felsen reitend, Violine spielen hört, daß er sich dort, vor dem Aufkommen eines Sturms, Fische brät und anderes mehr. Wegen all dieser fürchterlichen Erscheinungen gab der pavonische Befehlshaber Oloffe dieser Meerenge den Namen Hell Gate.

SECHSTES KAPITEL

Wie die Helden Communipaws etwas klüger zurückkehrten, als sie losgefahren waren, und wie der weise Oloffe einen Traum hatte

Nach einer traurig verbrachten Nacht, in der die Geister heulten und die Elemente tobten, erwachten die Pavonier, die sich gerettet hatten, an verschiedenen Teilen der Küste, wo sie meist blieben und sogleich Kolonien gründeten. Ten Broek hatte großes Glück, denn er fiel über Bord und wurde durch seine vielen Beinkleider gerettet, die ihn wie einen Nix auf Wellen treiben ließen und die er am Morgen auf einem Felsen eifrig im Sonnenschein trocknete.

Mit Bangen und Zagen wagten sich die Mutigsten abermals auf das salzige Element und nahmen Kurs zurück nach Communipaw, denn sie waren keinesfalls gesonnen, in so teuflischer Nachbarschaft eine Stadt zu gründen. Als sie ihren geliebten Heimatort schon aus der Ferne sichteten, widersetzte sich ihnen ein hartnäckiger Strudel, dessen Wogen den Kahn des Kommodore Van Cortlandt auf den Strand von Mannahata hoben.

Sie machten ein Feuer unter einem großen Baum, wo sich jetzt die Battery befindet. Dann sammelten sie eine große Menge Austern, die dort im Überfluß zu finden waren, leerten ihre Schnappsäcke und verspeisten ein üppiges Mahl. Der ehrenwerte Van Cortlandt war besonders andächtig bei dieser feierlichen Verrichtung, und da er während der Fahrt die größte Verantwortung hatte, so hielt er es für nötig, für das Gemeinwohl auch tüchtig zu essen. Je mehr Oloffe sich mit den schmackhaften Speisen vollstopfte, desto höher stieg auch das Herz dieses trefflichen Bürgers bis zur Kehle, so daß er an dem guten Essen und an der Fröhlichkeit ordentlich drückte und würgte.

Wenn dieser Zustand des aufsteigenden Herzens eintritt,

kann man eigentlich auch aus vollem Herzen reden, und das Gespräch fließt von Liebe und Freundschaft über. So erging es auch Oloffe, nachdem er den letzten Bissen mit einem scharfen Getränk hinuntergespült hatte. Sein Herz bewegte ein sanfter Schmerz, und sein ganzer Körper schwoll gleichsam von unbegrenztem Wohlwollen. Alles schien ihm köstlich und ergötzlich, er stützte die Hände auf seinen umfänglichen Bauch, ließ die halbgeschlossenen Augen über die reizende Vielfalt von Land und Wasser dahinschweifen und rief mit fetter, halb erstickter Stimme: »Was für eine herrliche Aussicht!« Die Worte erstickten ihm in der Gurgel, er schien über die schöne Szene einen Augenblick nachzudenken, die Augenlider fielen schwer herab, der Kopf sank ihm auf die Brust, langsam sank er auf den grünen Rasen und fiel in einen tiefen Schlaf.

Und der weise Oloffe träumte einen Traum – und siehe, der gute St. Nikolaus kam über die Wipfel der Bäume daher, im selben Gefährt, mit dem er den Kindern alljährlich die Geschenke bringt, und er stieg ganz in der Nähe der Stelle aus, wo das Ratsherrenessen gehalten worden war. Der schlaue Van Cortlandt erkannte ihn an dem breiten Hut, der langen Pfeife und der Ähnlichkeit, die er mit der Figur am Bug der »Goede Vrouw« hatte. Er steckte sich seine Pfeife am Feuer an, setzte sich nieder und rauchte; und während er rauchte, stieg der Rauch aus seiner Pfeife in die Luft und breitete sich wie eine Wolke über ihnen aus. Oloffe überlegte und kletterte schnell auf den Wipfel eines der höchsten Bäume und sah, daß der Rauch sich über eine weite Fläche ausbreitete, und als er genauer hinblickte, war ihm, als nehme die große Rauchwolke mannigfaltige wunderbare Formen an. Im Dunkel zeichneten sich Paläste und stattliche Gebäude und hohe Türme ab, die aber nur einen Augenblick lang sichtbar waren und dann verschwanden, bis das Ganze sich auflöste und nur noch die grünen Wälder zurückblieben. Als der heilige Nikolaus seine Pfeife ausgeraucht hatte, steckte er sie in sein Hutband, legte den Zeigefinger an die Nase und sah den erstaunten Van Cortlandt sehr bedeutungsvoll an; dann stieg er wieder in den Wagen, fuhr über die Spitzen der Bäume davon und verschwand.

Klüger geworden, erwachte Van Cortlandt aus seinem Schlaf und weckte die Gefährten. Er erzählte ihnen den Traum und deutete ihn so, es sei der Wille des St. Nikolaus, daß sie sich hier niederließen und die Stadt bauten. Der Pfeifenrauch aber sollte die große Ausdehnung der Stadt andeuten, denn er hätte sich über eine weite Fläche ausgebreitet. Darauf stimmten alle einmütig dieser Auslegung zu, ausgenommen Mijnheer Ten Broek, welcher den Traum so erklärte, daß es eine Stadt werden sollte, wo aus kleinem Feuer viel Rauch entstand, mit anderen Worten, eine recht dunstige kleine Stadt. Und merkwürdigerweise sind beide Auslegungen in Erfüllung gegangen!

Die Helden von Communipaw kehrten fröhlich zurück und erzählten den Weisen und Würdenträgern von Pavonia, was sie erlebt und was Oloffe Van Cortlandt geträumt. Die Leute erhoben die Stimme und lobten den guten St. Nikolaus, und seither stand der weise Van Cortlandt in noch höherem Ansehen wegen seiner großen Gabe zu träumen, und er galt als sehr nützlicher Bürger und braver Mann – wenn er schlief.

SIEBENTES KAPITEL

Worin eine etymologische Erklärung versucht und die Gründung sowie das Wachstum der großen Stadt New Amsterdam abgehandelt wird

Der ursprüngliche Name der Insel, wohin das Geschwader von Communipaw so glücklich verschlagen wurde, ist Gegenstand mancher Auseinandersetzung. Die Bezeichnung, die heute am verbreitetsten ist, lautet Manhattan und ist angeblich auf eine Sitte der Squaws in der frühen Ansiedlung zurückzuführen, Männerhüte zu tragen. Ein alter Gouverneur, der eine Art Spaßvogel war, behauptete, das Wort »man hat on«, das soviel wie »Mann Hut auf« bedeutet, sei zuerst auf die Indianer, dann auch auf die Insel angewandt worden. Ein alberner Scherz, doch gut genug für einen Gouverneur. Von anderen wird die Insel Manhadaes oder Manahanent genannt, in alten Briefen unserer holländischen Vorfahren heißt sie Monhattoes, Munhatos oder Manhattoes. Letzter Begriff soll von dem großen Geist Manetho der Indianer abgeleitet sein, der hier seinen Lieblingssitz gehabt haben soll. Denn nach indianischer Überlieferung war die Bucht einst ein kristallklarer See mit silbernen und goldenen Fischen, und mitten darin lag die schöne Insel mit köstlichen Früchten und Blumen. Eine Überschwemmung des Hudson zerstörte alles, und Manetho floh über das große Gewässer des Lake Ontario hinweg. Doch das alles sind Legenden.

Eine noch ältere, dabei poetische und bedeutungsvolle Erklärung stammt von Kapitän Juet, der den Reisebericht über die Fahrt des großen Hudson verfaßt hat. Er nennt sie einfach und richtig Mannahata, das heißt die Manna-Insel oder »ein Land, wo Milch und Honig fließt«!

Die erste Niederlassung unter Oloffe dem Träumer beginnt mit unvergleichlicher Ehrlichkeit und Großzügigkeit, und es muß hier als Zeugnis niedergelegt werden, daß unsere würdigen Vorfahren nicht eher ein Haus bauten, als bis sie den Indianern das Land ehrlich abgekauft hatten, ein in den Annalen der Entdeckung und Kolonisierung einmaliger, ja fast unglaublicher Fall. Auf der Südwestspitze der Insel, an der nämlichen Stelle, wo St. Nikolaus als Vision herabgestiegen war, bauten sie eine mächtige, uneinnehmbare Festung und Handelsniederlassung, Fort Amsterdam genannt. Um diese Festung herum scharten sich bald wie Kücken unter den Flügeln der Henne holländische Häuschen mit Ziegeldächern. Das Ganze war gegen Überfälle mit starken Palisaden befestigt. Lustig schoß die neue Kolonie auf dieser gesegneten Insel empor, die wie ein üppiger Dunghaufen all die fremden Gewächse nährte und kräftigte.

Nun war es höchste Zeit, daß die Niederlassung einen ehrlichen Christennamen erhielt, und sie wurde New Amsterdam genannt, so wie man die kleinen Schreihälse nach großen Staatsmännern, Heiligen, Würdenträgern und berühmten Generälen benennt, auf daß sie einst fleißig ihnen nacheifern.

Als Oloffe aus tiefem Schlaf, in den er nach dem Bau des Forts gefallen war, wieder erwachte, lud er seine Räte und Mitarbeiter zu einer Versammlung ein. Sie nahmen die Pfeifen in den Mund und versanken darauf in eine sehr tiefe Beratung über den Bebauungsplan für ihre wachsende Stadt.

Gleich zu Beginn entstand eine unerwartete Meinungsverschiedenheit. Mijnheer Ten Broek schlug einen sinnreichen Plan vor, wonach die Stadt mit Kanälen durchschnitten werden sollte wie die schönsten Städte Hollands. Dagegen wollte Mijnheer Hardenbroek Docks und Werften auf Pfählen in den Fluß hineinbauen und darauf die Stadt errichten, denn, so meinte er, damit könnten sie dem Fluß ein großes Stück Land abgewinnen und eine Amsterdam, Venedig oder einer anderen amphibischen Stadt Europas vergleichbare Stadt bauen. Ten Broek erwiderte mit höchst verächtlicher Miene, dies sei gegen die Natur der Dinge. »Was ist eine Stadt ohne Kanäle?« fragte er. »Gerade was ein Körper ohne Venen und Arterien ist. Er muß umkommen, weil keine lebensspendende Flüssigkeit darin zirkuliert.« Hardenbroek wandte sich mit beißendem Spott an seinen hageren Gegner und wurde persönlich. Mijnheer Ten Broek sei ein wandelndes Gegenbeispiel für seine Behauptung, denn jedermann sei es bekannt, daß in seinem vertrockneten Leichnam seit zehn Jahren kein Tropfen Blut geflossen sei, und doch gebe es in der ganzen Kolonie keinen größeren Wichtigtuer. Persönlichkeiten gelingt es selten, andere durch Argumente zu überzeugen, allerdings habe ich auch noch niemanden kennengelernt, der sich durch Hinweise auf seine körperlichen Gebrechen von Irrtümern hätte abbringen lassen. Ten Broek hatte bissige Antworten parat, Hardenbroek behielt immer das letzte Wort; erster hatte den Vorteil größerer Zungenfertigkeit, letzter besaß den unschätzbaren Panzer der Hartnäckigkeit, und so kamen sie bei ihrem Streit zu keinem Ergebnis. Seither aber hassen sie einander von ganzem Herzen, und da begann die große Fehde zwischen den Familien Ten Broek und Hardenbroek, ähnlich wie zwischen den Häusern Capulet und Montague.

Diese Streitigkeit hatte im Rat zur Folge, daß man sich zwar regelmäßig einmal die Woche traf, um über diese wichtige Frage zu beraten, aber die Mitglieder rauchten ganz still ihre Pfeifen, erließen wenig Gesetze, führten kein einziges durch, und so gingen die Dinge in der Kolonie ihren Lauf – wie es Gott gefiel.

Das Protokoll jeder Versammlung bestand nur aus zwei Zeilen und erklärte in holländischer Sprache: »Der Rat war am Tage . . . versammelt und rauchte zwölf Pfeifen zum Wohl der Kolonie.« Hieraus geht hervor, daß die ersten Ansiedler die Zeit nicht nach Stunden maßen, sondern – wie die Entfernungen noch heutzutage in Holland – nach Pfeifen, ein ganz hervorragendes Maß, denn eine Pfeife im Mund eines echten Holländers ist niemals den Zufälligkeiten und Störungen unterworfen, die ständig unseren Uhren zu schaffen machen.

So vergingen Wochen, Monate und Jahre über der Beratung, wie man die junge Stadt bauen sollte, und gerade wie ein kräftiges Kind ohne Wickelbänder, Tücher und die Teufeleien aufwächst, womit die Ammen und alten Weiber die Menschenkinder zu Krüppeln machen, wuchs New Amsterdam so rasch empor und dehnte sich so gewaltig aus, daß man nun mit einem Plan zu spät kam und ihn wohlweislich ganz aufgab.

Wie alle guten Christen dachten die Bewohner der jungen Stadt nun, nachdem sie zuerst an sich gedacht, auch an den lieben Gott. Sie erbauten und weihten dem guten und gnädigen St. Nikolaus für die geleistete Hilfe eine schöne Kapelle im Fort, worauf er die Stadt New Amsterdam unter seinen ganz besonderen Schutz nahm und seither ihr Schutzpatron gewesen ist. Wie ein altes holländisches Legendenbuch berichtet, nahm man den Nikolaus vom Bug der »Goede Vrouw« und setzte ihn vor die Kapelle mitten auf den heutigen Bowling Green. Die Legende erzählt von verschiedenen Wundern, die seine gewaltige Pfeife bewirkt haben soll. Ein Zug daraus war – so heißt es – ein sehr wirksames Mittel gegen Verdauungsbeschwerden, wahrlich eine unschätzbare Reliquie für diese Kolonie von wackeren Tafelhelden.

So wurde New Amsterdam die Hauptstadt mehrerer umliegender Ansiedlungen und eines ausgedehnten Territoriums. Der zunehmende Reichtum und die wachsende Bedeutung New Amsterdams und seiner abhängigen Gebiete zogen bald die zarte Sorge des Mutterlandes auf sich, das sich plötzlich rührend um die Sicherheit der Hauptstadt mühte und anfing, sie mit Aufmerksamkeiten zu überschütten, wie gewisse schlaue Leute reiche Verwandte mit Artigkeit und Zärtlichkeit zu umgarnen pflegen.

Binnen kurzem ließen sich die üblichen, von Mutterländern gezeigten Schutzbeweise feststellen, wobei der erste Beweis immer darin besteht, der neuen Kolonie einen Regenten mit dem Auftrag zu schicken, so viel Steuern wie möglich aus ihr herauszupressen. Demzufolge wurde im Jahr des Herrn 1629 Mijnheer Wouter Van Twiller zum Gouverneur der Provinz

New Netherland ernannt, im Auftrag und unter dem Befehl Ihrer Hoheiten, der Herren Generalstaaten der Vereinigten Niederlande und der privilegierten West India Company.

Dieser berühmte alte Herr kam im lieblichen Monat Juni in New Amsterdam an, wenn Apollo auf dem klaren Firmament tanzt, wenn das Rotkehlchen, die Drossel und andere ausgelassene Sänger in den Wäldern ihre verliebten Weisen ertönen lassen und die genußsüchtige kleine Biene auf den Kleeblüten schwelgt – all diese schönen Zufälle überzeugten die alten Damen in New Amsterdam, die in der Kunst der Wahrsagerei bewandert waren, daß sie ihnen eine glückliche und ersprießliche Verwaltung verhießen.

ZWEITES BUCH

Worin die gesegnete Regierungszeit Walters des Zweiflers beschrieben wird

ERSTES KAPITEL

Von dem berühmten Walter dem Zweifler und seinen unvergleichlichen Tugenden, seiner unsagbaren Weisheit und dem Erstaunen des Volkes darüber

Schwer und bedauernswert ist die Aufgabe des Historikers, wenn er als ein Fremdling im Land seiner Väter wandelt, nicht mit einem weinenden Weib oder mit hilfsbedürftigen Kindern gesegnet ist – unglücklicher Knickerbocker, unerkannt gehst du durch die belebten Straßen und wirst von fremden Emporkömmlingen von den schönen Orten verdrängt, wo deine Vorfahren einst unumschränkt das Zepter schwangen! Doch wir wollen über dem Menschen nicht den Historiker vergessen, und die kindischen Erinnerungen des Alters sollen mich nicht beherrschen, wenn ich mit liebevoller Geschwätzigkeit bei der Zeit unserer Vorfahren verweile, bei den holden Tagen der Schlichtheit und Ruhe, die nie wieder über der lieblichen Insel Manhattan ruhen werden.

Wouter (oder Walter) Van Twiller stammte von einer langen Reihe holländischer Bürgermeister ab, die nacheinander ihr Leben im sanften Schlummer verschwelgt hatten und auf der Ratsbank in Rotterdam fett geworden waren. Dabei betrugen sie sich so erstaunlich weise und anständig, daß man von ihnen weder hörte noch sprach, was übrigens der Ehrgeiz aller weisen Beamten und Herrscher sein sollte.

Sein Nachname Twiller soll aus dem Wort Twijfler oder Zweifler entstanden sein, eine Bezeichnung, die seine nachdenkliche Art auf das beste beschreibt. Denn obgleich er so verschlossen war wie eine Auster und so nachdenklich, daß er meist in einsilbigen Lauten sprach, so kam er doch über strittige Punkte nie zu einem Entschluß. Das wurde von seinen Anhängern unmißverständlich so erklärt, daß er – weil er alles in großem Maßstab konzipierte – in seinem Hirnkasten keinen Platz hatte, es von zwei Seiten zu betrachten, woher es denn kam, daß er immer im Zweifel lebte.

Es gibt zwei unterschiedliche Wege, wodurch man sich berühmt machen kann: entweder man spricht sehr viel und denkt wenig, oder man hält den Mund und denkt überhaupt nicht. Für den letzten Fall dient die Eule als Beispiel, der dümmste Vogel, der aber von der gescheiten Welt mit allen Attributen der Weisheit ausgestattet wird. Dies ist übrigens nur nebenbei bemerkt, und ich will es um alles in der Welt nicht auf den Gouverneur Van Twiller bezogen haben. Im Gegenteil, er war ein gar weiser Holländer, denn er sagte nie etwas Dummes und war so ernsthaft, daß man ihn in seinem langen glücklichen Leben nie lachen, auch nicht einmal lächeln sah. Doch wurde nie ein noch so einfacher Vorschlag gemacht, worüber gewöhnliche, mit kurzem Verstand behaftete Sterbliche im Handumdrehen entscheiden würden, bei dem der berühmte Wouter nicht mit einem ganz geheimnisvoll ausdruckslosen Blick den großen Schädel geschüttelt, fünf Minuten lang mit verstärktem Eifer geraucht und dann weise bemerkt hätte, »daß er so seine Zweifel darüber habe«.

Die Gestalt dieses berühmten Mannes war so regelmäßig gebaut und so edel geformt, als sei sie von einem geschickten niederländischen Bildhauer als Ebenbild der Größe und Majestät angefertigt worden. Er war genau fünf Fuß sechs Zoll hoch und sechs Fuß fünf Zoll breit. Sein Kopf war völlig rund und so ungeheuer dick, daß die gütige Mutter Natur bei aller Erfindungsgabe ihres Geschlechts nicht imstande gewesen

war, einen Hals dafür zu finden; sie machte sich daher die Sache leicht und setzte ihn mitten zwischen die Schultern. Sein Leib war rechteckig und nach unten besonders umfänglich, was die Vorsehung wohlweislich so eingerichtet hatte, weil sie merkte, daß er ein Mann von sitzender Lebensweise und der nutzlosen Arbeit des Gehens mehr als abhold war. Die Beine, obwohl äußerst kurz, waren entsprechend seinem Gewicht sehr kräftig, so daß er, wenn er sich aufrichtete, einem wohlkonditionierten Bierfaß auf einem Bock nicht wenig ähnlich sah. Sein Gesicht, jener untrügliche Spiegel des Geistes, bot eine weite Fläche dar, ganz ohne jene Furchen und Winkel, welche die menschlichen Züge unter dem schönen Namen »Ausdruck« entstellen. Zwei kleine graue Augen blinkten schwach in der Mitte wie zwei Sterne letzter Größe am dunstigen Nachthimmel, und seine fetten Backen, die von allem, was in den Mund einging, Zoll gefordert zu haben schienen, waren merkwürdig dunkelrot gefleckt und gestreift, ungefähr wie ein Spitzenburg-Apfel.

Seine Lebensweise war so regelmäßig wie seine Figur. Viermal täglich aß er, jedesmal eine Stunde, das Rauchen und Zweifeln beanspruchte ihn acht Stunden, und die übrigen zwölf Stunden schlief er. So war Wouter Van Twiller beschaffen – ein wahrer Philosoph, der sich nie um die Sorgen und Verkehrtheiten dieser Welt gekümmert hatte. Er hatte Jahre auf ihr verbracht, ohne im geringsten neugierig zu sein, ob die Sonne sich um die Erde oder die Erde um die Sonne drehte, er hatte fast ein halbes Jahrhundert lang dem Rauch seiner Pfeife zugesehen, wie er sich zur Decke kräuselte, ohne sich über die zahlreichen Theorien Gedanken zu machen, warum denn dieser Rauch sich über die ihn umgebende Luft erhob.

Im Rat präsidierte er mit Pomp und Ernst. Er saß in einem gewaltigen Sessel von massivem Eichenholz, das aus dem berühmten Haag stammte, die Armlehnen und Füße waren riesige geschnitzte Adlerklauen. Anstelle eines Zepters schwang er eine große türkische Pfeife, verziert mit Jasminwurzel und Bernstein, die einem Statthalter von Holland beim Abschluß eines Vertrags mit einer der kleinen Mächte der Berberei überreicht worden war. Da saß er also in seinem stattlichen Stuhl, rauchte die prächtige Pfeife, wippte ständig mit dem rechten Knie und richtete den Blick oft stundenlang auf einen kleinen, schwarz gerahmten Kupferstich von Amsterdam, der an der gegenüberliegenden Wand des Ratszimmers hing. Ja, wenn eine Beratung von besonderer Länge und Schwierigkeit auf dem Tapet war, soll er oft ganze zwei Stunden lang die Augen zugedrückt haben, um sich nicht durch äußere Erscheinungen ablenken zu lassen. Dann tat sich die innere Bewegung seines Geistes durch gewisse regelmäßige Gurgeltöne kund, die seine Bewunderer lediglich als das Kampfgetöse seiner Gedanken und Zweifel erklärten.

Van Twiller war nicht allein der erste, sondern auch der beste Gouverneur dieser Provinz, denn nie wurde unter seiner Herrschaft ein Verbrecher bestraft, was gewiß ein Zeichen milder Regierung ist. Gleich zu Beginn seiner Laufbahn zeichnete sich dieser treffliche Beamte durch ein Exempel seines juristischen Scharfsinns aus, das auf eine weise und gerechte Amtszeit schließen ließ. Er war nämlich am Morgen nach seiner Amtsübernahme gerade beim Frühstück und hatte eine riesengroße irdene Schüssel mit Milch und Maismehlpudding vor sich, als plötzlich ein gewisser Wandle Schoonhoven zu ihm kam und sich bitter über einen gewissen Barent Bleecker beklagte, der sich in betrügerischer Absicht weigere, seine Rechnungen zu begleichen, nachdem er die des Wandle größer als die seine befunden hatte. Gouverneur Van Twiller war, wie ich bereits bemerkt habe, ein Mann von wenig Worten, ebenso ein eingeschworener Feind von vielen Schreibereien und von der Unterbrechung beim Frühstück. Er hörte den Kläger aufmerksam an, grunzte ein wenig, sooft er einen Löffel voll Pudding in den Mund schaufelte, entweder aus Behagen an der Mahlzeit oder um anzudeuten, daß er den Bericht verstanden habe; dann rief er den Konstabler, zog aus der Hose ein großes Taschenmesser und stellte es dem Beklagten zum Zeichen der Vorladung zu, ebenso seine Tabaksbüchse als Vollmacht.

Diese summarische Verfahrensweise war in jener einfachen Zeit so wirksam wie der Siegelring des großen Harun al Raschid unter den Gläubigen. Beide Parteien brachten ihre Bücher zu ihm, und sie waren gewiß so schwer zu entziffern wie ein ägyptischer Obelisk. Aber der weise Walter nahm eins nach dem andern auf, wog es in der Hand, zählte aufmerksam die Seiten und verfiel sogleich in großes Zweifeln, indem er eine halbe Stunde wortlos rauchte. Endlich legte er den Finger an die Nase, schloß kurz die Augen mit der Miene eines Mannes, der eben einen schlauen Gedanken beim Schwanz erwischt hat, nahm langsam die Pfeife aus dem Mund, paffte eine Tabakswolke aus und befand mit erstaunlicher Würde und Förmlichkeit, er habe nach sorgfältigem Durchzählen und Wiegen der Bücher festgestellt, daß keines dem anderen an Gewicht und Umfang nachstand, weshalb das Gericht zu dem

Urteil gelangt sei, daß die Rechnungen sich gegenseitig aufhöben. Beide Parteien sollten also einander Quittungen ausstellen, und der Konstabler solle die Kosten bezahlen.

Diese sogleich veröffentlichte Entscheidung verbreitete allgemeinen Jubel in ganz New Amsterdam, denn das Volk merkte wohl, daß es einen weisen und gerechten Gouverneur hatte. Das glücklichste Ergebnis aber war, daß während seiner ganzen Amtsperiode kein Prozeß mehr stattfand und die Stelle des Konstablers ganz in Verfall geriet. Noch etwas ist hierbei bemerkenswert: Dies war nämlich das einzige Mal im Leben des berühmten Wouter, daß er zu einer Entscheidung gelangte.

ZWEITES KAPITEL

Vom großen Rat zu New Amsterdam, warum ein Ratsherr fett sein muß und Näheres über die Lage der Provinz

Ich muß meine Leser davor warnen, die frühen Gouverneure der Provinz, was Würde und Macht betrifft, mit jenen braven Herren zu verwechseln, die in dieser unserer aufgeklärten Republik seltsamerweise als Gouverneure bezeichnet werden, mit jener Sippschaft von unglückseligen Opfern der Volksgunst, die in Wirklichkeit die abhängigsten, am meisten unterdrückten Menschen der Gemeinschaft sind, dazu verdammt, den versteckten Ansporn und die Zurechtweisungen der eigenen Partei und außerdem den Hohn und die Schmähungen der ganzen Welt über sich ergehen zu lassen. Die holländischen Gouverneure aber waren sozusagen absolute Despoten und spielten sich, so sie Lust dazu hatten, dem Gesetz und der christlichen Lehre gegenüber als Herren auf, und waren lediglich dem Mutterland Rechenschaft schuldig. Ihre erste Amtspflicht war, hohe Abgaben herauszupressen.

Dem zweifelnden Walter stellte man beim schweren Regierungsgeschäft eine Anzahl Beamte an die Seite, denen die Polizei unmittelbar unterstand. Diese Körperschaft setzte sich aus einem Schultheiß, fünf Bürgermeistern und fünf Schöffen zusammen, die als Handlanger, Unterteufel und Bouteillenhalter der Bürgermeister amtierten. Zu ihren Pflichten gehörte es, die Pfeifen der edlen Bürgermeister zu stopfen, sie mußten die Märkte nach Leckerbissen für die Ratsdiners ablaufen, sich als Zielscheibe für die groben Witze ihrer Herren hergeben und über alle Witze herzhaft lachen. Diese letztgenannte Verpflichtung, die damals genausowenig verbindlich war wie in unseren Tagen, wurde indessen erlassen, nachdem ein kleiner, fetter Schöffe bei der vergeblichen Anstrengung, über einen der besten Witze des Bürgermeisters Van Zandt zu lachen, erstickt war. Zur Belohnung für diese bescheidenen Dienste durften sie im Rat ja oder nein sagen und sich bei allen möglichen Gelegenheiten mit den besten Speisen bedienen.

Es ist ein praktischer Grundsatz in allen ehrlichen und gesunden Städten, daß Ratsherren fett sein müssen, damit sie, da der Körper der Spiegel der Seele ist, ein Bild der Würde und Ruhe bieten. Denn wer hätte jemals von dicken Männern gehört, die einen Aufruhr angezettelt hätten? Immer sind es die Mageren und Hungerleider, die Unruhe stiften und das ganze Gemeinwesen durcheinanderbringen.

Der göttliche Plato schreibt jedem Menschen drei Seelen zu: eine unsterbliche und vernünftige, die im Gehirn sitzt und den Körper beaufsichtigt und regiert; eine zweite besteht aus den Leidenschaften, die wie kriegführende Mächte das Herz belagern; und eine dritte Seele, sterblicher und sinnlicher Natur und bar jeglicher Vernunft, liegt im Bauch gefesselt, um die göttliche Seele nicht durch ihr gieriges Geheul zu stören. Nach dieser hervorragenden Theorie zu urteilen, besitzt ein fetter Ratsherr höchstwahrscheinlich den am besten eingerichteten Geist. Sein Schädel ist wie ein großes rundes Zimmer, wo auf dem riesigen, weichen Gehirn die vernünftige Seele gar bequem wie auf einem Federbett liegt; die Augen, die Fenster dieses Schlafzimmers, sind gewöhnlich halb geschlossen, damit der Schlummer nicht durch äußere Gegenstände gestört werde. Ein Geist, der so bequem untergebracht und vor Unruhe geschützt ist, wird gewiß seinen Verrichtungen leicht und regelmäßig nachkommen. Durch gute Mahlzeiten wird die sterbliche, bösartige Seele, die, im Bauch eingeschlossen, durch ihr Rasen und Schreien die reizbare Seele in der Nähe des Herzens in maßlose Leidenschaft versetzt und deshalb hungrige Menschen unwirsch und streitsüchtig macht, völlig besänftigt und zur Ruhe gebracht. Und nun fassen eine Menge geselliger Eigenschaften und gutmütiger Neigungen, die schüchtern und verstohlen in den Schlupfwinkeln des Herzens gesessen hatten, Mut und wagen sich, wenn sie merken, daß dieser Zerberus schläft, alle fröhlich in ihrem Sonntagsstaat hervor, hopsen auf dem Zwerchfell herum und bewegen dessen Eigentümer zum Lachen, zu guter Laune und zu tausend freundlichen Pflichten gegenüber seinen Mitmenschen.

Darum sind die Ratsherren auch heutzutage immer die am besten genährten Männer der Gemeinde, sie leben in Saus und Braus und stopfen sich so mit Austern und Schildkröten voll, daß sie sich am Ende die Beweglichkeit der ersten und die Gestalt, den watschelnden Gang der zweiten zu eigen machen. Diese guten Dinge bringen einen solchen Gleichmut und eine solche Seelenruhe hervor, daß die Verhandlungen der Ratsherren wegen ihres unverändert monotonen Charakters berühmt sind. Kurz, ein schön rundbauchiger Bürgermeister liegt wie ein wohlgenährter Bullenbeißer ruhig vor der Haustür, immer bereit, für die Sicherheit zu wachen; wollte man aber einen mageren, naseweisen Kandidaten in dieses Amt wählen, wie es wohl zuweilen geschehen ist, so möchte ich lieber einen Windhund vor meine Haustür legen oder ein Rennpferd vor einen Ochsenwagen spannen.

Die Bürgermeister wurden daher wohlweislich nach dem Gewicht gewählt, die Schöffen aber, um auf sie acht zu haben und ihnen beim Essen zu helfen. Alsdann wurden letztere mit der Zeit auch wählbar, nachdem sie sich tüchtig in das Amt hineingefuttert hatten, wie sich eine Maus in einen guten neuenglischen Käse hineinfrißt.

Nichts glich den tiefen Beratungen, in die Walter der Zweifler mit seinen würdigen Räten verwickelt war. Stundenlang saßen sie rauchend und dösend über den öffentlichen Angelegenheiten, ohne durch ein einziges Wort die zum Nachdenken so nötige feierliche Stille zu unterbrechen. Unter ihrer nüchternen Zepterführung gedieh die junge Kolonie vortrefflich, erhob sie sich aus Sümpfen und Wäldern und bot den für neue Städte so charakteristischen Anblick von Stadt und Land, wie heutzutage die große Hauptstadt Washington, die auf dem Papier einen so enormen Eindruck macht.

Der ehrliche Bürger bot in jenen Tagen einen erfreulichen Anblick, wenn er wie die alten Patriarchen auf der Bank an der Tür seines weißgetünchten Hauses im Schatten einer riesenhaften Platane oder Trauerweide saß. Hier rauchte er an einem schwülen Nachmittag seine Pfeife, erfreute sich an dem kühlenden Lüftchen aus dem Süden und lauschte mit stillem Vergnügen dem Gackern der Hühner, dem Schnattern der Gänse und dem sonoren Grunzen der Schweine, jenem lieblichen Dreiklang der Bauernhofmelodie, die wahrlich einen silbernen Klang hat, verkündet sie doch einen einträglichen Absatz auf dem Markt.

Es herrschte in jenen schönen Zeiten eine wahre und beneidenswerte Gleichheit von Rang und Stand, ebenso weit entfernt von der Arroganz des Reichtums wie von der Unterwürfigkeit der Armut, und, was nach meiner Meinung der Heiterkeit und Harmonie unter Freunden noch mehr förderlich ist, niemand schien mehr zu wissen als sein Nachbar. Die Gehirne der guten Bürger von New Amsterdam schienen alle in einer Form gegossen und so ehrlich und stumpf zu sein wie manche in großen Mengen hergestellte Gegenstände und ebenso brauchbar für den allgemeinen Bedarf. So werden also die wirklich stumpfen Geister im allgemeinen für den öffentlichen Dienst vorgezogen und vor allem zu Ehren in der Stadt kommen, denn ein scharfer Verstand wird wie ein Rasiermesser als nicht geeignet für den allgemeinen Gebrauch erachtet. Zum Glück waren in New Amsterdam sogar die Wörter für Bildung, Erziehung, Geschmack und Talent unbekannt, und ein Genie war ein namenloses Tier, ein Blaustrumpf aber wäre mit ebensoviel Verwunderung betrachtet worden wie ein Hornfrosch oder ein feuerspeiender Drache. Der Pfarrer und der Ratsschreiber waren die einzigen in der Gemeinde, die lesen konnten, und der weise Van Twiller unterschrieb immer nur mit einem Kreuz.

Und wie in den alten, besseren Tagen die Götter oft zu den Menschen herabstiegen, so kam, wie wir hören, in den ländlichen Zeiten New Amsterdams St. Nikolaus oft über die Wipfel der Bäume gefahren oder über die Dächer geritten, zog prächtige Geschenke aus seinen Pumphosen und ließ sie in die Kamine seiner Lieblinge hinabfallen, während er uns in dieser ehernen Zeit nur einmal im Jahr besucht und nur den Kindern etwas schenkt, weil die Eltern so entartet sind.

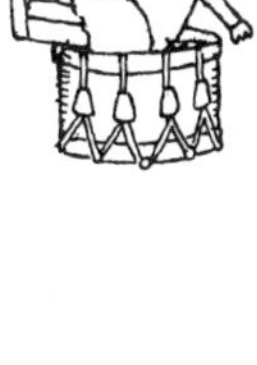

DRITTES KAPITEL

Wie die Stadt New Amsterdam aus dem Schlamm emporstieg und sehr elegant und vornehm wurde nebst einer Schilderung der Sitten unserer Urahnen

Da der weise Rat, wie in einem früheren Kapitel bemerkt, nicht imstande war, sich für einen Plan zum Bau der Stadt zu entscheiden, nahmen dies die Kühe in einer lobenswerten patriotischen Anwandlung auf sich. Denn auf ihrem Weg zur Weide und zurück traten sie Pfade durch die Büsche, und so bauten die guten Leute zu beiden Seiten ihre Häuser, was eine der Ursachen für die sonderbaren oder auch malerischen Windungen oder Labyrinthe ist, welche manche Straßen von New York noch heutigentags auszeichnen.

Die besseren Häuser waren im allgemeinen aus Holz gebaut, ausgenommen die Giebelwand, die aus kleinen schwarzen und gelben holländischen Ziegelsteinen errichtet war und immer zur Straße hin stand, denn unsere Vorfahren waren wie ihre Nachkommen sehr dem äußeren Schein verpflichtet. Die Häuser waren in jedem Stockwerk reichlich mit großen Türen und kleinen Fenstern versehen, das Baujahr wurde an der Vorderfront mit eisernen Zahlen vermerkt, und auf dem Dachfirst thronte ein wilder, kleiner Wetterhahn, welcher der Familie das wichtige Geheimnis verriet, aus welcher Richtung der Wind blies. Doch genau wie unsere Wetterhähne auf unseren Turmspitzen zeigten sie so viele verschiedene Richtungen an, daß ein jeder einen Wind nach eigenen Vorstellungen haben konnte. Die treuesten und biedersten Bürger aber richteten sich immer nach der Wetterfahne auf dem Dach des Gouverneurs, die zweifellos am genauesten war, weil er nämlich jeden Morgen einen zuverlässigen Diener hinaufscheuchte und sie in die rechte Richtung drehen ließ.

Die Vordertür wurde nie geöffnet, außer bei Hochzeiten, Leichenbegängnissen, am Neujahrstag, am Nikolausfest oder ähnlichen hohen Festtagen. Das ganze Haus befand sich in einem Zustand dauernder Überschwemmungen und unter der Herrschaft von Scheuerlappen, Besen und Schrubber; die guten Hausfrauen waren dazumal amphibienartige Lebewesen, und ein Geschichtsschreiber jener Zeit berichtet ganz ernsthaft, daß viele von ihnen Schwimmhäute zwischen den Fingern hatten, ja von einigen behauptet er sogar, ihr Leib sei in einem Fischleib ausgelaufen, doch das halte ich für einen witzigen Einfall oder, schlimmer noch, für eine bewußte Entstellung.

Die große gute Stube war das Allerheiligste, wo die Leidenschaft des Reinemachens alles Maß überschreiten durfte. Dieses heilige Gemach durfte niemand betreten, außer einmal in der Woche die Hausfrau und ihre vertraute Magd, um es gründlich zu reinigen und alles wieder aufzuräumen. Jedesmal achteten sie darauf, die Schuhe an der Tür auszuziehen und andächtig nur auf Strümpfen hineinzugehen. Nachdem sie den Fußboden geschrubbt, ihn mit feinem weißem Sand bestreut und diesen mit dem Besen zu schönen Winkeln, Kurven und Parallelogrammen zurechtgekehrt hatten, nachdem sie die Fenster geputzt, die Möbel abgerieben und poliert und einen neuen Strauß Immergrün in den Kamin gestellt hatten, machten sie die Fenster wieder zu, damit die Fliegen nicht hereinkamen, und verschlossen das Zimmer sorgfältig, bis die wandelnde Zeit in der nächsten Woche wieder den Putztag herbeiführte.

Die Familie ging immer durch das Tor ein und aus und lebte fast ausschließlich in der Küche. Der Kamin war von wahrhaft patriarchalischen Ausmaßen, die ganze Familie, alt und jung, Herr und Gesinde, Weiße und Schwarze, sogar Hunde und Katzen freuten sich der Gemeinschaft des Nutzungsrechts, und ein jeder hatte sein eigenes Eckchen. Hier saß schweigend der alte Bürger und schmauchte sein Pfeifchen, sah mit halbgeschlossenen Augen ins Feuer und dachte stundenlang an nichts. Die »goede vrouw« ihm gegenüber war fleißig mit

Spinnen oder Strümpfestricken beschäftigt. Das junge Volk drängte sich um den Kamin und hörte mit gespannter Aufmerksamkeit einem alten Negerweib zu, das das Familienorakel war und an langen Winterabenden gleich einem Raben in einem Winkel am Schornstein hockte und unglaubliche Geschichten von Hexen in New England, von grausigen Geistern, kopflosen Pferden, von Entkommen mit knapper Not und blutigen Handgemengen mit den Indianern daherkrächzte.

In jenen glücklichen Tagen stand eine Familie immer bei Tagesanbruch auf, aß um elf Uhr Mittag und ging mit der Sonne schlafen. Das Mittagessen war eine ausgesprochene Privatangelegenheit, und die dicken alten Bürger ließen sich dabei nicht gern vom Nachbarn stören. Um so geselliger war man dagegen bei den sogenannten Teegesellschaften.

Die vornehmen Festlichkeiten fanden unter den höheren Ständen statt, das heißt unter denen, die eigene Kühe und Wagen besaßen. Man versammelte sich für gewöhnlich um drei Uhr und ging um sechs auseinander, im Winter etwas früher, damit die Frauenzimmer noch bei Tag nach Hause kamen. Der Teetisch trug eine große irdene Schüssel mit Schnitten von fettem, braungebratenem Schweinefleisch, die in der Soße herumschwammen. Die Gäste saßen rings um die einladende Tafel, alle waren mit Gabeln bewaffnet und zeigten ihre Geschicklichkeit, die fettesten Stücke anzuspießen, so wie Seeleute Tümmler oder unsere Indianer Seelachse spießen. Zuweilen war der Tisch mit ungeheuren Apfeltorten oder Schalen mit eingemachten Pfirsichen oder Birnen besetzt, aber stets stand eine große Schüssel mit süßen, in heißem Fett gebackenen Teigkugeln oder Krapfen auf dem Tisch, ein köstliches Backwerk, das man in dieser Stadt fast gar nicht mehr kennt, außer bei den echten holländischen Familien.

Der Tee wurde aus einer majestätischen Delfter Teekanne serviert, die mit Bildern von rundlichen, kleinen holländischen Schäfern und Schäferinnen samt ihren Schweinen, von Schif-

fen, die in der Luft, von Häusern, die in den Wolken schwebten, und mit anderen kunstvollen holländischen Phantasiebildern verziert war. Die Stutzer zeichneten sich durch die Geschicklichkeit aus, die Kanne aus einem ungeheuren kupfernen Teekessel zu füllen. Zum Süßen lag ein Stück Zucker neben jeder Tasse, und die Gesellschaft knabberte und schlürfte abwechselnd mit großem Anstand, bis eine gescheite und sparsame alte Dame eine Verbesserung einführte und einen dicken Klumpen an einem Bindfaden von der Decke auf den Teetisch herabhängen ließ, so daß er von Mund zu Mund geschwungen werden konnte, was in Albany bei einigen Familien, in Communipaw, Bergen, Flatbush und in allen anderen unberührten holländischen Dörfern noch allgemein Sitte ist.

Bei diesen Teegesellschaften ging es sehr ehrbar zu; kein Flirten und Kokettieren, kein Spielchen bei den alten Damen, kein ausgelassenes Gelächter und Geschnatter bei den jungen, kein selbstzufriedenes Aufblähen bei den reichen Herren, die ihren Verstand in der Geldtasche haben, keine unterhaltsamen Einfälle und verrückten Zerstreuungen modischer junger Herren ohne Verstand. Da saßen die jungen Damen brav auf ihren Binsenstühlen und strickten sich wollene Strümpfe; sie öffneten den Mund nur, um Fragen mit »Ja, Mijnheer« oder »Ja, Mevrouw« zu beantworten, und benahmen sich in jeder Beziehung wie ehrbare, wohlerzogene Jungfrauen. Die Herren rauchten in Frieden ihre Pfeife und schienen in Betrachtung der blauweißen Kacheln verloren, welche die Kamine schmückten und Darstellungen aus der Bibel zeigten: Tobias und seinen Hund, Haman am Galgen oder Jonas, der beherzt aus dem Walfisch springt wie der Hanswurst durch ein feuriges Faß.

Die Zusammenkünfte fanden ohne Lärm und Verwirrung ein Ende. Die Gäste begaben sich auf Schusters Rappen nach Hause, ausgenommen diejenigen, die sich eine Kutsche leisten konnten. Die Herren begleiteten die Damen galant nach Hause und verabschiedeten sich an der Tür mit einem kräftigen Kuß, was damals zum guten Ton gehörte und keinerlei Skandal hervorrief, weshalb es aus Hochachtung vor unseren Vorvätern auch heute so gehandhabt werden sollte.

Die Häuslichkeit der Frauen war unter anderem an den großen, aus Flicken seltsam zusammengesetzten Taschen zu erkennen, die sie als praktische Behältnisse für allerlei Kram über den Röcken trugen. Die Röcke waren, wie ich bekennen muß, sehr kurz, sie reichten kaum über die Knie, wahrscheinlich, um ihre schmucken blauwollenen Strümpfe mit den roten Verzierungen an der Seite, einen hübschen Knöchel oder Fuß zur Schau zu stellen, der durch hohe Hacken und eine große Silberschnalle zur Geltung gebracht wurde. So finden wir, daß das schöne Geschlecht zu allen Zeiten denselben Hang offenbart hat, die Gesetze des Anstands ein wenig zu übertreten, um verborgene Reize zu zeigen oder einer unschuldigen Freude am Putz nachzugeben. Je mehr Röcke übereinander, desto reicher, desto begehrenswerter. Ein fülliges junges Mädchen mit zwölf Röcken wurde von einem niederländischen Dichterling mit einer strahlenden Sonnenblume oder einem strotzenden Kohlkopf verglichen. Das Vermögen der Damen bestand in Röcken; genau wie bei den Damen von Kamtschatka oder Lappland die Bärenfelle oder Rentierfelle, waren sie das Zeichen eines reichen Erbes, und die besten Zimmer waren statt mit karikaturhaften Darstellungen der Natur in Wasserfarbe oder Stickerei mit diesen Röcken und Kleidern behangen.

Die Aufmachung der Herren war ähnlich. Der wirklich elegante Herr jener Zeit trug einen von der Dame seines Herzens gefertigten Rock aus grobem Halbwollstoff, prächtig mit großen Messingknöpfen besetzt, zehn Beinkleider betonten seine Körpermaße, die Schuhe waren mit kupfernen Schnallen verziert, ein niedriger, breitrandiger Hut überschattete das feiste Gesicht, und das Haar hing ihm in einem mit Aalhaut umwickelten Zopf auf den Rücken.

So ausgestattet, machte er sich mutig auf den Weg, um mit

der Pfeife im Mund ein widerspenstiges Mädchenherz zu erobern – keine Pfeife, wie sie Galatea zum Preis erklang, sondern ein echtes Delfter Fabrikat und mit duftendem Kraut gestopft. So setzte er sich entschlossen vor die Festung, und selten mißlang es ihm, nach geraumer Zeit den schönen Feind unter ehrenvollen Bedingungen rauchend zur Übergabe zu zwingen.

Ohne Furcht und Tadel hingen die Liebenden – er in zehn Beinkleidern, sie mit zehn Röcken – den unschuldigen Zärtlichkeiten keuscher Liebe nach. Denn was konnte eine Tugend zu befürchten haben, die von einem Schild guten halbwollenen Zeugs beschirmt war wie der unbesiegliche Ajax von den sieben Stierhäuten!

O glückliche, unvergeßliche Zeit, da alles besser war, als es seither gewesen oder jemals wieder sein wird, da der Buttermilk Channel bei Niedrigwasser völlig trocken war, da die Maifische im Hudson Lachse waren, da der Mond noch in reinem Silberglanz schien und nicht in diesem melancholischen gelben Licht, mit dem er seinem Ekel über die Verworfenheit Ausdruck gibt, deren Zeuge er jede Nacht in dieser entarteten Stadt ist.

VIERTES KAPITEL

Getreue Beschreibung des betriebsamen Volkes – Yankees genannt – von Connecticut und der umliegenden Gebiete

Der redlichen Provinz New Netherland, die sich wie ein argloser Bürger in einem gemütlichen Lehnstuhl niedergelassen hatte und eingeschlafen war, drohte bald Gefahr von einer Horde ausländischer Barbaren an den östlichen Grenzen. In England hatte die geistliche Gewalt den Leuten das Reden verboten. Diejenigen, die sich dieser schrecklichen Tyrannei nicht unterwerfen wollten, wanderten nach Amerika aus, wo sie ihrem Hang zum Schwatzen freien Lauf lassen konnten. Sie erhoben an dieser redseligen Küste auch sogleich ein solches Geschrei, daß alle Vögel und Tiere weit entfleuchten und gewisse, hier sehr zahlreiche Fische so stumm und dumm wurden, daß man sie heutzutage noch »Stockfische« nennt.

Aus jener Zeit stammt das berühmte Vorrecht unseres Vaterlandes, die sogenannte Redefreiheit, die hier so eifrig in Zeitungen, Pamphleten, Versammlungen etc. praktiziert wird und bedeutet, daß jeder gedankenlos und ohne unterrichtet zu sein über alles mitreden darf, öffentliche Angelegenheiten entstellen, staatliche Maßnahmen schlechtmachen, große Persönlichkeiten verleumden und kleine zerstören kann. Die einfachen Urbewohner des Landes betrachteten dieses fremde Volk eine Zeitlang mit großem Erstaunen; als sie aber merkten, daß sie zwar geräuschvolle, doch harmlose Waffen führten und es ein regsamer, gutartiger Menschenschlag war, wurden sie freundlich und zutraulich und gaben ihnen den Namen Yanokes, was in der Sprache der Massachusetts »stille Menschen« bedeutet, eine scherzhafte Benennung, die man zu »Yankees« verkürzt hat und noch heute benutzt.

Es ist wahr – und als getreuer Historiker darf ich nicht wortlos darüber hinweggehen –, daß der Eifer dieser guten

Leute, ihre Rechte und Freiheiten ungeschmälert zu bewahren, sie eine Zeitlang zu Irrtümern verführte, die man eher entschuldigen als verteidigen kann. Nachdem sie eine regelrechte Lehrzeit in der Schule der Verfolgung durchgemacht hatten, geziemte es ihnen zu beweisen, daß sie es zu Meistern in dieser Kunst gebracht hatten. Also verwendeten sie ihre Freizeit darauf, etliche ketzerische Papisten, Quäker und Anabaptisten zu verbannen, zu züchtigen oder zu hängen, weil diese es wagten, die Gewissensfreiheit zu mißbrauchen, die nach ihrer jetzigen Deutung nichts weiter bedeutete, als daß ein jeder in Sachen der Religion denken konnte, wie er wollte – vorausgesetzt, er dachte das Richtige, denn andernfalls würde man ja verdammenswerter Ketzerei Vorschub leisten. Da sie, die sich in der Mehrzahl befanden, nun ganz davon überzeugt waren, daß nur sie das Richtige dachten, folgte daraus, daß die, welche anders dachten, nicht das Richtige dachten. Und wer das Falsche dachte und hartnäckig darauf beharrte, sich nicht überzeugen und bekehren zu lassen, war ein schändlicher Verletzer der unschätzbaren Freiheit des Gewissens, ein korruptes und ansteckendes Glied der Gemeinschaft und verdiente, abgehauen und ins Feuer geworfen zu werden.

In aller Aufrichtigkeit sei festgestellt, daß wir heute in dieser sehr aufgeklärten Nation nichts anderes tun, als dem Grundsatz der Nächstenliebe und der Geduld durch Verfolgung Gültigkeit zu verschaffen. Ist es nicht so, daß wir uns erst vor wenigen Jahren von den Fesseln einer Regierung befreit haben, die uns die Freiheit verweigerte, uns selbst zu regieren und nach Belieben unsere Zunge zu gebrauchen? Und tun wir nicht jetzt im Augenblick unser Bestes, die Meinungen anderer zu unterdrücken, ihnen das Reden zu verbieten und ihr Glück zu zerstören? Was sind unsere großen politischen Vereinigungen anderes als der Ausdruck politischer Inquisition, unsere Stammtisch-Komitees anderes als kleine Verleumdungstribunale, unsere Zeitungen anderes als Staupsäulen und

Pranger, an denen unglückliche Menschen mit faulen Eiern beworfen werden? Prinzipielle Unterschiede zwischen unseren und den damaligen Verfahrensweisen gibt es nicht, die Unterschiede sind von untergeordneter Bedeutung. Wir brandmarken, aber wir verbannen nicht, wir verleumden, aber züchtigen nicht, wir entlassen aus dem Amt, aber wir knüpfen nicht auf, und diese politische Verfolgung ist auf irgendeine Weise der große Schutz unserer Freiheiten und ein unbestreitbarer Beweis dafür, daß wir in einem freien Land leben!

Ungeachtet des glühenden Eifers, mit dem der heilige Krieg gegen die Ungläubigen geführt wurde, vermehrten sie sich auf schier unglaubliche Weise. Dieser erstaunliche Zuwachs darf tatsächlich auch einer unter ihnen üblichen, ungewöhnlichen Sitte zugeschrieben werden, die im allgemeinen als »Bündeln« bekannt ist, ein abergläubischer Ritus, dem das junge Volk beiderlei Geschlechts oblag und mit dem es im allgemeinen seine Festlichkeiten beschloß. Diese Zeremonie wurde in jenen einfachen Zeiten als notwendige Einleitung für die Ehe betrachtet, und ihre Brautschau begann, wo unsere endet. Auf diese Weise erwarben sie sich jene gegenseitige intime Kenntnis ihrer guten Eigenschaften vor der Heirat, was nach Ansicht der Philosophen eine sichere Grundlage für eine glückliche Verbindung ist.

Was diese Yankees bei unseren holländischen Vorfahren außerordentlich unbeliebt machte, waren mehrere Gewohnheiten, vor allem ein gewisser Wandertrieb, der sie ständig veranlaßte, von einem Ort zum anderen zu ziehen, Land urbar zu machen, an dem sich andere dann erfreuten, und Häuser zu bauen, die andere bewohnten. Der Yankee lud seine ganze Familie, seine Möbel und Arbeitsgeräte auf einen Planwagen und zog in die Wälder. Er war bald Besitzer einer ansehnlichen Farm und einer ganzen Kinderschar. Verbesserung – das war seine größte Leidenschaft, aber sobald es nichts mehr zu verbessern gab, trieb es ihn wieder zu einem neuen Siedlungsort, um abermals Bäume zu fällen, Felder zu roden, wieder

Squatters

einen schindelgedeckten Palast zu bauen und alles abermals zu verkaufen und weiterzuwandern.

So waren die Bewohner von Connecticut, die östlichen Nachbarn der Siedler von New Netherland, und meine Leser können sich leicht denken, wie unangenehm dieses fröhliche, aber rastlose Völkchen unseren ruhigen Vorfahren war. Ganze Scharen dieser Räuber drangen in ihr Gebiet ein und versetzten ganze Dörfer durch ihre unübertreffliche Zungenfertigkeit und ihre unerträgliche Neugier in Verwirrung, zwei Eigenschaften, die bis dahin bei ihnen unbekannt oder verabscheut waren. Auch gaben sie durch ihre Erfolge beim schönen Geschlecht manchen Anlaß zur Eifersucht, denn bald hatten die munteren und redegewandten Burschen den schwerfälligen holländischen Galanen die Zuneigung der einfachen Schönen abspenstig gemacht. Unter anderen häßlichen Gewohnheiten wollten sie auch die Sitte des »Bündelns« einführen, welcher die holländischen Mädchen mit der ihrem Geschlecht eigentümlichen Vorliebe für das Neue und für ausländische Moden gern gefolgt wären, hätten nicht ihre Mütter, reicher an Lebenserfahrung und besser als ihre Töchter über die Welt und die Männer im Bilde, sehr entschieden Einspruch erhoben.

Was jedoch in erster Linie dazu beitrug, unsere Vorfahren mit diesem seltsamen Volk in Streit geraten zu lassen, war die Tatsache, daß sie sich gelegentlich die Freiheit nahmen, in Horden in das Gebiet von New Netherland einzufallen, sich ohne Erlaubnis und Genehmigung niederzulassen und den Boden zu »verbessern«. Diese zwanglose Art, sich Neuland anzueignen, nannte man »squattern«, und daher erhielten sie den Namen Squatters, der allen unternehmungslustigen Leuten gegeben wird, die zunächst vom Land Besitz ergreifen und erst danach ihren Anspruch darauf geltend machen.

Das friedliche Kabinett Walters des Zweiflers aber ertrug all diese Anfechtungen mit einer Großmut, die ihm zu unsterblicher Ehre gereicht, denn es gewöhnte sich durch passives

Erdulden an diese wachsende Last von Unrecht, wie jener starke Mann aus alter Zeit, der ein Kalb von der Geburt an alle Tage trug und es selbst dann, als es ein Ochse geworden war, ohne Anstrengung schleppen konnte.

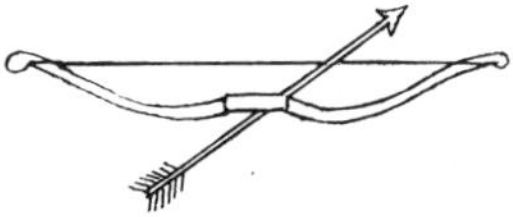

FÜNFTES KAPITEL

Wie das Fort Gute Hoffnung schrecklich belagert wurde, wie der berühmte Wouter in tiefen Zweifel verfiel und wie er endlich aushauchte

Schon zu einem sehr frühen Zeitpunkt und vor der Ankunft des berühmten Wouter hatte das Kabinett von New Netherland das Gebiet am Connecticut erworben und am Ufer zum Schutz einen befestigten Platz errichtet, den man Fort Gute Hoffnung nannte und der dicht bei der jetzigen schönen Stadt Hartford gelegen war. Das Kommando nebst Rang, Titel und Amt eines Kommissärs erhielt der tapfere Jacobus Van Curlet. Er wäre ein außergewöhnlich großer Mann gewesen, wenn seine Beine seinem Oberkörper entsprochen hätten. So aber hatte er das ungelenke Aussehen eines Menschen, der aus dem Oberteil eines langen Mannes und den Beinen eines kleinen zusammengesetzt war. Beim Marschieren warf er die Beine so weit, daß man ihn für den Däumling mit den Siebenmeilenstiefeln hätte halten können, und bei Paraden riß er sie so hoch, daß seine Soldaten immer fürchteten, er könne sich selber einmal niedertrampeln.

Dieses häßlichen kleinen Kriegers und seines trefflichen Forts ungeachtet, unterließen es die Yankees doch nicht, kühn in das Gebiet einzudringen und sich gar in unmittelbarer Umgebung des Forts festzusquattern.

Angesichts solcher Freveltat verhielt sich der langleibige Van Curlet, wie es einem flinken und tapferen Offizier geziemt. Er protestierte augenblicklich auf gut Holländisch gegen die unerhörten Übergriffe und sandte eine Abschrift des Protests mit einem langen, bitteren Bericht über die Aggression des Feindes an den Gouverneur in New Amsterdam. Darauf sprach er seinen Leuten Mut zu, schloß das Festungstor, rauchte drei Pfeifen, ging zu Bett und wartete mit entschiedenem und unerschütterlichem Gleichmut auf den Erfolg, was seinen Leuten großen Mut und seinen Feinden ohne Zweifel Furcht und Schrecken einflößte.

Nun geschah es zu selbiger Zeit, daß der berühmte Wouter Van Twiller, gesegnet an Jahren und Ehren und Ratsmahlzeiten, die Lebens- und Denkperiode erreicht hatte, die nach dem großen Gulliver zum Eintritt in den alten Orden der Struldbrugs berechtigt. Als nun Seine Exzellenz der Gouverneur die Protestschrift des tapferen Jacobus Van Curlet zu lesen bekam, verfiel er auf der Stelle in den tiefsten Zweifel, den er je gehabt hatte; sein riesiger Schädel sank ihm allmählich auf die Brust, er schloß die Augen und neigte das Ohr auf die eine Seite, als wolle er genau der Auseinandersetzung zuhören, die in seinem Bauch vor sich ging, der ihm als Ratszimmer seiner Gedanken diente. Ein unartikulierter Ton, der sehr einem Schnarchen glich, entfuhr ihm, aber diese innere Überlegung kam nie mehr zutage, weil er über diesen Gegenstand zu niemandem mehr sprach. Mittlerweile lag das Schreiben Van Curlets ruhig auf dem Tisch, wo es den versammelten ehrbaren Weisen als Fidibus für ihre Pfeifen diente, und in der dichten Tabakswolke, die der Rat verbreitete, waren der tapfere Jacobus, sein Protest und das Fort Gute Hoffnung bald so völlig umwölkt und vergessen wie eine wichtige Frage, die durch Reden und Resolutionen auf einer heutigen Sitzung des Kongresses verlorengeht.

Während nun Walter der Zweifler täglich mit seinen Zweifeln kämpfte und dabei mehr und mehr Entschlußkraft einbüßte, drang der Feind weiter in seine Gebiete ein und baute in der Nähe des Forts Gute Hoffnung die Stadt Pyquag, die jetzt Weathersfield heißt und nach Auskunft des würdigen Historikers John Josselyn wegen ihrer Hexen verrufen war. Ihre Bewohner wurden so frech, daß sie ihre Zwiebelfelder, welche die Stadt berühmt gemacht, bis unter die Nase der Garnison des Forts hinzogen, daß die Holländer nicht ohne Tränen in den Augen hinsehen konnten.

Diese schreiende Ungerechtigkeit erregte den gerechten Zorn des tapferen Jacobus Van Curlet. Er zitterte geradezu vor Wut und Mut, und dieser leidenschaftliche Ausbruch schien durch die Länge seines Leibes noch verstärkt zu werden. Er begann unverzüglich, seine Redouten zu verstärken, die Brustwehren zu erhöhen und den Graben zu vertiefen, nach welchen tapferen Vorkehrungen er einen weiteren Kurier mit furchtbaren Nachrichten von seiner gefährlichen Lage abschickte.

Der erwählte Kurier war ein kleiner, fetter, schmieriger Kerl, der die Anstrengung wohl aushalten konnte. Man gab ihm das schnellste Wagenpferd in der ganzen Garnison, welches groß, derb und so hoch war, daß sich der kleine Mann am Schwanz und Schwanzriemen hinaufarbeiten mußte. Er beeilte sich so sehr, daß er in etwas weniger als einem Monat im Fort Amsterdam ankam, obwohl die Entfernung gute zweihundert Pfeifen – das sind ungefähr einhundertzwanzig Meilen – ausmachte.

Der ungewöhnliche Anblick des unheilverkündenden Fremden hätte die Stadt New Amsterdam in Verlegenheit versetzt, wenn sich die guten Leute um etwas anderes als ihre häuslichen Angelegenheiten bekümmert hätten. Mit der größten Eile und Geschäftigkeit sprengte er, eine kurze Reisepfeife im Mund, in scharfem Trab durch die schmutzigen Gassen der Hauptstadt und zertrampelte haufenweise Sandkuchen, welche die kleinen Kinder am Weg buken und für die sie schon immer bekannt waren. Als er am Haus des Gouverneurs ankam, rutschte er mit Hangen und Bangen vom Pferd, weckte den alten Skaats, den grauhaarigen Türsteher, klopfte heftig an der Tür des Ratszimmers und erschreckte die Herren, die über einem Plan zur Einrichtung eines Marktes schlummerten.

In diesem Augenblick ertönte vom Stuhl des Gouverneurs ein sanftes Grunzen oder vielmehr ein tiefer, schnarchender Atemzug, und gleichzeitig entschlüpfte seinen Lippen eine Rauchwolke und eine kleinere dem Pfeifenkopf. Der Rat glaubte, er sei für das Wohl der Gemeinde eingeschlafen, und es wurde, wie es üblich war, um Stille gebeten, als auf einmal die Tür aufging und der kleine Kurier ins Zimmer stolzierte, zur Hälfte in großen Reitstiefeln versteckt, die er eigens zu diesem Ritt angezogen hatte. In der Rechten trug er die verhängnisvolle Depesche, mit der Linken hielt er den Bund seiner weiten Hose fest, der ihm beim Absteigen gerissen war. Entschlossen ging er auf den Gouverneur los und verkündete mit mehr Eile als Klarheit seine Botschaft. Aber glücklicherweise kamen diese traurigen Nachrichten zu spät, um die Ruhe dieses friedlichen Herrschers noch stören zu können. Seine Ehrwürdige Exzellenz hatte soeben den letzten Zug getan – seine Lunge und Pfeife gingen miteinander aus, und seine friedliche Seele entfleuchte mit dem letzten Puff, der seiner Tabakspfeife entstieg. Mit einem Wort, der berühmte Walter der Zweifler, der so oft mit seinen Zeitgenossen geschlummert, schlief nun bei seinen Vätern, und an seiner Stelle wurde Wilhelmus Kieft Gouverneur.

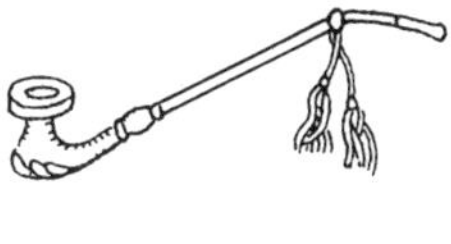

DRITTES BUCH

Welches die Chronik der Regierungszeit Wilhelms des Reizbaren enthält

ERSTES KAPITEL

Beschreibt die universelle Bildung Wilhelms des Reizbaren und zeigt, wie ein Mann es so weit in den Wissenschaften bringen kann, daß er für nichts nütze ist

Mein Herz hüpfte vor Freude, als ich auf das traurige Dilemma von Fort Gute Hoffnung stieß, das ich sogleich als Vorläufer einer Reihe von großen Ereignissen und kurzweiligen Katastrophen erkannte. Das sind die wahren Themen für den Geschichtsschreiber. Denn was ist die Geschichte eigentlich anderes als eine Art Verbrechensregister, eine Liste von Schandtaten und Elend, die der Mensch über seine Mitmenschen gebracht hat. Sie ist eine ungeheuere Schmähschrift gegen die menschliche Natur, der wir fleißig Seite auf Seite, Buch auf Buch hinzufügen, ganz als errichteten wir ein Denkmal zur Ehre und nicht zur Schande unserer Art. So kann man von den Geschichtsschreibern behaupten, sie lebten von der Not der Menschheit wie Raubvögel, die über einem Schlachtfeld kreisen, um sich von den illustren Toten zu nähren. Mir will scheinen, daß Verschwörungen, Kriege, Siege und Massaker von Gott nur als Nahrung für den Historiker bestimmt worden sind.

Diese und viele ähnliche Gedanken gingen mir natürlich durch den Kopf, als ich zur Feder griff, um mich der Regierungszeit Willem Kiefts zuzuwenden. Denn nun beginnt der Strom unserer Chronik, der bis jetzt in ruhigem Lauf dahinfloß, auf immer seine stille Umgebung zu verlassen und sich durch manche stürmische und wilde Landschaft hindurchzukämpfen. Wie ein glänzender Ochse, der sich in einem fetten Kleefeld weidlich gemästet hat, in schwelgerischer Ruhe daliegt und erst nach wiederholten Beschimpfungen und Schlägen die schwerfälligen Glieder rührt und sich ungeschickt aus seinem Schlummer erhebt, so gelangte auch die Provinz New Netherland, nachdem sie lange unter der glücklichen Verwaltung Walters des Zweiflers reich und fett geworden, widerstrebend zu der traurigen Überzeugung, daß das geduldig ertragene Leiden ein Ende haben mußte. Der Leser wird nun erleben, wie ein friedliebendes Gemeinwesen sich dem Zustand des Krieges nähert, was leider mit viel Tänzeln und Pomp verbunden ist, aber nicht voranführt.

Willem Kieft, der im Jahre 1634 den Gouverneursthron bestieg, war in Gestalt, Aussehen und Charakter das völlige Gegenteil seines berühmten Vorgängers Wouter Van Twiller. Er war von respektabler Herkunft, denn sein Vater war Windmühleninspekteur in der alten Stadt Saardam gewesen, und unser Held stellte, wie wir hören, in seiner Jugend sehr merkwürdige Untersuchungen über Natur und Arbeitsweise dieser Maschinen an, weshalb er später ein so kluger Gouverneur wurde. Sein Name war nach der Meinung von Sprachforschern eine entstellte Form von Kijfer – das heißt Keifer – und drückte eine erbliche Eigenschaft seiner Familie aus, die es fast zweihundert Jahre lang der windigen Stadt Saardam schwer gemacht und mehr Hitzköpfe und Hausdrachen hervorgebracht hat als zehn Familien zusammen. Und kaum hatte Wilhelmus Kieft ein Jahr seines Amtes gewaltet, da war er auch schon allgemein als Wilhelm der Reizbare bekannt.

Er war ein lebhafter, giftiger, kleiner alter Herr, vertrocknet und verwelkt, teils durch den natürlichen Altersprozeß, teils durch das heftige Brennen seines feurigen Geistes, der stark wie ein Binsenlicht in seinem Busen glühte und ihn

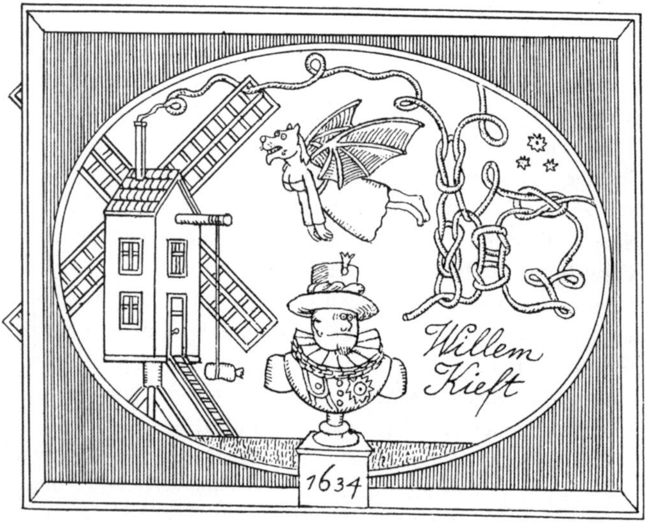

ständig zu mannhaften Auseinandersetzungen, Zwistigkeiten und Mißgeschicken trieb. Ein tiefsinniger Philosoph und Menschenkenner machte mir einst die Bemerkung, daß, wenn ein Weib mit den Jahren fett werde, ihr Leben nicht mehr von langer Dauer sei, wenn sie aber dürr werde, lebe sie ewig. Das traf auch bei Wilhelm dem Reizbaren zu, der je magerer, desto zäher wurde. Sein Gesicht war breit, seine Züge gleichwohl scharf, die Nase war höchst launisch nach oben gebogen, und die Wangen glühten dunkelrot, wahrscheinlich durch die Nachbarschaft eines stechenden kleinen grauen Augenpaars, durch das seine glühende Seele mit tropischer Glut strahlte. Die Mundwinkel standen seltsam hervor, dem runzligen Maul eines reizbaren Mopses nicht unähnlich. Kurzum, er war einer der hartnäckigsten, unruhigsten, häßlichsten kleinen Männer, die sich jemals umsonst ereiferten.

In seiner Jugend hatte er auf einer berühmten Hochschule im Haag mit großem Verdienst verschiedenen naturwissenschaftlichen Disziplinen, den toten Sprachen, der Logik und

Metaphysik obgelegen, Dingen, die er in Wort und Schrift so prahlerisch zur Schau stellte wie ein General die Siegesbeute aus geplünderten Ländern und die ihn beinahe im Sumpf unnützliger Gelehrsamkeit ersticken ließen, eine große Gefahr, von deren Folgen er sich nie ganz erholte.

Es geht in der Wissenschaft wie mit dem Schwimmen: Wer demonstrativ an der Oberfläche plätschert, macht Lärm und Gespritz und zieht mehr Aufmerksamkeit auf sich als der fleißige Perlenfischer, der auf der Suche nach Schätzen bis auf den Grund taucht. Die »universelle Bildung« Willem Kiefts wurde von seinen Landsleuten höchlich bewundert, er gebärdete sich im Haag wie ein gelehrter Pekinger Bonze, der einige Tausend chinesische Schriftzeichen beherrscht, mit einem Wort: er wurde einhellig als Universalgenie bezeichnet. Ich habe viele Universalgenies kennengelernt, doch kein einziges gefunden, das für die Belange des praktischen Lebens sein Gewicht auch nur in Stroh wert gewesen wäre. Fürs Regieren aber ist ein wenig gesunde Urteilskraft und etwas schlichter Menschenverstand mehr wert als alle funkelnde Genialität, die jemals Theorien oder Gedichte hervorgebracht hat.

So seltsam es auch klingen mag, aber dem edlen Kieft waren seine universelle Bildung, die philosophischen und politischen Experimente, von denen er so angetan war, sehr hinderlich, und wäre er weniger gelehrt gewesen, hätte er wahrscheinlich einen viel besseren Gouverneur abgegeben. So aber verwikkelte er während seiner Regierungszeit die kleine Provinz in mehr Knoten, als ein Dutzend Nachfolger aufzulösen imstande waren.

Kaum war dieses übereifrige Männchen durch einen Windstoß des Glücks auf den Sitz der Regierung gepustet, da rief er den Rat zusammen und hielt eine sehr lebhafte Rede über die Angelegenheiten der Provinz. Man kann sich denken, daß der überaus feurige Willem Kieft eine so günstige Gelegenheit zur Schaustellung seiner Wortgewandtheit, die ja allen gewieften

Gesetzgebern eigen ist, nicht ungenutzt vorübergehen ließ. Bevor er begann, zog er das Schnupftuch heraus und schnaubte sich volltönend die Nase, wie es große Redner zu tun pflegen. Dies scheint mir eine Art Trompetensignal zu sein, um die Aufmerksamkeit der Zuhörer auf sich zu lenken, doch bei Wilhelm dem Reizbaren hatte es eine mehr klassische Bewandtnis, denn er hatte von dem berühmten Demagogen Cajus Gracchus gelesen, der bei Ansprachen an die Bevölkerung Roms seinen Ton mit einer Rednerflöte oder Stimmpfeife modulierte.

Nach dieser sinfonischen Einleitung begann er mit einem demütigen Bekenntnis seiner Unvollkommenheit, seiner völligen Unwürdigkeit und Unfähigkeit für den wichtigen Posten, kurz: er gab einer solchen Selbstverachtung Ausdruck, daß mehrere einfältige Mitglieder vom Lande, die dies für bare Münze nahmen, sehr unruhig und sogar zornig wurden, daß er ein Amt angenommen hatte, dem er sich selber nicht gewachsen fühlte.

Dann ging er schwülstig-gelehrt zu den Regierungen Griechenlands, Roms und Karthagos und zu den Ursachen für Aufstieg und Verfall verschiedener fremder Reiche über, von denen die Versammlung so wenig etwas wußte wie ihre noch nicht geborenen Ururenkel. Nachdem er die Versammlung auf solche Weise von seiner Wortfülle und Gelehrsamkeit überzeugt hatte, gelangte er endlich zu dem minder wichtigen Teil seiner Rede, nämlich zum Zustand der Provinz, und hier ereiferte er sich im höchsten Grade über die Yankees, die er mit den Galliern verglich, welche Rom verwüsteten, und mit den Goten und Vandalen, die über die schönsten Gefilde Europas herfielen. In angemessenen Schmähungen wurde hierbei ihrer Frechheit und Dreistigkeit beim Eindringen und Besiedeln der holländischen Provinz und endlich der Tatsache gedacht, daß sie ihre Zwiebeln unmittelbar bis an die Wälle des Forts Gute Hoffnung pflanzten.

So schraubte er seine Schreckensgeschichte zu einem kunstvollen Höhepunkt empor, setzte dann eine selbstzufriedene Miene auf und erklärte mit bedeutungsvollem Nicken, er habe Maßnahmen getroffen, um diesen Übergriffen ein Ende zu bereiten, und er benutze hierzu eine neuerfundene, schreckliche Kriegsmaschine, die zwar von verheerender Wirkung, aber unumgänglich sei. Und diese Waffe heiße Proklamation! Ein solches Geschütz mit entsprechenden Befehlen, Aufforderungen und Drohungen sei vorbereitet und werde den Feind sofort vom Erdboden vertilgen. Er gebe sein Wort als Gouverneur, daß zwei Monate nach der Bekanntgabe dieser Proklamation in den Städten der Yankee-Eindringlinge kein Stein auf dem anderen bleiben werde.

Der Rat verstummte nach diesen Worten auf geraume Zeit, ob vor Erstaunen über das glänzende Projekt oder vor Müdigkeit nach der langen Tirade, das ist nicht überliefert. Schließlich aber ertönte ein allgemeines zustimmendes Grunzen, und die Proklamation wurde sogleich mit gehöriger Feierlichkeit abgeschickt, nicht ohne das große Siegel der Provinz, das ungefähr die Größe eines Buchweizenpfannkuchens hatte, mittels eines breiten roten Bandes anzuheften. Gouverneur Kieft fühlte sich nach diesem Ausbruch seines Unwillens wesentlich erleichtert, er vertagte die Versammlung, setzte seinen Dreispitz auf, zog sich die Kordsamthose hoch, bestieg sein großes, grobknochiges Pferd und trabte damit zu seinem Landsitz, der in einem lieblichen, einsamen Sumpf lag und jetzt Holländer-Gasse, noch häufiger aber Hundsjammer genannt wird.

Hier ruhte er sich wie der gute Numa Pompilius von den anstrengenden Regierungsgeschäften aus und nahm neuen Unterricht, nicht bei der Nymphe Egeria, sondern bei der Frau seines Herzens, die eines jener besonderen Wesen war, welche kurz nach der Sintflut zur Strafe für die Sünden der Menschen auf die Erde geschickt wurden und unter dem Namen »erfahrene Frauen« hinlänglich bekannt sind. Weiberregiment war damals noch tiefes häusliches Geheimnis, und wenn auch diese Art zu regieren im Altertum keine weitverbreitete Sitte war, von Sokrates einmal abgesehen, so tröstete sich Willem Kieft doch mit einem klassischen Zitat über die angeblich selbstauferlegte Unterwerfung hinweg. Es hieß: »Wer danach trachtet zu befehlen, sollte erst gehorchen lernen.«

ZWEITES KAPITEL

Über die Kunst, mit Proklamationen zu Felde zu ziehen, und die schmähliche Behandlung des tapferen Jacobus Van Curlet bei Fort Gute Hoffnung

Die Zeit verfloß, es zogen vier Jahre ins Land, und die fürchterliche Proklamation war ohne jeden Erfolg, denn noch immer standen die Zwiebeln von Pyquag unter den Mauern des Forts, zu nicht geringem Augenleiden der Garnison, und ganz in der Nähe des Forts Gute Hoffnung entstand die Kolonie Hartford sowie eine neue Niederlassung namens Newhaven auf den Besitzungen Ihrer Hoheiten. Der weise Kieft schob die Schuld nicht auf das Heilmittel, sondern auf die verabreichte Dosis.

Im Jahre 1638, im vierten Jahr seiner Regierung, schleuderte er den Yankees eine zweite Proklamation von schwererem Kaliber als die erste entgegen, die in donnernden langen Sentenzen geschrieben war, wobei kein Wort weniger als fünf Silben zählte. Es war eine Art Anklageakte über die Aufhebung der Handelsbeziehungen. Sie untersagte allen getreuen Untertanen, den Feind mit Genever, Lebkuchen und Sauerkraut zu verproviantieren und ihm seine Paßpferde, sein finniges Schweinefleisch, seinen Apfelschnaps, Yankee-Rum, Apfelwein, Apfelkuchen, seine Weathersfield-Zwiebeln und hölzernen Schalen abzukaufen. Er sollte vielmehr ausgehungert und vom Erdboden vertilgt werden.

Nach einjährigem vergeblichem Harren sandte Van Curlet abermals einen Boten ab, der die gewohnten Klagen und Bitten vortrug. Seit dem Heimgang Wouter Van Twillers war seine Garnison durch das Ableben zweier tapferer und feister Krieger, die sich an Lachs zu Tode gefressen hatten, um ein Achtel geschwunden, und die Feinde leisteten sich weitere Übergriffe und scherten sich weder um das Fort noch um dessen Verteidiger. Neben anderen Beleidigungen erwähnte er die Geschichte eines von den Yankees eingefangenen Schweins, welches der Kompanie gehörte und angeblich von dem Gras auf feindlichem Boden gefressen hatte, während doch diese Eindringlinge kein Stück Land, geschweige denn Gras rechtmäßig besaßen. Das bittere Schicksal ihres Mitbürgers entlockte jeder Brust ein mitfühlendes Grunzen. Nun setzte sich aber der Gouverneur mit dem Rat ernsthaft zusammen. Proklamationen waren zeitweilig in Mißkredit gekommen. Einige Ratsmitglieder meinten, man solle den Yankees Tribut senden, so wie wir den kleinen Seeräubern der Berberei Versöhnungsgaben überreichen oder wie die Indianer dem Teufel opfern. Andere wollten sie abgefunden wissen, womit aber eine Anerkennung ihres Besitzanspruches verknüpft gewesen wäre. Ganz zufällig stolperten die tiefsinnigen Politiker über die einzig notwendige Maßnahme, nämlich eine Truppe auszuheben und unverzüglich zum Einsatz und zur Verstärkung der Garnison auszuschicken. Der Vorschlag gefiel, und in weniger als zwölf Monaten war das ganze Expeditionskorps von einem Sergeanten und zwölf Mann marschfertig. Gerade als die Parade auf dem Marktplatz, jetzt unter dem Namen Bowling Green bekannt, stattfand, kam plötzlich der tapfere Jacobus Van Curlet samt seiner zerlumpten Besatzung in die Stadt gesprengt und brachte die traurige Nachricht von seiner Niederlage und von der Einnahme seiner wichtigen Stellung durch die wilden Yankees.

Das Schicksal der Festung Gute Hoffnung ist eine nachdrückliche Warnung für alle militärischen Befehlshaber. Sie wurde weder im Sturm genommen noch durch Aushungerung zur Übergabe gezwungen, es bedurfte keiner brauchbaren Bresche, keiner gesprengten Magazine, keiner Zerstörung der Mannschaftsunterkünfte oder der Garnison durch platzende Granaten. Das Fort wurde durch eine ebenso einmalige wie wirksame List erobert, die nie fehlschlagen kann, wenn sich Gelegenheit zu ihrer Anwendung bietet. Ich darf zur Ehre unserer glorreichen Ahnen versichern, daß die Sache zwar ihre Wachsamkeit in Frage stellt, ihrer Tapferkeit aber nicht zur Schande gereicht.

Es scheint, daß die listigen Yankees, von den regelmäßigen Gewohnheiten der Garnison unterrichtet, eine günstige Gelegenheit abwarteten und sich an einem schwülen Tag um die Mittagszeit in das Fort schlichen, als die aufmerksamen Verteidiger, nachdem sie sich mit einem kräftigen Mittagessen vollgestopft und die Pfeifen ausgeraucht hatten, allesamt auf ihren Posten tüchtig schnarchten und sich von solch einem verheerenden Zwischenfall wahrlich nichts träumen ließen.

Der Feind packte Van Curlet und seine derben Myrmidonen unsanft beim Genick, gab ihnen bis zum Tor der Festung das Geleit und entließ sie einen nach dem anderen mit einem Tritt in den Hintern wie Karl XII. die breitärschigen Russen nach der Schlacht von Narva. Jacobus Van Curlet aber erhielt als Anerkennung seiner Würde zwei Tritte.

Es wurde sogleich eine starke Garnison in die Festung gelegt – zwanzig Yankees mit langen Seiten und harten Fäusten, mit Zwiebeln aus Weathersfield anstelle von Kokarden und Federn an den Hüten, mit langen rostigen Vogelflinten, mit Vorräten von Maismehlbrei, Stockfischen, Schweinefleisch und Sirup – und ein großer Kürbis wurde als Standarte auf eine Stange gesteckt, denn Freiheitsmützen waren noch nicht in Mode gekommen.

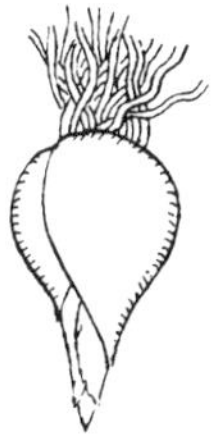

DRITTES KAPITEL

Welches die fürchterliche Wut Wilhelms des Reizbaren und den großen Schmerz der Bürger von New Amsterdam über den Fall des Forts Gute Hoffnung beschreibt, ferner wie er die Stadt stark befestigte und wie Stoffel Brinkerhoff große Taten verrichtete

Die Sprache ist zu arm, die ungeheure Wut zu beschreiben, in die Willem Kieft bei dieser empörenden Nachricht geriet. Drei gute Stunden war die Wut des kleinen Mannes zu groß für Worte oder vielmehr: die Worte waren zu groß für ihn, denn er erstickte fast an einem Dutzend mißgestalter, neuneckiger holländischer Flüche, die sich in seiner Kehle kreuzten. Nachdem er die erste Breitseite gegeben hatte, feuerte er ohne Aufhören drei ganze Tage lang und verfluchte die Yankees, Männer, Weiber und Kinder, an Leib und an Seele, bezeichnete sie als Diebe, Schurken, Taugenichtse, Streithammel, Hohlköpfe, Furzer und Bettenschieter und gab ihnen viele andere Schimpfwörter, die leider die Geschichte nicht aufbewahrt hat. Zuletzt schwor er, er wolle mit einem solchen squatternden, »bündelnden«, lauernden, ausfragenden, kaupelnden, kürbisfressenden, sirupkleckernden, schindelspaltenden, weinverwässernden, roßtäuschenden, ramschenden Pack nichts mehr zu schaffen haben, solle es doch auf Fort Gute Hoffnung bleiben, bis es schwarz werde, er wolle es nicht zu vertreiben suchen und sich nicht die Hände besudeln. Und um dies zu beweisen, ließ er die gerade ausgehobenen Truppen, obwohl der Sommer erst angefangen hatte, sogleich Winterquartier beziehen. Gouverneur Kieft hielt sich an sein Wort, und seine Gegner hielten sich an die eroberte Stellung, und so fiel der herrliche Fluß Connecticut mit seinen schönen Tälern, den Lachsen, Shads und anderen guten Fischen auf immer in die Hände der siegreichen Yankees, die bald der Schrecken der Gegend wurden, so daß die alten Mütterchen die Kinder mit dem bloßen Namen zum Gehorsam zwangen.

Zu der Zeit lebte in New Amsterdam ein gewisser Anthony Van Corlear, ein fröhlicher, kugelrunder holländischer Trompeter mit einem freundlichen groben Gesicht, berühmt wegen seines langen Atems und buschigen Backenbarts. Er konnte so kräftig blasen, daß einem zehntausend Sackpfeifen lustig in der Nase dröhnten. Ihn erwählte der berühmte Kieft zum Verteidiger und Bewacher von New Amsterdam und hoffte zuversichtlich, daß dessen Trompete so wirkungsvoll und offensiv sein werde wie das Horn des Ritters Astolfo oder das noch klassischere Alektos. Wie schnippte der Gouverneur mit den Fingern und wie zappelte er vor Entzücken, wenn sein derber Trompeter über die Wälle stolzierte und der Welt ins Gesicht blies wie ein übertapferer Redakteur, der alle Hoheiten und Gewalten (jenseits des Atlantiks!) dreist beleidigt.

Damit nicht genug. Er erhöhte die Stärke der Befestigung, indem er sie mit einer gewaltigen Batterie von Geschützattrappen ausstattete und in die Mitte eine Flagge setzte, welche die ganze Stadt überragte, und auf eine der Bastionen baute er eine große Windmühle. Das war nun etwas ganz Neues in der Armierungskunst, aber Kieft war wegen seiner Neuerungen und Experimente berühmt und machte eine ganze Reihe mechanischer Erfindungen, zum Beispiel einen Patent-

Anthony
Van
Corlear....

Schornstein, Wagen für am Schwanz aufgezäumte Pferde, vor allem aber errichtete er Windmühlen, für die er in seiner Heimatstadt Saardam eine einmalige Vorliebe entdeckt hatte.

Seine wissenschaftlichen Phantastereien wurden von seinen Anhängern gefeiert, freilich wurde ihm auch hie und da der Vorwurf gemacht, daß er die ganze Regierung wie eine Windmühle betreibe – nämlich nur mit Wind –, und es gab trotz seiner Maßnahmen zur Verteidigung viel Unruhe und Mutlosigkeit, besonders als die Straßenräuber von Connecticut sich an der Oyster Bay im östlichen Teil von Long Island niederließen.

Es ist eine allgemein bekannte Tatsache, daß der sicherste Weg, die Herzen der Millionen zu gewinnen, ihre gute Fütterung ist, und daß die Menschen am meisten dann geneigt sind, einem anderen zu schmeicheln, sich ihm angenehm zu machen oder ihm zu dienen, wenn sie auf seine Kosten essen. Nach diesem Prinzip sichern sich unsere schlauen Parteiführer die Zuneigung ihrer Gefolgsleute, sie belohnen großzügig mit Brot und Fisch oder ködern die Stimmen des Pöbels, indem sie ihm Veranstaltungen und gebratene Ochsen bieten.

Da also Herz und Magen so eng zusammenhängen, folgt daraus, daß, wenn das eine betroffen ist, das andere auch in Mitleidenschaft gezogen wird. Die Auster war das Tier, das bei unseren schlemmenden Landsleuten dazumal eine fast göttliche Verehrung genoß, auf allen Gassen, Plätzen und Straßen dieser Stadt waren ihm Tempel errichtet. Es wurde im Rat daher einmütig beschlossen, die lästigen Gäste aus der Oyster Bay mit Gewalt zu vertreiben, und an die Spitze des damit beauftragten Detachements stellte man Stoffel Brinkerhoff, der in der ganzen Provinz wegen seiner geschickten Handhabung des als Waffe benutzten langen Stocks berühmt war und in seiner Größe es mit Colbrand dem Dänen, den Guy of Warwick erschlug, hätte aufnehmen können. Stoffel war ein Mann, der wenig Worte machte, sondern handelte, einer jener Offiziere, die immer geradeaus marschieren und

Befehle ohne großes Gehabe ausführen. Bedächtig und schwer zog er durch die Städte Ninive, Babylon, Jericho und andere berühmte Orte des Altertums, welche die Yankees hierhergehext hatten, und ging geradewegs auf die Oyster Bay zu. Hier stieß er auf eine erregte Rotte tapferer Krieger, angeführt von Jack Stockfisch, Habakuk Haselnußpflücker, Wendum Kraft, Serubabel Fiskus, Jonathan Nichtstu und Ehrenfest Gockel. Sie waren lediglich die Elite der Ansiedlung, und es stellte sich heraus, daß sie keine anderen Waffen hatten als ihre Zungen und daß sie sich nur aufgemacht hatten, ihn auf dem Schlachtfeld der Argumente zu besiegen. Ohne große Anstrengung schlug Stoffel sie in die Flucht und zerstörte ihre Siedlung. Er trieb die Yankees vor sich her, als wären sie seine Ochsen, er zog sich die Hosen hoch, stapfte dahin und hätte sie ins Meer gejagt, wenn sie nicht um gut Wetter gebeten und sich zu einem Tribut verstanden hätten.

New Amsterdam war über den Sieg so in Hochstimmung, daß für Stoffel Brinkerhoff ein glänzender Triumphzug bestellt wurde. Er ritt auf einem Narragansett-Hengst, und vor ihm her trug man fünf Kürbisse, die wie die römischen Adler dem Feind als Standarten gedient hatten; man zählte fünfzig Karren mit Austern, fünfhundert Scheffel Weathersfield-Zwiebeln, hundert Zentner Kabeljau, zwei Oxhoft Sirup und viele andere Schätze, die als Beute gezeigt wurden. Anthony Van Corlear belebte den Zug mit Kriegsmusik aus seiner Trompete, begleitet vom Spektakel, den Gassenjungen und Neger mit Rasseln und Muscheln, den Nationalinstrumenten, vollführten. In ihrer großen Freude verschlangen die Bürger die Kriegsbeute und ließen den Sieger gehörig mit Rum aus New England hochleben, so daß Willem Kieft in kurz aufwallender Begeisterung und eingedenk der Ehrung siegreicher Generale im Altertum durch die Errichtung von Standbildern bekanntgab, jedem Gastwirt sei es unbenommen, den Kopf des unerschrockenen Stoffel auf sein Wirtshausschild zu malen.

VIERTES KAPITEL

Verschiedene Schwierigkeiten an den südlichen Grenzen – Expedition des Jan Jansen Alpendam gegen die Schweden und sein unverhoffter Lohn

Wilhelm der Reizbare wußte vor Sorgen nicht ein noch aus, denn während er sich auf der einen Seite seiner bitteren Feinde, der Yankees, erwehren mußte, wurde er plötzlich an ganz anderer Stelle von neuen Angreifern belästigt. Eine Horde Schweden, jenem furchtbaren Mannweib, der Königin Christina, ergeben und unter dem Kommando des Peter Minuit stehend, hatte sich am Delaware, der ebenfalls auf dem Gebiet von New Netherland lag, niedergelassen und im Jahre 1638 ein Fort errichtet. Minuit erklärte sich zum Gouverneur des gesamten umliegenden Landes und nannte es New Sweden. Wutschnaubend berief Kieft eine Ratsversammlung ein und fiel in einer langen Rede über die Schweden her. Darauf bediente er sich seiner Lieblingsmethode – der Überreichung einer Proklamation – und teilte Peter Minuit mit, das Gebiet am Delaware sei seit undenklichen Zeiten Besitz der holländischen Siedler gewesen, und er habe es samt seiner Bande von Abenteurern unverzüglich zu verlassen. Diese entschiedene Maßnahme schien jedoch ebensowenig zu bewirken wie die vorangegangenen gegen die Yankees – die Schweden blieben entschlossen auf dem Land sitzen, das sie sich angeeignet hatten, und am Status quo änderte sich nichts.

Daß Willem Kieft sich diese Unverschämtheit der hartnäkkigen Schweden gefallen ließ, scheint auf den ersten Blick nicht mit seinem tapferen Temperament vereinbar, doch zu diesem Zeitpunkt hatte der kleine Mann alle Hände voll zu tun, und da ein Ärger zum anderen kam, wußte er nicht, wo ihm der Kopf stand. Wäre er nur mit den seinem Eifer entsprechenden Talenten gesegnet gewesen oder wäre sein Eifer ein bißchen von Vorsicht im Zaum gehalten worden, dann bestünde kein Zweifel darüber, daß er den bedeutendsten Gouverneur seiner Größe in der Geschichte abgegeben hätte.

Der größte Mangel seiner Politik war seine Sparsamkeit, mit anderen Worten, welche Sicherheitsvorkehrungen er auch traf, er war so darauf erpicht, sie billig zu halten, daß sie stets unbrauchbar waren. Sooft das Wort Sparsamkeit in einer Nationalversammlung fällt, führt es bei allen weisen Gesetzgebern sofort zur Verhärtung des Herzens, zur Verdüsterung des Verstandes, zum Zuhalten der Geldbeutel und Zuknöpfen der Hosentaschen, und die Folgen davon sind noch erstaunlicher. Durch die magische Kraft dieses Wortes schrumpfen Kriegsschiffe mit vierundsiebzig Kanonen zu Fregatten zusammen, Fregatten zu Schaluppen und Schaluppen zu Kanonenbooten. Das war auch der Streitmacht anzusehen, die Wilhelm der Reizbare im Jahre 1642 voller Zorn aufstellen ließ und die aus zwei Schaluppen und dreißig Männern unter dem Befehl von Mijnheer Jan Jansen Alpendam als Flottenadmiral und oberstem Befehlshaber bestand. Diese mächtige Expedition sollte die Marylander vom Schuylkill vertreiben, den sie kürzlich an sich gerissen hatten und der als zur Provinz New Netherland gehörig beansprucht wurde. Die Feinde galten zwar als gefährliche Eisenfresser, die von Maiskuchen und Speck lebten, Würzwhiskey und Apfeltoddy tranken und außerordentlich geschickt im Boxen, Beißen, Augenausquetschen, Teeren und Federn waren, doch dessenungeachtet lief der Admiral mit seiner Flotte unerschrocken in den Schuylkill ein und erreichte ohne Zwischenfälle oder Widerstand sein Ziel.

Hier attackierte er die Feinde mit einer energischen Ansprache in holländischer Sprache, die der gewiefte Kieft ihm vorher in die Tasche bugsiert hatte. Er nannte sie eine Bande fauler, flegelhafter, whiskeysaufender, hahnenkampfwütiger, pferderennenbegeisterter, sklavenschindender, wirtshausfrequentierender, sabbatentheiligender und mulattenzeugender Emporkömmlinge und schloß mit dem Befehl, sie sollten sich auf der Stelle aus dem Land scheren, worauf sie ganz lakonisch und in schlichtem Englisch antworteten, eher würde ihn der Teufel holen.

Auf eine solche Antwort war weder Jan Jansen Alpendam gefaßt, noch hatte Wilhelmus Kieft sich darauf eingestellt. Hier war nichts zu tun, als zurückzukehren und die Sache in ein vorteilhaftes Licht zu setzen. Man erklärte Alpendam sogleich zum Vorbild für alle Admiräle, weil er mit einer so kleinen Streitmacht so viel erreicht habe, bei geringem finanziellem Aufwand und ohne einen einzigen Mann zu verlieren. Man nannte ihn den Retter des Vaterlandes, eine Bezeichnung, die freigebig allen großen Männern zuteil wird, die beiden Schaluppen wurden ins Trockendock gebracht, wo sie im Schlamm verfaulten, und um den Namen des Helden zu verewigen, errichtete man ihm auf Subskription ein imposantes Denkmal aus Brettern, das ganze drei Jahre stand, worauf es verfiel und als Brennholz verwertet wurde.

FÜNFTES KAPITEL

Wie Wilhelm der Reizbare die Provinz durch eine Vielzahl von Gesetzen bereicherte und wie sein Volk infolge seiner Vorschriften höchst aufgeklärt und unglücklich wurde

Charondas, der Gesetzgeber der Lokrer, befahl zur Erhaltung der alten Gesetze, wer ein neues in Vorschlag bringe, solle es mit einem Strick um den Hals tun. Wenn es abgelehnt wurde, hängte man ihn daran auf und bereitete damit allem Disput ein

Ende. So kam es, daß die Lokrer recht glücklich lebten und in der Geschichte kaum genannt werden, denn wie ja wohlbekannt ist, machen nur unglückliche und streitsüchtige Nationen in der Welt soviel Aufsehen.

Wie gut wäre es für Wilhelm den Reizbaren gewesen, wäre er bei seinen universellen Studien zufällig auf diese weise Einrichtung des wackeren Charondas gestoßen. Im Gegenteil, es war sein Grundsatz, je mehr Gesetze, desto glücklicher der Staat; er wußte nichts Besseres, als die Menschen mit Fußangeln und Selbstschüssen zu umgeben, und so kam es oft vor, daß Unschuldige in Fallen liefen, die anderen gestellt waren. Es gab Gerichtshöfe und Advokaten die Fülle, und Entscheidungen wurden nach Gunst und Reichtum gefällt. Um diese Zeit wurde die Todesstrafe eingeführt, und ein trefflicher Galgen ward an der Küste östlich der Battery errichtet, und nicht weit davon ein anderer, von ganz merkwürdigem Aussehen. Die Strafe, die hier vollzogen wurde, war eine scharfsinnige Erfindung Willem Kiefts.

Der Übeltäter wurde nämlich nicht am Hals, sondern am Leibriemen aufgehängt und mußte zur großen Erbauung der Menge ehrenwerter Bürger eine Stunde lang in der Luft rudern. Man glaubt nicht, wie herzlich der kleine Gouverneur lachte, wenn er gemeine Landstreicher und hartgesottene Bettler dort baumeln und groteske Verrenkungen vollführen sah. Er machte dabei viele witzige Bemerkungen und komische Glossen. Er nannte sie seine Schaukelpferde, seine wilden Vögel, seine Hochfliegenden, seine Adler, seine Hühnerhabichte, seine Vogelscheuchen und endlich seine Galgenvögel, eine Bezeichnung, die ursprünglich nur den so gemaßregelten Ehrenmännern galt und heute als Jargonwort auf alle Kandidaten für gerichtliche Erhöhung angewandt wird. Diese Strafe soll zugleich die erste Anregung für eine Art Geschirr oder Riemenzeug gegeben haben, womit unsere Vorfahren ihre vielen Hosen festschnallten.

Dies waren die vortrefflichen Verbesserungen, die Kieft im

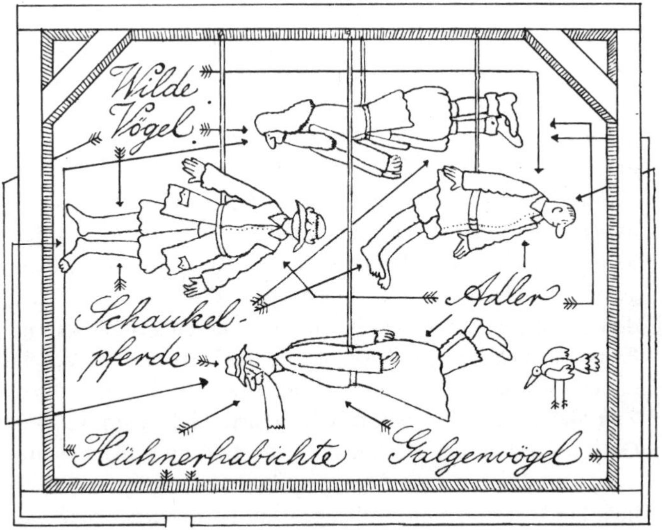

Strafrecht vornahm. Sein Zivilrecht war nicht minder Gegenstand der Bewunderung, doch leider erlaubt der Rahmen dieses Werkes keine ausführlichere Darstellung.

Unter der Herrschaft von Wilhelmus Kieft erfuhr der Charakter der Einwohner von New Amsterdam eine entscheidende Wandlung: sie wurden sehr geschäftig und zanksüchtig, was Folgen für die Stadt hatte. Denn in ihrer krampfartig auftretenden Bestürzung und Betroffenheit schufen sie einige der gewundenen, winkligen und gräßlichen Straßen und Gassen, welche die Hauptstadt verunzieren.

Aber das schlimmste bei der Sache war, daß um diese Zeit die Masse, die man heute das souveräne Volk nennt, ähnlich wie Bileams Eselin klüger zu werden begann als ihr Reiter und ein wundersames Verlangen verriet, sich selbst zu regieren. Dies war ein weiteres Ergebnis von Kiefts universaler Bildung, denn – so sagte er –: »Nichts ist wichtiger für eine gute Staatslenkung als die Volkserziehung. Die Grundlage einer guten Regierung muß in der öffentlichen Meinung gelegt werden.« Nun war daran nichts zu deuteln, nur war es immer Willem Kiefts widriges Schicksal, daß er, wenn er einmal richtig dachte, den Gedanken gewiß falsch in die Wirklichkeit umsetzte. Er gründete also in Anlehnung an die Lazedämonier Debattierklubs, und die machten nun die Verwirrung vollständig. Die guten holländischen Bürger kamen oft zusammen, tranken tüchtig, benebelten ihre Gehirne mit Tabaksqualm und wurden beim Anhören der eifernden Orakel erstaunlich klug und – wie immer, wenn die Masse aufgeklärt wird – erstaunlich unzufrieden.

In diesen gelehrten Zusammenkünften wird der Leser leicht den Keim jener bis auf den heutigen Tag weit verbreiteten Volksversammlungen erkennen. Daran nahmen alle Müßiggänger und Herren niedrigen Ranges teil, die wie Lumpen um den Leib der Gesellschaft hängen und vom unsteten Wind der Meinungen hinweggeblasen werden können. Flickschuster verließen ihre Werkstatt und beeilten sich, Unterricht in Nationalökonomie zu erteilen; Hufschmiede gingen von der Arbeit weg und ließen ihre Feuer ausgehen, um als Blasebalgtreter das Feuer der Parteien anzufachen; selbst die Ritter der Nadel vergaßen ihr Maß, um der Regierung Maß zu nehmen. Es fehlte nur noch ein halbes Dutzend Zeitungen und patriotische Redakteure, um die Erleuchtung der Öffentlichkeit zu vollenden und die ganze Provinz in Aufruhr zu versetzen.

Diese Volksversammlungen fanden in einem beliebten Wirtshaus statt, denn diese sind seit eh und je die besten Brutstätten der Politik gewesen, reich an jenen Lebensströmen, die den Parteien Kraft und Nahrung geben. Es wird uns überliefert, daß die alten Deutschen sich im betrunkenen Zustand über wichtige Sachen beraten und erst wenn sie wieder nüchtern waren entschieden hätten. Die schlauen Volksmassen Amerikas haben für dieses zweifache Betrachten nichts übrig, sie entschließen sich und handeln im betrunkenen

Zustand, womit eine Unsumme von langweiligen Spekulationen wegfällt. Und da ein Mann, wenn er betrunken ist, doppelt sieht, so ist damit schlagend bewiesen, daß er zweimal so gut sieht wie sein nüchterner Nachbar.

SECHSTES KAPITEL

Von der großen Pfeifenverschwörung und der schmerzlichen Verwirrung, in welche die Volkserziehung Wilhelm den Reizbaren brachte

Wilhelmus Kieft war, wie ich schon angedeutet habe, ein großer Gesetzgeber im Kleinen. Als Jüngling hatte er sich den Spruch Salomos »Gehe hin zur Ameise, du Fauler; siehe ihre Weise an und lerne!« eingeprägt. Daher kam es, daß er immer wie eine Ameise unruhig hin und her lief, sich hier und da zu schaffen machte und sich oft mit einem Senfkorn abmühte, als habe er einen Berg in Bewegung zu setzen.

So geschah es, daß aus einem seiner Geisteskämpfe, die er Nachdenken nannte, ein unglückseliges Gesetz hervorging, das die verbreitete Gewohnheit des Tabakrauchens verbot. Er bewies durch mathematischen Beweis, daß es für das Volk nicht allein eine drückende Ausgabe, sondern auch ein Zeitverschwender, ein Töter des Glücks und der Moral des Volkes sei. Armer Willem Kieft! Hätte er in diesem aufgeklärten und verleumderischen Zeitalter gelebt und die unschätzbare Pressefreiheit zu unterdrücken gewagt, er hätte die Gefühle von Millionen nicht schärfer verletzen können.

Das Volk wurde aufsässig; eine Schar aufrührerischer Bürger versammelte sich sogar vor dem Haus des Gouverneurs, setzte sich frech wie eine belagernde Armee hin und rauchte mit solcher Hartnäckigkeit, als wolle sie ihn zwingen, ihre Forderungen anzunehmen. Wilhelm der Reizbare rannte wie eine zornige Spinne aus dem Haus und verlangte den Grund für die aufsässige Versammlung und das gesetzwidrige Rauchen zu erfahren; aber die kecken Aufwiegler antworteten nur damit, daß sie sich sehr phlegmatisch auf ihren Stühlen ausstreckten und mit doppelter Anstrengung rauchten; sie verbreiteten so dicke Wolken, daß der kleine Mann froh war, wieder in seine Festung zurückkehren zu können.

Der Gouverneur erfuhr bald die Ursache des Aufruhrs und merkte, daß es unmöglich war, eine Gewohnheit abzuschaffen, die den Holländern durch lange Ausübung zur zweiten Natur geworden und untrennbar mit ihren öffentlichen und privaten Angelegenheiten verknüpft war. Deshalb bin ich in meiner Geschichte auf diese Sitte zu sprechen gekommen. Der echte Holländer nahm die Pfeife nie aus dem Mund; sie war sein Gefährte beim Alleinsein, seine Erholung in fröhlichen Stunden, sein Ratgeber, sein Tröster, seine Freude, sein Stolz – kurz: er schien nur durch die Pfeife zu denken und zu atmen.

Wilhelm der Reizbare dachte über all das nach und schloß einen Kompromiß mit den Belagerern. Er verbot nun zwar das Rauchen nicht, schaffte aber jene schönen langen Pfeifen aus den Tagen Walters des Zweiflers ab, die so viel Behaglichkeit, Ruhe und Mäßigkeit ausdrückten. An ihrer Stelle führte er kleinliche, kurze Pfeifen von zwei Zoll Länge ein, die man, wie er sagte, in einen Mundwinkel oder in das Hutband stecken konnte und die einem bei der Arbeit nicht im Wege waren. Hierdurch schien die Menge etwas beruhigt und zog sich in ihre Wohnungen zurück. So endete der besorgniserregende Aufstand, der lange unter dem Namen »Pfeifenverschwörung« bekannt war und der sich, wie man etwas spitzig bemerkte, wie die meisten anderen Verschwörungen, Aufstände und Komplotte in Rauch auflöste.

Aber höre, Leser, welche bedauerlichen Folgen später daraus erwuchsen. Der Rauch der schändlichen kleinen Pfeifen, der ständig in Wolken zur Nase stieg, drang auf diesem Weg ins Gehirn, umnebelte es, sog all seine liebreiche Feuchtigkeit auf und machte die Raucher so wirblig und reizbar wie ihren trefflichen kleinen Gouverneur – ja schlimmer noch, aus einem stattlichen, kräftigen Menschenschlag wurde ein Volk von hohlwangigen, rauchgedörrten, lederhäutigen Kerls wie die ehrenwerten holländischen Landwirte, die auch kurze Pfeifen rauchen.

Damit nicht genug. Zu dieser Zeit entstanden Parteien in der Provinz. Einige der reicheren und wichtigeren Bürger, die der Tradition anhingen, bildeten eine Art Aristokratie, die den Namen »Langpfeifen« trug; die niederen Stände dagegen, die sich der Neuerung unterwarfen, weil ihnen die Pfeifen bei ihrem Handwerk nicht so im Wege waren, wurden mit dem Namen »Kurzpfeifen« gebrandmarkt. Es entstand nun noch eine dritte Partei, die sich von den beiden anderen unterschied und von den Nachkommen des berühmten Robert Juet, dem Gefährten des großen Hudson, angeführt wurde. Diese gaben den Gebrauch von Pfeifen ganz auf und kauten Kautabak, weshalb sie »Priemer« genannt wurden. Diese Bezeichnung hat man seitdem auf alle jene Bastarde oder dritte Parteien ausgedehnt, die zuweilen neben zwei großen rivalisierenden Parteien entstehen, so wie etwa der Maulesel vom Pferd und Esel abstammt.

Hier möchte ich auf den unschätzbaren Vorteil der Unterschiede zwischen den Parteien hinweisen, welche die große Masse des Volkes der mühevollen Arbeit des Denkens entheben. Schon Hesiod teilte die Menschen in drei Gruppen ein: in solche, die für sich selbst denken; solche, die andere für sich denken lassen; und solche, die weder das eine noch das andere tun. Die zweite Gruppe schließt die große Masse der Gesellschaft ein, und daher kommt der Ausdruck Partei, worunter man eine Menge Menschen versteht, von denen einige wenige denken und die übrigen schwatzen. Erste, die man die Führer nennt, disziplinieren letzte, lehren sie, was sie zu billigen und was sie auszupfeifen haben, was sie zu sagen und wen sie zu unterstützen haben, vor allem aber, wen sie hassen müssen, denn niemand kann ein guter Parteigänger sein, wenn er nicht ein entschiedener und entschlossener Hasser ist.

Wenn aber das souveräne Volk so richtig abgerichtet, ins Joch gespannt, an die Kandare gelegt und aufgezäumt ist, dann ist es ergötzlich zu sehen, wie gehorsam und einträchtig die Leute durch Schmutz und Schlamm vorwärtsjockeln und die Dreckkarren der Parteien nach dem Willen ihrer Treiber ziehen. Wie viele patriotische Kongreßmitglieder habe ich gesehen, die nie imstande gewesen wären, über irgend etwas eine Entscheidung zu fällen, und die Gefahr gelaufen wären, ihre Stimme nur durch Zufall richtig abzugeben, wenn sie nicht solche Vordenker gehabt hätten oder einen Gruppenführer, dem sie sich beim Abstimmen anschließen konnten.

Nun, da sie in Parteien gespalten waren, konnten sich die Bewohner von Manhattan zum Zwiespalt organisieren und sich systematisch hassen. Das große Geschäft der Politik ging wacker voran: die Parteien versammelten sich in besonderen Bierhäusern und rauchten mit unversöhnlichem Groll gegeneinander, zu nicht geringem Nutzen des Staates und der Wirte. Die Eifrigsten gingen ein Stück weiter und bewarfen einander mit hanebüchenen Schimpfnamen und kleinen Verleumdungen, womit die holländische Sprache gesegnet ist. Wie sehr aber die Parteien untereinander verstritten waren, stimmten sie doch in einem Punkt überein: alle Maßnahmen der Regierung, ob gut oder schlecht, zu bekritteln und zu verdammen; denn da der Gouverneur nicht von ihrem Einfluß abhängig war, da er nicht von ihnen gewählt wurde und sich keiner der Parteien angeschlossen hatte, war man weder an seinem Erfolg noch am Gedeihen des Landes interessiert, solange er regierte.

Unseliger Willem Kieft, dem die inneren wie die äußeren Feinde alles zunichte machten! Wollte er ein Heer für die

Landesverteidigung auf die Beine stellen, so hieß es, ein stehendes Heer sei wie eine Legion Motten, die es auf die Taschen der Gesellschaft abgesehen habe; wie eine Eisenrute in den Händen der Regierung, denn ein Staat mit einer Streitmacht zu seiner Verfügung würde sich unweigerlich in Tyrannei verwandeln. Sammelte er erst im Augenblick der Gefahr allerlei Vagabunden, so schrie man über die ohnmächtige und gelderschöpfende Maßnahme. Nahm er zu dem sparsamen Schritt einer Proklamation Zuflucht, so lachten ihn die Yankees aus; hob er den gegenseitigen Verkehr auf, so wurde dies von seinen Untertanen durchkreuzt. Wohin er sich auch wandte, überall waren ihm Petitionen »von zahlreichen und würdigen Versammlungen« im Wege, die aus einem halben Dutzend zänkischer Kannegießer bestanden. Er las sie alle, noch schlimmer: er richtete sich nach allen. Die Folge war, daß er es keinem recht machte und vor lauter Tun am Ende gar nichts unternahm. Man darf nun nicht glauben, daß er alle diese Bittschriften und Interventionen gutmütig aufgenommen hat, denn das würde seiner Tapferkeit unrecht tun. Im Gegenteil, er nahm nie in seinem Leben einen guten Rat an, ohne zunächst gegen den Ratgeber in Harnisch zu geraten. Aber ich habe stets festgestellt, daß kleine heftige Männer wie kleine Boote mit großen Segeln am leichtesten kentern oder von ihrem Lauf abgebracht werden, und dies zeigte sich bei Gouverneur Kieft, der zwar scharf war wie ein alter Rettich und in dessen Geist ständig Wirbelwinde und Tornados tobten, der jedoch gleichzeitig durch den geringsten Rat umgestimmt wurde, den man ihm ins Ohr blies. Ein Glück, daß seine Macht nicht vom Volk abhängig war, und so tat es sein Bestes, die öffentlichen Angelegenheiten mit Tiraden und Petitionen, mit Vorwürfen und Denkschriften zu befördern und seinen Gouverneur zu bearbeiten wie ein Sonntagsreiter eine arme Schindmähre. So wurde Wilhelmus Kieft während seiner ganzen Regierungszeit wie ein Klepper entweder hin und her gerissen oder in kurzem Galopp gehalten.

SIEBENTES KAPITEL

Schreckliche Nachrichten von Grenzkriegen und abscheulichen Ausschreitungen der Wegelagerer aus Connecticut – Entstehung des großen Amphiktyonenrats im Osten und Ende Wilhelms des Reizbaren

Weise Männer des Altertums, die mit solchen Dingen vertraut waren, versicherten, am Tor von Jupiters Palast lägen zwei große Tonnen, die eine mit Segnungen, die andere mit Unheil gefüllt. Es scheint, letzte wurde über die unglückliche Provinz New Netherland ausgeleert und hat sie ganz überschwemmt. Was bei den Ärgernissen von außen und innen dem hitzigen Temperament Wilhelms des Reizbaren ständig neuen Brennstoff zuführte, waren die häufigen Grenzüberschreitungen der Yankees. Viele Berichte über diese Belästigungen sind in den Aufzeichnungen jener Zeit niedergelegt, denn die Offiziere an den Grenzen waren sehr darauf bedacht, ihre Wachsamkeit und ihren Eifer unter Beweis zu stellen, und sandten unzählige und dickleibige Beschwerden nach Hause, wie treue Dienstboten, die nicht aufhören können, die kleinen Zänkereien und Vergehen der Küche brühwarm ins Wohnzimmer zu tragen.

Die Beschwerden waren allerdings triftig genug, und täglich waren unsere Vorfahren grausamem Unrecht ausgeliefert. So geschah es zum Beispiel, daß am 24. Juno 1641 einige Männer aus Hartford ein Schwein von der Gemeindewiese entführten und es aus Bosheit oder sonstigem Vorurteil in einem Stall Hungers sterben ließen. Am 26. Juno hieß es: »Die vorerwähnten Engländer trieben abermals die Schweine der Kompanie nach Hartford; wir haben tagtäglich unter Anwürfen, Rippenstößen und allem erdenklichen Ungemach zu leiden.« Oder am 9. Mai 1643: »Die Kompaniepferde, die auf dem Grund und Boden der Kompanie weideten, wurden von den Leuten aus Connecticut vertrieben, und die Hirten wurden mit Beilen und Stöcken windelweich geprügelt.«

O allmächtiger Himmel, welchen Zorn löste jeder dieser Verstöße bei dem philosophischen Kieft aus! Brief auf Brief, Protest auf Protest, Proklamation auf Proklamation, schlechtes Latein, miserables Englisch und abscheuliches Holländisch wurden umsonst an die unerbittlichen Yankees verschwendet, die stehende Armee, aus den vierundzwanzig Buchstaben des Alphabets bestehend, war während seiner ganzen Herrschaft immer im Einsatz, und Anthony Van Corlear, der wackere Trompeter, posaunte alle eingehenden Schreckensnachrichten von den Wällen herab, was ihm hohes Ansehen und Belohnungen verschaffte, wie wir es mit krakeelenden Redakteuren für ähnliche Dienste zu tun pflegen.

Jetzt kann es mir aber ergehen wie Simson, der aus einem Löwenkadaver einen Schwarm von Bienen auf sich lockte. Ich meine die unverständigen Nachkommen jener Yankees, die Untaten an meinen Vorfahren verübten, die ich als Historiker zu rächen habe.

Die Lage im Osten begann noch ernster zu werden. Bisher hatten sich nur die Räuber aus Connecticut herübergewagt, aber nun, um das Jahr 1643, versammelten sich die Völker der Kolonien Massachusetts, Connecticut, New Plymouth und New Haven zu einer großen Versammlung und schlossen sich, nachdem sie tagelang wie ein ungeheurer Bienenschwarm zur Schwärmzeit gesummt und debattiert hatten, zu einer starken Konföderation, den Vereinigten Kolonien von New England zusammen. Sie verpflichteten sich zu gegenseitigem Beistand bei allen Gefahren und Angriffen und zur Zusammenarbeit bei allen Offensiv- und Defensivmaßnahmen gegen die Wilden, zu denen sie ohne Zweifel auch unsere ehrenwerten Vorfahren auf Manhattan zählten, und um dem Bund mehr Macht und Einheit zu geben, beschlossen sie, jährlich eine Generalversammlung, einen Großen Rat von Vertretern aller Provinzen abzuhalten.

Beim Empfang dieser Nachricht war Willem Kieft äußerst bestürzt und vergaß zum ersten Mal in seinem ganzen Leben, aufzubrausen. Er erwog alles, was er im Haag über solche Bündnisse gelesen, und fand endlich, daß dies eine genaue Nachahmung des Amphiktyonenrats war, wodurch sich im Altertum die Staaten Griechenlands zu unvergleichlicher Macht und Herrschaft emporgeschwungen hatten, und diese Vorstellung ließ ihn um die Sicherheit seines Manhattan-Reichs zittern.

Er ließ es sich nicht ausreden, daß es das einzige Ziel dieser Konföderation sei, die Niederländer aus ihrem schönen Gebiet zu vertreiben, und geriet dabei jedesmal in große Wut, als ob jemand an seiner Vermutung zu zweifeln wagte. Sein Verdacht war nicht unberechtigt, denn bei der ersten Jahresversammlung, die der Bund in Boston (das Gouverneur Kieft als Delphi dieses wahrhaft klassischen Bundes bezeichnete) abhielt, wurden Vorhaltungen gegen die Niederländer erhoben, »sintemal sie sich in ihrem Tauschhandel mit den Wilden Gewehre, Pulver und Blei abhandeln lassen, was höchlich zu mißbilligen und für die Kolonisten sehr gefährlich ist«. Nicht daß die Händler von Connecticut sich nicht dasselbe zuschulden kommen ließen, aber sie verkauften den Indianern immer nur solche minderwertigen Flinten, die beim ersten Schuß zerplatzten und daher nur diesen heidnischen Wilden gefährlich werden konnten.

Das Entstehen der mächtigen Föderation versetzte dem Ruhm Wilhelms des Reizbaren den Todesstoß, denn von diesem Tag an trug er, wie viele bemerkten, den Kopf nicht mehr hoch, sondern ließ ihn hängen. Die verbleibenden Tage seiner Regierung geben daher der Feder des Geschichtsschreibers wenig zu tun. Der Staatenbund vermehrte ständig seine Macht und drohte die Provinz New Netherland zu zermalmen, Wilhelmus Kieft schickte dagegen donnernde Proklamationen und Proteste los, wie ein erfahrener Seeheld, der Kanonaden und Drehbassen abfeuert, um eine Wasserhose auseinanderzusprengen. Aber o weh, Kiefts Schüsse hatten genausowenig Wirkung wie Manöverkartuschen.

Das letzte bekannt gewordene Dokument dieses gelehrten, weisen, aber unglücklichen kleinen Mannes ist ein langes Schreiben an den Amphiktyonenrat, worin er sich bitter über die Bewohner von New Haven oder Red Hills beklagt, weil sie seinen Aufforderungen, das Land Ihrer Hoheiten zu verlassen, unhöflich und mit Verachtung begegneten. Aus diesem Brief, einem Muster der Briefschreibkunst und vollgestopft mit prägnanten Apophthegmata und klassischen Redewendungen, kann ich in meinem Rahmen nur folgende tiefgründige Passage mitteilen: »Wahrlich, wenn wir die Einwohner von New Hartford sich über uns beklagen hören, so ist uns, als hörten wir den Wolf des Aisopos, der das Lamm beschuldigt, oder jenen jungen Menschen, der seiner Mutter, die sich mit der Nachbarin zankte, zurief: ›O Mutter, beschimpft sie nur gleich tüchtig, damit die Nachbarin Euch nicht zuvorkommt.‹

Da wir aber durch die zitierten Beispiele vorbereitet waren, erstaunte uns die Antwort, die wir von den Einwohnern von New Haven erhielten, nicht: ›Der Adler verachtet immer das Käfergeschmeiß.‹ Dessenungeachtet verfolgen wir unser Recht mit gerechten Waffen und Mitteln und hoffen, die ausdrücklichen Befehle unserer Vorgesetzten ohne Bedenken auszuführen.« Um zu beweisen, daß der letzte Satz keine leere Drohung war, schloß er seinen Brief mit einem beherzten Protest gegen den ganzen Rat, den er als eine Horde von Squatters und Eindringlingen bezeichnete, weil sie ihre Versammlung in New Haven abhielten, das er als zur Provinz New Netherland gehörig betrachtete. So endet die authentische Chronik von der Regierungszeit Wilhelms des Reizbaren. Die Frage, warum einige Geschichtsschreiber der Zeit seinen Namen ganz übergangen haben, kann mit jenem Spruch des Kalifen beantwortet werden, der zu seinem Sohn sagte: »Beleidige den Derwisch nicht, damit du nicht deinen Geschichtsschreiber beschimpfst.« Hätte mancher Mann der alten Zeit diese einleuchtende Lehre beachtet, wäre er den unbarmherzigen Federstrichen entgangen, die von den Historikern über seinen Charakter gezogen wurden.

Ich habe mir ernsthaft Sorgen darüber gemacht, daß solche Dunkelheit und Unklarheit über den letzten Tagen des berühmten Kieft liegen, denn er war ein bedeutender und großer kleiner Mann, der erste, der in unser Land die Kunst, mit Proklamationen zu kämpfen und Landesverteidigung mit Trompetern und Windmühlen zu bewerkstelligen, einführte, eine sparsame und humane Art der Kriegsführung, die viel weniger Blutvergießen anrichtet als Erfindungen wie das Schießpulver oder die Muskete.

Einige Dichter, deren es in New Netherland eine große Menge gab, benutzten das mysteriöse Verschwinden Wilhelms des Reizbaren zu der Fiktion, er sei gleich Romulus an den Himmel versetzt worden und glänze als kleiner, feuriger Stern irgendwo an der linken Schere des Krebses, während andere nicht weniger phantasiereich behaupteten, ihm sei das Schicksal des guten Königs Artus zuteil geworden, den die alten Barden in das liebliche Feenland entführen lassen, wo er in alter Kraft und Tugend lebt, bis er einst zurückkehrt, um das Rittertum, die Ehre und die lautere Rechtschaffenheit wiederherzustellen, die in den glorreichen Tagen der Tafelrunde herrschten.

Das alles aber sind nur Spinnengewebe der Phantasie, von jenen träumerischen Schelmen, den Poeten, erfunden, denen meine kritischen Leser keinen Glauben schenken sollen. Zwei andere Überlieferungen kann ich ebensowenig für bare Münze nehmen.

Die eine stammt von einem alten oder vielmehr apokryphischen Geschichtsschreiber und besagt, Willem Kieft habe durch den Schlag eines Windmühlenflügels den Tod gefunden, ein späterer Schriftsteller aber meint, er sei das Opfer eines philosophischen Experiments geworden, über das er schon mehrere Jahre vergeblich nachgesonnen habe: Bei dem Versuch, Schwalben zu fangen, indem er ihnen Salz auf den

Schwanz streute, sei er aus dem Dachfenster des Rathauses gestürzt und habe sich das Genick gebrochen.

Die wahrscheinlichste Auskunft über sein Ende, der ich zu glauben geneigt bin, ist in einer dunklen Überlieferung enthalten, wonach die ständigen Sorgen an seinen Grenzen, seine unermüdlichen Pläne und Projekte, die Bittschriften und die weisen Ratschläge verschiedener ehrwürdiger Versammlungen seinen Geist in eine Art Gluthitze versetzt hätten, bis er wie eine holländische Familienpfeife, die drei Generationen von wackeren Rauchern durchlebt, völlig ausgebrannt sei. Auf solche Weise erfuhr der cholerische, aber hochherzige Wilhelm der Reizbare eine Art Oxydation und verging wie ein billiges Binsenlicht, so daß der Tod, als er das Flämmchen vollends ausblies, kaum noch so viel übrigließ, daß man es begraben konnte.

VIERTES BUCH

Erster Teil der Regierungszeit Peter Stuyvesants und seine Händel mit den Amphiktyonen

ERSTES KAPITEL

Worin dargelegt wird, daß der Tod eines bedeutenden Mannes kein gar so großes Unglück ist und wie Peter Stuyvesant sich durch die ungewöhnliche Qualität seines Kopfes einen Namen errang

Für einen tiefgründigen Philosophen wie mich, der die Fähigkeit besitzt, eine Sache klar zu durchschauen, die der Verstand gewöhnlicher Menschen nur halbwegs durchdringt, ist nichts klarer und offensichtlicher, als daß der Tod eines bedeutenden Mannes etwas ganz Unerhebliches ist. Schon Plinius verglich die Welt mit einer Schaubühne, auf der Szenerie und Schauspieler ständig wechseln. Weise treten in die Fußstapfen von Weisen, steigt ein Held von seinem Triumphwagen, so macht er bloß für einen anderen Platz, und auch vom stolzesten Potentaten heißt es immer nur: »Er ging zu seinen Vätern, und sein Nachfolger regierte an seiner Statt.«

Ich wette zehn gegen eins, daß keine einzige Träne vergossen wurde, wenn es beim Verlust eines bedeutenden Mannes hieß, die ganze Nation sei in Tränen zerflossen, höchstens hat die armselige Feder eines hungrigen Schreibers ein paar Tropfen geweint. Der Geschichtsschreiber, der Biograph und der Dichter – sie nehmen die Bürde der Trauer auf sich, sie (gütige Seelen!) spielen wie die Leichenbestatter in England die Rolle des Hauptleidtragenden, die ein Volk mit Seufzern aufblasen, die es nie geseufzt, und mit Tränen überschwemmen, die ihm nie zu vergießen einfiele. Während erwähnter patriotischer Schriftsteller in Prosa, Blankversen und Reimen weint und jammert und die Tränen der allgemeinen Trauer in sein Buch einfließen läßt wie in einen Tränenkrug, ist es mehr als wahrscheinlich, daß seine Mitbürger essen und trinken, fiedeln und tanzen und gar nichts von den in ihrem Namen erhobenen bitteren Klagen wissen.

Der berühmteste und löblichste Held, der je Nationen vernichtet hat, hätte unter dem Schutt seines Grabmals in die Vergessenheit hinübermodern können, wenn nicht ein Geschichtsschreiber sich seiner angenommen und der Nachwelt seinen Namen überliefert hätte. Und so sehr auch der tapfere Willem Kieft sich ereiferte, plagte und abmühte, während das Schicksal einer ganzen Kolonie in seiner Hand lag, bezweifle ich doch ernsthaft, ob er nicht dieser authentischen Geschichte seinen ganzen Ruhm verdankt.

Sein Abtreten verursachte keine Erschütterung in der Stadt New Amsterdam oder deren Umgebung; die Erde erzitterte nicht, noch schossen die Sterne aus ihren Bahnen, der Himmel war nicht schwarz verhüllt, obwohl uns die Poeten gern weismachen wollen, dies sei beim Tod eines sterbenden Helden der Fall, die Felsen (diese hartherzigen Schurken!) zerschmolzen nicht in Tränen, und auch die Bäume ließen nicht die Köpfe in stummer Trauer hängen; und was die Sonne betrifft, so lag sie in der folgenden Nacht ebenso lange im Bett und machte beim Aufstehen ein ebenso fröhliches Gesicht wie sonst. Die guten Leute von New Amsterdam erklärten einstimmig, daß er ein sehr emsiger, tätiger, geschäftiger kleiner Gouverneur gewesen sei, »der Vater seines Landes«, »das edelste Werk Gottes« und »ein Mann, wie man alles in allem keinen mehr finden wird« – diese und andere höfliche und herzliche Redensarten gab es, wie man sie gewöhnlich beim Tod bedeutender Männer hört. Und dann rauchten sie ihre

Pfeifen, dachten nicht weiter an ihn, und Peter Stuyvesant regierte an seiner Statt.

Peter Stuyvesant war der letzte und, wie der berühmte Wouter Van Twiller, auch der beste unserer alten holländischen Gouverneure. Wouter übertraf nämlich alle seine Vorgänger, und Pieter oder Piet, wie die alten holländischen Bürger ihn vertraulicher nannten, alle seine Nachfolger. Er war eindeutig von der Natur dazu ausersehen, dem traurigen Geschick seiner geliebten Provinz eine Wendung zu geben, hätten nicht die Parzen, diese mächtigsten und unbarmherzigsten Jungfern des Altertums, ihr unlösbare Verwirrung vorausbestimmt.

Ihn bloß einen Helden zu nennen, wäre eine große Ungerechtigkeit, denn er war in Wirklichkeit eine Heldenvereinigung: Er war kräftig und grobknochig wie Ajax der Telamonier, hatte breite Schultern, für die Herkules seine Haut – sprich: seine Löwenhaut – gegeben hätte, als er dem alten Atlas die Himmelslast abnahm. Außerdem war er, wie Plutarch den Coriolan schildert, nicht allein schrecklich durch die Kraft seines Arms, sondern auch durch die seiner Stimme, die klang, als käme sie aus einem Faß, und wie jener Krieger nährte er eine souveräne Verachtung gegen das souveräne Volk und trug eine eiserne Miene zur Schau, welche seinen Feinden die Eingeweide im Leib erzittern ließ. Die ganze imposante martialische Erscheinung wurde durch einen zufälligen Vorteil erhöht, mit dem, wie ich zu meinem Erstaunen feststelle, weder Homer noch Vergil einen ihrer Helden ausgestattet haben. Es war nichts mehr und nichts weniger als ein Holzbein, die einzige Beute, die er aus den Schlachten für sein Land davontrug, worauf er aber so stolz war, daß er oftmals sagte, er schlage es höher an als alle seine übrigen Glieder zusammengenommen; er schätzte es so sehr, daß er es prächtig mit silbernen Beschlägen einfassen und verzieren ließ, was zu dem Gerücht Anlaß gab, es sei ganz von Silber gewesen.

Wie der cholerische Krieger Achilles war er unerwarteten

29.5.
1647
Peter Stuyvesant

Zornesausbrüchen unterworfen, die für seine Diener und Günstlinge oft recht unangenehm waren, denn er half ihrem Begriffsvermögen auf die Art seines berühmten Nachahmers, Peters des Großen, nach, indem er ihnen den Rücken mit seinem Spazierstock salbte.

Obgleich ich keinen Anhaltspunkt dafür finden kann, daß er Plato, Aristoteles, Hobbes, Bacon, Algernon Sidney und Tom Paine gelesen, so offenbarte er doch in seinen Gesetzen zuweilen eine Klugheit und Gewandtheit, die man kaum von einem Mann erwarten würde, der kein Griechisch verstand und die Alten nie studiert hatte. Wahr ist es, und ich gestehe es mit Bekümmernis, daß er eine übermäßige Abneigung gegen Experimente hatte und seine Provinz gern auf die einfachste Art regierte. Dabei gelang es ihm, sie besser in Ordnung zu halten als der gelehrte Kieft, den alle Philosophen alter und neuer Zeit unterstützten und verwirrten. Er erließ nur wenige Gesetze, sorgte aber dafür, daß diese wenigen streng und unparteiisch gehandhabt wurden, und die Gerechtigkeit ging ebensogut ihren Gang, als wären ganze Folianten weiser Verordnungen und Statuten jährlich erschienen und täglich überschritten oder vergessen worden.

Ganz das Gegenteil seiner Vorgänger, war er weder still und träge wie Walter der Zweifler, noch unruhig und zappelig wie Wilhelm der Reizbare; er war von so ungewöhnlicher Tatkraft und Entschlossenheit des Geistes, daß er nie den Rat anderer suchte oder annahm, sondern sich – darin den Helden aus alter Zeit vergleichbar, die sich auf einen Arm verließen – auf seinen Kopf verließ, um alle Schwierigkeiten und Gefahren zu überwinden. Die Wahrheit offen zu gestehen, so fehlte ihm zu einem vollkommenen Staatsmann nichts weiter, als daß er immer richtig dachte, denn niemand kann leugnen, daß er stets handelte, wie er dachte, und wenn es auch an der Richtigkeit des Gedankens mangelte, so ersetzte er diese durch Beharrlichkeit. Eine hervorragende Eigenschaft, denn es steht einem Herrscher sicherlich besser an, im Irrtum beharrlich und konsequent zu sein, als bei der Suche nach dem Richtigen schwankend und inkonsequent. Ein Herrscher, der nach seinen eigenen Vorstellungen handelt, macht es gewiß sich selber recht, während der, der den Wünschen und Launen anderer zu entsprechen sucht, Gefahr läuft, es niemandem recht zu machen. Die Uhr, die stillsteht und mit den Zeigern unentwegt auf einen Punkt weist, trifft in vierundzwanzig Stunden bestimmt zweimal das Rechte, indes intakte Uhren beständig irren können.

Diese edle Eigenschaft entging auch nicht der Aufmerksamkeit des guten Volkes von New Netherland; es gewann im Gegenteil eine so hohe Meinung vom selbständigen Geist und kräftigen Verstand seines neuen Gouverneurs, daß es ihn »Koppig Piet« oder Peter den Starrköpfigen nannte – ein großes Lob für seinen Verstand!

Wenn du, geehrter Leser, nach allem nicht findest, daß Peter Stuyvesant ein zäher, derber, tapferer, wetterharter, kampflustiger, hartnäckiger, lederfester, löwenherziger, edelgesinnter alter Gouverneur war, so habe ich entweder unnützes Zeug geschrieben oder du bist zu dumm, Schlüsse zu ziehen.

Dieser höchst vortreffliche Gouverneur, dessen Charakter ich somit in Umrissen nachzuzeichnen versuchte, trat sein Amt am 29. Mai 1647 an, einem außergewöhnlich stürmischen Tag, den alle uns überlieferten Kalender der damaligen Zeit als den »windigen Freitag« bezeichnen. Da er auf seine persönliche und amtliche Würde sehr bedacht war, wurde er mit großem Zeremoniell in sein Amt eingeführt. Für solche Gelegenheiten hatte man den stattlichen Eichensessel Walters des Zweiflers sorgfältig bewahrt, ähnlich wie der Sitz und Stein zu Scone in Schottland für die Krönung der kaledonischen Herrscher ehrfürchtig bewahrt wurde.

Ich darf nicht zu erwähnen vergessen, daß der Aufruhr der Elemente und der Umstand, daß es an jenem Unglückstag war, den man den »Henkerstag« nennt, tiefes Nachdenken und sehr begründete Befürchtungen unter den älteren und aufgeklärten Bewohnern auslöste. Einige Frauen, die sich auf Astrologie und Wahrsagerei verstanden, verkündeten rundheraus eine unglückliche Regierung, was sich leider bestätigte und unstreitig beweist, daß es klug ist, übernatürliche Anzeichen, wie sie Träume und Gesichte, Vogelflug, Steinregen und Gänsegackern bereithalten und die Weise und Herrscher des Altertums so ernst nehmen, zu beachten, oder auch Sternschnuppen, Mondfinsternisse, Hundegeheul und Kerzenflakkern, die von heutigen Wahrsagerinnen gedeutet werden. Soviel ist gewiß: Gouverneur Stuyvesant bestieg den Regententhron in einer turbulenten Zeit, da äußere Feinde drohten und drängten, Anarchie und bockbeinige Opposition im Innern ihr Unwesen trieben und das Ansehen Ihrer Hoheiten, der Herren Generalstaaten, obwohl auf das breite holländische Fundament harmloser Dummheit gegründet, obwohl von Sparsamkeit gestützt und durch Reden, Proteste und Proklamationen verteidigt, bis ins Innerste wankte, und da die große Stadt New Amsterdam, durch Flaggen, Trompeten und Windmühlen befestigt, einer Dame von lockeren Grundsätzen glich, die jedem Angriff zugänglich und bereit ist, sich dem ersten Eroberer zu ergeben.

ZWEITES KAPITEL

Wie Peter der Starrköpfige sich bei seinem Amtsantritt zwischen Ratten und Spinnweben begab und welch gefährlichen Fehler er sich im Verkehr mit den Amphiktyonen zuschulden kommen ließ

Die ersten Maßnahmen des großen Peter, als er die Zügel der Regierung ergriff, offenbarten die Großmütigkeit seines Geistes, obgleich sie nicht wenig Erstaunen und Unbehagen bei den Bewohnern Manhattans erweckten. Entschlossen setzte er der Opposition und dem unerquicklichen Verhalten seines Staatsrats ein Ende, er entließ all die lästigen Geister, aus denen sich das aufrührerische Kabinett Wilhelms des Reizbaren zusammensetzte, und wählte sich ein neues aus jenen fetten, schläfrigen, ehrenwerten Familien, die unter der friedlichen Herrschaft Walters des Zweiflers geblüht und geschlummert hatten. Allen diesen Männern ließ er lange Pfeifen im Überfluß und viele Ratsherrenessen geben, und er ermahnte sie, für das Wohl der Nation zu rauchen, zu essen und zu schlafen, während er die ganze Bürde der Regierung auf seine Schultern nahm, eine Übereinkunft, mit der alle herzlich zufrieden waren.

Aber damit gab er sich nicht zufrieden, sondern er räumte ganz rigoros unter den Erfindungen und Notbehelfen seines gelehrten Vorgängers auf. Er zerstörte seine Flaggenmaste und Windmühlen, die wie mächtige Riesen die Wälle von New Amsterdam bewachten, schleuderte ganze Batterien von Geschützattrappen in den Fluß, legte den Patent-Galgen um, wo schurkische Vagabunden am Leibriemen hingen, kurz: er warf das ganze philosophische, ökonomische und Windmühlen-System des unsterblichen Weisen von Saardam über den Haufen.

Das redliche Volk von New Amsterdam begann nun um das Schicksal seines unvergleichlichen Ritters ohne Tadel,

Anthony des Trompeters, zu bangen, der durch seinen Bakkenbart und seine Trompete höchste Gunst in den Augen der Frauen erlangt hatte. Peter der Starrköpfige ließ ihn zu sich kommen, und nachdem er ihn einen Moment lang von Kopf bis Fuß mit einem Blick gemustert hatte, der jeden anderen eingeschüchtert hätte, sagte er: »Na, sag mir, wer und was bist du?«

»Herr«, erwiderte jener, nicht im geringsten erschrocken, »was meinen Namen anbelangt, so heiße ich Anthony Van Corlear, was meine Herkunft betrifft, bin ich meiner Mutter Sohn, und mein Beruf ist es, Verteidiger und Garnison dieser großen Stadt New Amsterdam zu sein.«

»Du kommst mir wie so ein schäbiger Bursche von einem Fischverkäufer vor. Wie in aller Welt bist du zu so hoher Ehre und Würde emporgestiegen?«

»Fürwahr, Herr«, entgegnete der andere, »wie so mancher große Mann vor mir ganz einfach dadurch, daß ich mein eigenes Lob trompetete.«

»So, so!« versetzte der Gouverneur. »So laß uns denn ein Pröbchen von deiner Kunst hören.«

Da setzte Van Corlear seine Trompete an und blies ein Angriffssignal mit einem so gewaltigen Einsatz, einem so köstlichen Zittern und triumphierenden Schluß, daß einem schon in beträchtlicher Entfernung davon das Herz aus dem Mund hätte springen mögen. Wie ein kriegsmüdes Streitroß, das sich auf friedlichen Ebenen tummelt, bei dem Erklingen einer kriegerischen Weise die Ohren spitzt und schnaubt und scharrt und in Feuer kommt, so erfreute sich die Heldenseele des gewaltigen Peter am Klang der Trompete. Gleich betrachtete er den trotzigen Van Corlear freundlicher, und da er fand, daß er ein fröhlicher, fetter kleiner Mann sei, klug im Reden, sehr verschwiegen und von unerschöpflichem Atem, faßte er sogleich große Zuneigung zu ihm. Er entband ihn seines beschwerlichen Amtes, die Stadt zu hüten und zu alarmieren, und behielt ihn bei sich als ersten Günstling, geheimen Botschafter und vertrauten Knappen. Anstatt New Amsterdam mit unheilverkündenden Tönen zu schrecken, mußte er den Gouverneur bei der Mahlzeit mit seinem Spiel erfreuen wie ein Spielmann in glorreicher Ritterzeit und bei allen öffentlichen Anlässen das Ohr des Volkes mit kriegerischen Melodien kitzeln, um seinen edlen, heldenhaften Geist wachzuhalten.

Der Gouverneur nahm viele andere Veränderungen vor – sei es nun zum Guten oder Schlechten – und ließ die Republik mit einem Wort fühlen, daß er ihr Meister war. Das souveräne Volk behandelte er mit so tyrannischer Strenge, daß die Leute das Maul hielten, zu Hause blieben und ihren Geschäften nachgingen, und bald waren alle Parteifehden und -zwistigkeiten vergessen, und mancher prosperierende Kneipier und Schnapskrämer wurde geschäftlich völlig ruiniert.

Wahrlich, die kritische Lage des Gemeinwesens verlangte auch die größte Wachsamkeit und Schnelligkeit. Der mächtige Amphiktyonenrat, welcher dem unglückseligen Kieft so viel Herzeleid verursacht hatte, gewann zusehends an Einfluß und drohte, alle Gebiete und Staaten des Ostens zu einer Union zu vereinigen. Ein Jahr nach Stuyvesants Amtseinsetzung kam eine große Deputation aus der Stadt Providence, die wegen ihrer schmutzigen Straßen und schönen Frauen berühmt ist, und bat um Aufnahme der vermögenden Kolonie Rhode Island in den Bund.

Wie drohend auch der berühmte Bund zu werden schien, Peter Stuyvesant war nicht der Mann, sich unschlüssig oder furchtsam zu zeigen; ihm war es am liebsten, der Gefahr immer geradewegs entgegenzugehen und sie beim Bart zu packen. Entschlossen, all den kleinen Übergriffen an der Grenze ein Ende zu setzen, schrieb er ein paar nachdrückliche Briefe in holländischer Sprache an jenen großen Rat, die, obwohl sie nicht in schlechtem Latein abgefaßt waren und sich nicht durch rhetorische Bilder über Wölfe und Schafe und Käfer auszeichneten, bessere Wirkung als alle ausgefeilten Episteln, Proteste und Proklamationen seiner gelehrten Vorgänger hatten. Aufgrund seiner dringenden Vorschläge erklärte sich die große östliche Konföderation bereit, sich auf eine endgültige Beseitigung von Mißständen und eine Festlegung der Grenzen einzulassen, damit ein dauerhafter und glücklicher Frieden zwischen den beiden Mächten zustande käme. Und so wurde zu Hartford feierlich ein Vertrag abgeschlossen. Als die Nachricht von diesem Ereignis eintraf, brach die ganze Gemeinde in lautes Jubelgeschrei aus. Die Trompete des wackeren Van Corlear erklang lustig den ganzen Tag von den Wällen des Forts Amsterdam, und bei einbrechender Nacht wurde die Stadt mit zweihundertundfünfzig Talglichtern illuminiert; vor dem Haus des Gouverneurs brannte, dem freudigen Anlaß zu Ehren, ein Teerfaß.

Und nun, ehrenwerter Leser, wirst du mit dem guten und großen Peter hoffen, daß wir dem Pferdestehlen, der Prügel, dem Schweineeinsperren und anderen Grausamkeiten dieser Grenzkriege glücklich entronnen sind. Aber wenn du dich solchen Erwartungen hingibst, zeigt das nur, wie wenig du mit den paradoxen Wegen der Kabinette vertraut bist, weshalb ich im nächsten Kapitel zeigen will, daß Peter Stuyvesant bereits einen großen politischen Fehler gemacht hat und dadurch, daß er einen Frieden zustande brachte, die Ruhe der Provinz beträchtlich aufs Spiel setzte.

DRITTES KAPITEL

Vom Krieg, von Verhandlungen und von dem großen Übel, das ein Friedensvertrag darstellt, und wie Peter Stuyvesant von dem Raubgesindel hintergangen wurde und sich dazu verhielt

Der poetische Philosoph Lucretius und nach ihm Hobbes beschreiben den Krieg als den ursprünglichen Zustand der Menschen, die nicht besser als wilde Tiere gewesen seien und mit ihresgleichen in ständiger Feindschaft lebten. Mit Horaz möchte ich jedoch glauben, daß der Krieg durch Verfeinerung und Zivilisation weiterentwickelt wurde und zunimmt, je mehr wir uns dem Zustand der Vollkommenheit nähern. Zuerst war der Kampf mit der Faust, dann griff man zu Steinen und Keulen. Mit fortschreitender Erfindungsgabe kamen Schwert, Speer, Pfeil, Helm, Schild und Harnisch hinzu. Sturmbock, Wurfmaschine und die Lanzenschleuder erhöhten im Altertum Schrecken und Erhabenheit der Vernichtungskunst, und wir haben ihr mit der Erfindung des Schießpulvers die Krone aufgesetzt. Und schließlich scheint die schreckliche Art des Krieges vermittels Proklamationen den Kriegsdämon mit Allgegenwart und Allgewalt auszustatten.

Und das ist wahrlich erstaunlich! Der wütende Ochse kämpft mit den Hörnern wie seine Vorfahren, Löwe, Leopard und Tiger verteidigen sich mit ihren Tatzen und Krallen, und selbst die schlaue Schlange braucht noch immer Gift und List als Waffen, wie ihr Ahnherr vor der Sintflut. Nur der Mensch, vor seinen Mitgeschöpfen mit erfinderischem Verstand begabt, schreitet von Erfindung zu Erfindung und erhöht und vervielfältigt seine Zerstörungskraft. Aber in gleichem Maße hat sich auch die Friedenskunst entwickelt, und wie es keine wirkungsvollere Kriegsmaschine als Proklamationen gibt, so haben wir die nicht weniger sinnreiche Art, den Frieden durch ständige Verhandlungen aufrechtzuerhalten, erfunden. Ein

Vertrag oder vielmehr eine Verhandlung ist indessen keineswegs ein Versuch, Meinungsverschiedenheiten noch auszugleichen und Rechte festzustellen, sondern eine Geschicklichkeitsprobe zwischen zwei Mächten, wer den anderen übervorteilen und überlisten kann, gerade wie ein gewissenhafter Räuber ein ganz ehrlicher und geachteter Bürger werden kann, wenn er seinen Nachbarn anstatt mit Gewalt nur mit List um sein Eigentum betrügt.

Tatsächlich kann man von zwei Nationen nur dann behaupten, sie befänden sich im Zustand völligen guten Einvernehmens, wenn eine Verhandlung noch im Gange ist und ein Vertrag bevorsteht. So ist auch die paradoxe Wahrheit zu rechtfertigen, daß sich zwei Nationen niemals so gut verstehen, als wenn es ein kleines Mißverständnis zwischen ihnen gibt, und daß, solange sie gar nicht miteinander stehen, sie auf dem besten Fuß von der Welt miteinander stehen!

Besonders hervorzuheben ist die Gewohnheit unserer Regierung, zur Verzögerung und Unterbrechung von Verhandlungen mehrere Bevollmächtigte zu ernennen; denn eher sind zwei Liebhaber mit einer Geliebten, zwei Hunde mit einem Knochen und zwei unbekleidete Gauner mit einem Paar Beinkleidern zufrieden, als mehrere Gesandte zur selben Ansicht zu bringen sind. Es wird hierbei auch nichts verloren als Zeit, und bei Verhandlungen ist bekanntlich jede verlorene Zeit im Grunde als gewonnen zu betrachten – man sieht, welch herrliche Paradoxa die Ökonomie in der neueren Politik bereithält!

So wie unter Nachbarn, die jahrelang in Frieden und Freundschaft gelebt haben, ein Abkommen über Zäune, Wasserläufe oder entlaufenes Vieh gewöhnlich die bittersten Streitigkeiten nach sich zieht, so geschieht es auch bei Nationen, daß sie sich durch die Verletzung oder das Mißverständnis eines Abkommens, das sie zur Festigung ihrer Freundschaft abgeschlossen haben, als Feinde gegenüberstehen.

Verträge sind im günstigsten Fall nur so lange bindend, als

es der Vorteil erheischt, daher eigentlich mehr für den Schwächeren geschrieben, oder, ganz aufrichtig gesagt, sie sind überhaupt nicht bindend. Keine Nation wird eine andere bekriegen, wenn sie nicht dabei zu gewinnen hofft, und es braucht daher keinen Vertrag, sie von Gewaltanwendung abzuhalten, denn nicht allein ist ein solcher mit dem Schwert leicht durchzuhauen, sondern er selbst muß oft den besten Vorwand für den Beginn der Feindseligkeiten hergeben. Kurzum, Verhandlungen gleichen dem Brautstand, einer Zeit lieblicher Worte, verliebter Blicke und Liebkosungen, die Vermählung aber ist das Signal zu Feindseligkeiten.

So erging es auch dem großen Peter nach Abschluß des Vertrags mit seinen östlichen Nachbarn, der Anlaß zu unaufhörlichen Reibereien zwischen dem untadeligen Stuyvesant und dem übelgesinnten Rat der Amphiktyonen gab. Aber wie diese die guten Bürger von Manhattan nicht anfechten konnten, so lassen auch wir sie unberührt. Gleich jenem Vorbild der Ritterlichkeit, dem weisen und kühnen Don Quichotte, überlasse ich solche kleinlichen Auseinandersetzungen einem künftigen, Sancho Pansa vergleichbaren Historiker, während ich mein Können und meine Feder für wichtigere Ereignisse aufspare.

Der große Peter glaubte nicht anders, als daß seine Bemühungen im Osten zu Ende seien und ihm nichts mehr zu tun bleibe, als sich der heimischen Wohlfahrt seiner geliebten Bewohner von Manhattan zu widmen. Obgleich er ein Mann von großer Bescheidenheit war, konnte er doch nicht umhin, von sich zu sagen, daß er endlich den Torbogen des Janus geschlossen habe und daß, wären alle Herrscher wie eine gewisse Person, die der Anstand zu nennen verbiete, derselbe nie wieder geöffnet werden sollte. Aber der Hochstimmung des Gouverneurs wurde ein rasches Ende bereitet, denn kaum war die Tinte auf dem Vertrag trocken geworden, da suchte der listige und unhöfliche Rat des Bundes auch schon einen Vorwand, um das Feuer der Zwietracht aufs neue anzufachen.

Konföderationen, Republiken und ähnliche staatliche Gebilde sind wie zarte Dämchen von delikater, kränkelnder Tugend, die in ewiger Furcht schweben, daß man ihrer jungfräulichen Reinheit zu nahe trete, und die, kaum faßt sie ein Mann nur bei der Hand oder sieht ihnen ins Gesicht, Not und Verführung schreien. Jede kräftige Maßnahme ist solchen Regierungen eine Verletzung der Verfassung, jedes monarchische oder andere benachbarte männliche Staatswesen legt ihrer Unschuld Fallstricke, und beständig entdecken sie höllische Umtriebe, durch die sie verraten, entehrt und ins Gerede gebracht werden sollen.

Nicht anders geht es heute einer gewissen großen Republik. Diese wackere Dame hat so manche Anschläge gegen ihre Tugend bestanden und beschuldigt noch immer Alt-England fortgesetzter Übergriffe gegen ihre Ehre, obgleich ich sicher bin, daß der redliche alte Herr keine Gewalttätigkeit gegen sie im Schilde führt. Dagegen habe ich dieselbe Dame mehr als einmal bei zärtlichem Händedruck und Liebäugeln mit dem Erzverführer nationaler Tugend, Bonaparte, ertappt, der – wie jedermann weiß – alle Staaten in seiner Nähe zugrunde gerichtet und jede Republik, die ihm unter die Hände kam, verführt hat. Aber so ist der Lauf der Welt, solche Wüstlinge scheinen bei den Frauen immer großes Glück zu haben!

Um auf unsere Geschichte zurückzukommen, so klagte im Jahre 1651 die große Union im Osten den unbefleckten Peter an, er habe durch diverse Geschenke und Versprechungen heimlich die Narragansett-, Mohawk- und Pequot-Indianer aufgestachelt, die Niederlassungen der Yankees zu überrumpeln und ein Blutbad anzurichten. »Denn«, so stellte der Rat verleumderisch fest, »die Indianer auf mehrere hundert Meilen im Umkreis scheinen tief in einen Taumelbecher bei oder von denen auf Manhattan geguckt zu haben, der sie zur Wut entflammt hat gegen die Engländer, die doch in leiblicher wie in geistlicher Hinsicht nur ihr Bestes gewollt.«

Die Geschichte erwähnt nicht, wie man dieses saubere

Komplott aufdeckte. Indessen ist gewiß, daß die Yankees mehrere Indianer befragten und randvoll betrunken machten, um die Wahrheit zu erfahren.

Ich stamme zwar von einer Familie ab, die sich von den nichtsnutzigen Yankees jener Zeit viel mußte gefallen lassen, aber obgleich sie meinem Urgroßvater ein Gespann Ochsen und seinen besten Renner stahlen, obgleich er aus einem der Grenzkriege zwei blaue Augen und eine blutige Nase heimbrachte, und obgleich mein Großvater, der als kleiner Junge Schweine hütete, entführt und von einem langbeinigen Schulmeister aus Connecticut fürchterlich verprügelt wurde – ich hätte gern all diese Schmach verzeihend übersprungen, ja ich hätte stillschweigend übergangen, daß sie den wackeren Jacobus Van Curlet und seine zerlumpte Garnison mit Tritten von dannen gejagt, alle Schweine in Gefangenschaft geführt und ganz ungestraft alle Hühnerställe auf der Erde geplündert haben, allein dieser gemeine Angriff auf einen der tapfersten Helden der modernen Zeit ist zu stark, um selbst von mir hingenommen zu werden – er überschreitet einfach die Geduld des Historikers und die Nachsicht des Holländers.

O Leser, es war Lüge, ich schwöre, es war erlogen! Bei meiner Ehre und meinem unsterblichen Ruhm, der tapfere Peter Stuyvesant hätte eher seinen Arm, ja selbst sein Holzbein ins Feuer gelegt, als daß er seinem Feind anders als in offenem Kampf den Garaus gemacht hätte; zum Teufel mit den Schurken, die seinen edlen Namen mit solchem Vorwurf zu beflecken wagten!

Peter Stuyvesant hatte wahrscheinlich nie etwas von fahrenden Rittern gehört, allein er hatte ein so tapferes Ritterherz wie irgendeins an König Artus' Tafelrunde. Die Natur hatte zwar an ihre Arbeit nicht die letzte Hand gelegt, aber Stuyvesant stand dennoch als ein Wunder ihrer Geschicklichkeit da. Die Ritterlichkeit hatte er sich nicht durch Bücher eingetrichtert, sie war ihm von Mutter Natur selbst eingehaucht worden

und gedieh da unter seinen kühnen Eigenschaften wie süße, wilde Blüten zwischen Felsbrocken.

Kaum erreichte die schurkische Beschuldigung die Ohren Peter Stuyvesants, sandte er auf der Stelle seinen wackeren Trompeter und Knappen Anthony Van Corlear ab mit dem Befehl, als Herold Tag und Nacht zu reiten und die Amphiktyonen scharf zu rügen, weil sie den verleumderischen Behauptungen von Heiden gegen einen Christen, Ehrenmann und Soldaten Gehör geschenkt hatten, und mitzuteilen, daß, wer diesen schmählichen Vorwürfen Glauben schenke, das Blaue vom Himmel herunterlüge. Er ließ dabei alle, die es danach gelüstete, zum Zweikampf herausfordern, bei dem er die Rechtfertigung seiner Unschuld seinem starken Arm überlassen werde.

Nachdem er die Herausforderung mit angemessener Förmlichkeit überbracht hatte, schmetterte Van Corlear mit seiner Trompete den Amphiktyonen höhnisch ins Gesicht und endete mit einem ganz fürchterlichen dröhnenden Ton. Damit schwang er sich wieder auf sein hohes flandrisches Roß und trabte lustig nach Manhattan zurück, passierte Hartford, Weathersfield, Middletown und alle anderen Grenzstädte, stieß in seine Trompete wie ein wahrer Satan, so daß die Täler und Ufer des Connecticut widerhallten, hielt gelegentlich an, um Kürbispasteten zu essen, auf den ländlichen Vergnügungen zu tanzen und mit den schönen Mädchen zu »bündeln«, die er mit seinem bewegenden Instrument höchst entzückte.

Der große Rat, der aus besonnenen Männern bestand, war nicht geneigt, sich mit einem so hitzigen Helden zu messen, vielmehr sandten sie ihm eine Antwort in den sanftesten und ehrenrührigsten Ausdrücken, worin sie bemerkten, seine Schuld sei durch das Zeugnis verschiedener nüchterner und ehrenwerter Indianer aufs beste bewiesen. Sie schlossen mit der freundlichen Bemerkung, sie beharrten auf ihrer Forderung und Bitte gehöriger Widergutmachung und Sicherheit und verblieben die Seinen in aller Rechtschaffenheit etc.

Die obigen Verhandlungen sind von parteiischen Geschichtsschreibern anders erzählt worden; sie behaupten, Stuyvesant habe sich eine Kommission ausgebeten, die die gegen ihn erhobenen Beschuldigungen untersuchen sollte; als die Mitglieder aber ernannt worden waren, habe er gesagt, er könne sich ihrer Untersuchung nicht unterwerfen. In dieser geschickten Darstellung liegt nur ein Schein der Wahrheit. Allerdings verlangte er eine schiedsrichterliche Entscheidung von einem Ehrengericht, das sich aus höflichen Herren und Gleichgestellten, den Gouverneuren der Konföderation und von New Netherland, zusammensetzte. Aber ich will verdammt sein, wenn sie ihm nicht zwei hagere, hungrige Winkeladvokaten auf Indianerpferden schickten, mit Mantelsäcken hintenauf und mit grünen Mappen unter dem Arm, als wollten sie auf der Suche nach einem Prozeß von einem Kriegsgericht zum anderen reiten.

Der ritterliche Peter nahm gar keine Notiz von diesen verschlagenen Kerls, die mit berufsmäßigem Eifer herumschnüffelten und einige simple Indianer und alte Weiber mit Kreuz- und Querfragen so verblüfften, bis diese sich in Widersprüche verwickelt und ein paar falsche Eide geschworen hatten. Dann kehrten sie zu dem hohen Rat zurück und schütteten ihre Mappen und Mantelsäcke, gespickt mit Verleumdungen und albernen Geschichten, vor ihm aus. Der große Peter gab keinen Deut darum, bei Wilhelm dem Reizbaren aber wären sie wahrlich dem Flattergalgen nicht entronnen!

Der Rat der Amphiktyonen war schon auf dem Punkt, nach langen Beratungen die Entscheidung zu vertagen, weil man sich nicht einigen konnte. Da erhob sich ein zudringlicher, unermüdlicher Redner, den man einen bedeutenden Politiker nannte, weil er sich durch Verleumdung aller seiner Gegner einen Sitz im Rat ergattert hatte. Er betrachtete dies als eine günstige Gelegenheit, sich bei seinen Wählern beliebt zu machen, die an den Grenzen von New Netherland lebten und die größten Wilderer der Christenheit waren. Wie ein zweiter Peter von Amiens trat er also auf und predigte für einen Kreuzzug gegen Peter Stuyvesant und seine treue Stadt.

Sechs Stunden sprach er, stellte die Niederländer als gottlose Ketzer dar, die weder an Hexerei noch an die Wunderkraft von Hufeisen glaubten, ihr Land aus Gewinnsucht verlassen hätten und nicht wie sie aus Gewissensgründen, kurz, die reine Kannibalen seien, da sie sonnabends nie Kabeljau äßen, Schweinefleisch ohne Sirup verschlängen und schließlich nichts von Kürbissen hielten.

Die Rede hatte den gewünschten Erfolg; die Ratsmitglieder rieben sich die Augen und erklärten es für gerecht und diplomatisch, diesen unchristlichen Kürbishassern sofort den Krieg zu erklären. Nun war es erforderlich, das ganze Volk darauf vorzubereiten, und so wurden die Argumente des Redners mehrere Sonntage nacheinander von der Kanzel verkündet und allen guten, mildgesinnten Christen der Krieg als unerläßlich empfohlen. Dies war das erstemal, daß die in unserer Union inzwischen so beliebt gewordene kirchliche Werbetrommel für politische Zwecke eingesetzt wurde. Unter einem geistlichen Rock verbirgt sich oft ein durchtriebener Politiker, der nach außen ganz auf Religion macht, im Inneren aber nur politischen Groll nährt. Weltliche und geistliche Dinge sind so wunderlich gemischt wie Gifte und Gegengifte in einer Apotheke, und statt einer andachtsvollen Predigt muß der einfache Kirchgänger oft ein politisches Pamphlet schlucken, das mit einem frommen Bibelspruch versehen ist.

VIERTES KAPITEL

Wie die Bewohner von New Amsterdam sich bewaffneten und vom furchtbaren Unglück einer mächtigen Armee – Wie Peter Stuyvesant die Stadt befestigte und damit zum Begründer der Battery wurde

Obwohl der große Rat sehr vorsichtig zu Werke ging und sein Vorhaben gegen New Netherland ebenso verschwiegen und heimlich vorbereitete wie das englische Kabinett eine seiner unseligen »geheimen Expeditionen«, erhielt der stets wachsame Peter Stuyvesant vollständige und genaue Informationen über alle seine Schritte. Folglich begann er, die gefährlichen Absichten seiner erbitterten Gegner zu vereiteln.

Zunächst versetzte er die Hauptstadt und die Provinz mit aller Sorgfalt in den Verteidigungszustand, im festen Glauben, daß eine Nation sich, den Frieden und ihre Sicherheit betreffend, mehr auf ihre eigene Stärke denn auf die Gerechtigkeit oder den guten Willen ihrer Nachbarn verlassen müsse. Von den kargen Resten genialer Erfindungen aus den Tagen Wilhelms des Reizbaren waren die Milizgesetze geblieben, die jedermann verpflichteten, zweimal im Jahr mit solcher militärischer Ausrüstung anzutreten, wie es Gott beliebte. Sie unterstanden dem Befehl sehr tapferer Schneider und Putzmacher, die, wenn sie sich auch sonst noch so erbärmlich zeigten, bei Paraden und Kriegsgerichten zu wahren Teufeln wurden, sobald sie einen Dreispitz auf dem Kopf und einen Säbel an der Seite hatten. Unter ihrer Anleitung lernte die Bürgerwehr, rechtsum zu machen, links zu schwenken, leere Musketen ohne Blinzeln abzufeuern, um eine Ecke zu biegen, ohne heillos durcheinanderzugeraten, und bei Sonnenschein und Regen von einem Ende der Stadt zum anderen zu marschieren, ohne mit der Wimper zu zucken, bis die Männer so tapfer wurden, daß sie Platzpatronen abfeuerten, ohne das Gesicht abzuwenden, die größten Feldgeschütze anhören konnten, ohne sich die Ohren zuzuhalten oder in heillose Verwirrung zu geraten, und sich sommertags allen Strapazen und Gefahren einer Parade zu unterziehen, ohne daß ihre Reihen durch Desertion gar zu sehr dezimiert wurden.

Zwar herrschte bei diesem Volk ein so friedlicher Geist, daß die Bürger in der Zeit zwischen den Felddienstübungen ihre ganze militärische Schule vergaßen. Erschienen sie dann wieder zur Parade, so wußten sie kaum den Gewehrkolben von der Mündung zu unterscheiden und verwechselten immer rechte und linke Schulter, ein Versehen, dem man mit einem Kreidestrich am linken Arm ein Ende machte. Aber alle diese Fehler und Ungeschicklichkeiten wollten nach der Ansicht des weisen Kieft nichts bedeuten, denn – so meinte er – eine Kampagne würde sie schon mehr lehren als hundert Paraden; und wenn auch zwei Drittel als Kanonenfutter zu veranschlagen waren, so konnten doch aus dem übrigbleibenden Drittel, wenn es nicht davonlief, erfahrene Veteranen werden.

Der große Stuyvesant hielt nicht besonders viel von den sinnreichen Experimenten und Einrichtungen seiner Vorgänger und hatte für die Bürgerkämpfer, die er oft im Scherz Gouverneur Kiefts unsichere Kantonisten nannte, nichts als Verachtung übrig. Da indessen die Notlage keinen Aufschub zuließ, mußte er sich mit den vorhandenen Verteidigungsmitteln zufriedengeben und befahl folglich eine Inspizierung seiner Sonntagssoldaten. Aber, oh Mars und Bellona und ihr andern kriegerischen Himmelsmächte, was war das für ein Schauspiel! Da kamen Mannschaften ohne Offiziere und Offiziere ohne Mannschaften – lange Vogelflinten und kurze Donnerbüchsen – Musketen aller Art und Größen, einige ohne Bajonett, andere ohne Schloß, wieder andere ohne Schaft, und bei einigen fehlte das ganze Drum und Dran. Patronentaschen, Schrotbeutel, Pulverhörner, Säbel, Beile, Wurfmesser, Brechstangen und Besenstiele – Kraut und Rüben wild durcheinander, wie bei einer unserer Kontinentalarmeen beim Ausbruch der Revolution.

Als der trotzige Peter Stuyvesant dieser Armee, mit welcher der edle Sancho Pansa die Verteidigung seiner Insel Barataria hätte übernehmen können, ansichtig wurde, zog er ein so trauriges Gesicht, als habe er den Teufel erblickt. Doch als kluger Mann machte er kurz entschlossen aus der Not eine Tugend. Er ließ sie ausgiebig Griffübungen am Gewehr exerzieren und befahl dann den Querpfeifen, einen schnellen Marsch zu spielen. Er setzte die Mannschaften auf den Straßen New Amsterdams und den umliegenden Feldern so munter in Bewegung, daß ihnen die kurzen Beine knackten und die fetten Wänste dahinschmolzen. Aber damit nicht genug; der Kampfesmut des alten Gouverneurs entflammte bei der lebhaften Musik der Pfeifen, und er entschloß sich, seinen Leuten einen Vorgeschmack auf den echten Krieg zu geben. Zu diesem Zweck schlug er am Abend auf einem Hügel in einiger Entfernung von der Stadt ein Lager auf, um sie hier an die Disziplin des Biwaks zu gewöhnen und am nächsten Morgen mit den Geländeübungen fortzufahren. Aber da geschah es, daß in der Nacht ein starker Regen in Strömen auf das Lager herabgoß und das mächtige Heer seltsam davontrieb, denn als Freund Phöbus seine ersten Strahlen über das Feld schickte, war außer Peter Stuyvesant und seinem Trompeter Van Corlear kaum noch jemand dort zu finden.

Ein Kommandeur wie Peter der Starrköpfige ließ sich davon nicht irremachen, er verachtete das ganze Bürgerwehrsystem jetzt nur noch um so mehr und hatte binnen kurzer Zeit eine stehende Truppe auf den Beinen, die vor allem die für Soldaten unerläßliche Eigenschaft besaß, wasserdicht zu sein.

Dann trug der wachsame Stuyvesant Sorge, New Amsterdam zu befestigen und mit einem Lattenzaun zu umgeben, sowohl gegen die Invasionen fremder Mächte als auch gegen die Übergriffe der benachbarten Wilden. Er wurde zwar Gegenstand der Bewunderung aller Indianer der Umgegend, gab indessen Anlaß zu einem beunruhigenden Zwischenfall, da nämlich in einer dunklen Nacht eine Herde verlaufener Kühe hindurchbrach und alle Bürger in großen Schrekken versetzte. Zusätzlich zu diesem großen Wall ließ er vor Fort Amsterdam an der Spitze der Insel mehrere Außenwerke zum Schutz der Küste aufwerfen. Es waren gewaltige, aus Erde erbaute Geschützstellungen, die er, nach Art der damaligen niederländischen Öfen, mit Muschelschalen verkleidete.

Mit der Zeit wuchsen Gras und Klee über dieses drohende Bollwerk, und weit ausladende Platanen, in deren Zweigen die Vöglein lustig umherhüpften und das Ohr mit schönen Melodien entzückten, spendeten Schatten auf den Dämmen. Die alten Bürger rauchten dort nachmittags ihre Pfeife und sahen zu, wie die goldene Sonne langsam am Horizont versank, ein Sinnbild ihres eignen friedlichen Endes, dem sie entgegeneilten; die jungen Leute aber gingen dort im Mondschein spazieren, sahen die silbernen Strahlen des keuschen Mondes auf dem stillen Meerbusen spielen oder ein dahingleitendes weißes Segel beleuchten und wiederholten ihre Schwüre ewiger Treue. Dies war die Umgebung der berühmten Battery, die zwar angeblich für Kriegszwecke errichtet wurde, doch immer nur den süßen Freuden des Friedens diente. Sie war der liebste Spazierweg für Menschen vorgerückten Alters, der Kurort für schwächliche Invaliden, die sonntägliche Erholung des staubigen Krämers, der Schauplatz kindlicher Vergnügungen, der Treffpunkt für manch zärtliche Verabredung, der Trost der Bürger, die Zierde New Yorks und der Stolz der lieblichen Insel Manhattan.

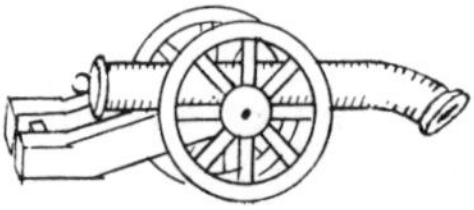

FÜNFTES KAPITEL

Wie der Fürst der Finsternis die Bevölkerung des Ostens befiel und welche Maßnahmen sie zu seiner Austreibung anwandten – Vom Aufstieg und Ruhm eines tapferen Kommandeurs unter den Holländern, und wie ein Mann gleich einer Blase mit lauter Luft gefüllt sein kann

Nachdem Peter der Starrköpfige so für die zeitweilige Sicherheit New Amsterdams gesorgt und es gegen Überraschungsangriffe gesichert hatte, nahm er eine kräftige Prise Tabak, schnippte mit den Fingern und bot den Amphiktyonen Trotz. Es läßt sich jedoch nicht sagen, welches Ende die Angelegenheit genommen hätte, wenn nicht der ganze amphiktyonische Rat uneins geworden wäre wie die streitsüchtigen Krieger zu Zeiten Achills.

Schon war man in allen Grenzorten der Union – in New Haven, Weathersfield und Hartford – eifrig beschäftigt, die verrosteten Vogelflinten herzurichten und ein lautes Kriegsgeschrei anzustimmen, des leichten Sieges über die reichen holländischen Dörfer mehr als gewiß, als sich die Kolonie Massachusetts, vom Mut Peter Stuyvesants beeindruckt und von der Redlichkeit seiner Rechtfertigung überzeugt, weigerte, ihn des heimtückischen Anschlags für schuldig zu befinden. Zu ihrem ewigen Ruhm widersetzte sie sich dem

Angriffskrieg, der ihr ungerecht erschien. Ohne ein so bedeutendes Mitglied des Bundes wie Massachusetts war nichts auszurichten, aber es war auch in anderer Hinsicht geraten, daß die Amphiktyonen von feindlichen Plänen abstanden, denn gerade um diese Zeit belagerte und schreckte sie der Fürst der Finsternis, verschiedene seiner Anhänger wurden im eigenen Lager entdeckt und samt und sonders sofort als Spione und gefährliche Feinde verbrannt. Sagen wir es ohne Umschweife: die Provinzen New Englands wurden von einer Unzahl von Hexen heimgesucht, und trotz blutiger gesetzlicher Maßnahmen stieg das Verbrechen der Hexerei in beängstigender Weise an. Das Merkwürdigste war, daß die höllischen Künste gerade den dümmsten, hinfälligsten und häßlichsten alten Weibern anvertraut wurden, die kaum mehr Verstand hatten als die Besenstiele, auf denen sie ritten. Aber wenn einmal Lärm geschlagen ist, findet die breite Masse auch die geeigneten Beweise für die vermeintlichen Vergehen. Wo sich also eine Lumbago oder Kolik zeigte, mußten Hexen daran schuld sein, und wehe dann dem alten Weibe, das in der Nachbarschaft lebte. Solche Schändlichkeit zog bald die leidenschaftliche Empörung des besonnenen und nüchternen Teils der Gemeinschaft auf sich, insbesondere jener, die sich einst mit so großer aktiver Nächstenliebe der Bekehrung von Quäkern und Anabaptisten zugewandt hatten. Die ruchlosen Hexen erkannte man leicht an den Liebesmälern des Teufels, an schwarzen Katzen, Besenstielen und dem Umstand, daß sie nur drei Tränen weinen konnten, und zwar aus dem linken Auge. Es gab Gerüchte von Schaluppen, die mit alten Weibern bemannt waren, und von einem Schiff, an dessen Hauptmast ein großes rotes Pferd stand, das aber plötzlich verschwunden war. Umsonst leugneten viele ihren Bund mit dem Teufel, denn die Richter, die gerecht, barmherzig und von ihrer Schuld bereits vor dem Verhör völlig überzeugt waren, griffen zum Mittel der Marter und verurteilten sie nach solcherweise erzwungenem Geständnis zum Tode auf dem Schei-

terhaufen. Die Hexen wurden alle verbrannt oder verjagt und eingeschüchtert, und in kurzer Zeit gab es in ganz New England kein einziges häßliches altes Weib mehr, zweifellos ein Grund, daß alle jungen Weiber dort so schön sind. Die ehrlichen Leute erholten sich allmählich, sie wandten sich von den geheimen Künsten dem reelleren Hokuspokus des Handels zu und waren bald beschlagen in der trickreichen Kunst des Geldverdienens. Doch selbst heutzutage macht sich in ihrem Charakter der alte Hang bemerkbar, und unter der Maske von Ärzten, Rechtsgelehrten und Geistlichen treten noch manchmal Hexen auf. Das Volk verrät einen Scharfsinn, eine Schlauheit und Klugheit, die gewaltig nach Hexerei schmecken, und es ist sehr richtig bemerkt worden, daß die Steine, die sich vom Mond lösen, meist in New England niederfallen.

Der unbekannte Verfasser des im Besitz der Familie Stuyvesant befindlichen Manuskriptes, das ich in meiner Vorrede erwähnte, schreibt jene Verirrungen und Plagen im Osten lediglich dem Beistand des heiligen Nikolaus zu, der dadurch die Machenschaften gegen die Holländer zeitweise vereitelte und seine geliebte Stadt New Amsterdam vor Gefahr und Krieg bewahrte. So konnte sich Peter Stuyvesant beruhigt und mit lobenswerter Wachsamkeit anderen Freibeutern im Süden zuwenden, den Schweden, die sich gegen Ende der Regierungszeit von Wilhelm dem Reizbaren dort festgenistet hatten.

Ohne viel Aufhebens ließ er eine Truppe an die südliche Grenze marschieren und unterstellte sie dem Befehl des Brigadegenerals Jacobus Van Poffenburgh. Dieser berühmte Krieger war der Stellvertreter des unglückseligen Van Curlet gewesen, als dieser und seine zerlumpte Garnison von den Yankees mit einem unsanften Tritt aus dem Fort Gute Hoffnung vertrieben wurden. Infolge seiner Teilnahme an dieser »denkwürdigen Unternehmung« und der zahlreichen Wunden an einem gewissen Körperteil galt er seither als Held, »der sich im Dienst umgesehen«. Wilhelmus Kieft würdigte ihn seines besonderen Vertrauens, er lauschte stundenlang seinen Erzählungen von überraschenden Siegen, die er nie errungen, und fürchterlichen Schlachten, die er fluchtartig verlassen hatte, und übertrug ihm Van Curlets Posten, als dieser sich nach der Kapitulation des Forts wie ein Veteran in den Schatten seiner Lorbeeren zurückzog. Van Poffenburgh versah den Posten mit viel Gehabe und bezeichnete sich stets als »Oberkommandierender der Armeen von New Netherland«, obwohl – um bei der Wahrheit zu bleiben – die Armeen oder vielmehr die Armee nur ein Häuflein hühnerstehlender, flaschenschwenkender Lumpenkerle war.

Van Poffenburgh war nicht von besonders großer Gestalt, doch ansehnlich und stattlich, was weniger seiner Körperfülle als vielmehr seiner Aufgeblasenheit zuzuschreiben war. Er war von seiner eigenen Wichtigkeit so aufgeschwollen, daß er einem jener Säcke nicht unähnlich war, die Ulysses von Äolus auf seine Reise mitbekam. Seine Kleidung harmonierte vollkommen mit seinem Wesen. Der Rock war mit Kupferlitze reich verziert, und um den Leib trug er eine karmesinfarbene Schärpe von der Art und Größe eines Fischnetzes, wahrscheinlich um sein ritterliches Herz daran zu hindern, durch die Rippen zu springen. Kopfhaar und Backenbart waren reichlich gepudert, sein gesundes Gesicht glühte wie ein feuriger Ofen, und die hochherzige Seele blickte aus zwei großen funkelnden Augen, die vorsprangen wie bei einem Hummer.

Ich schwöre dir, lieber Leser, sofern die Überlieferung kein falsches Bild von diesem Krieger zeichnet, würde ich alles Geld in meiner Tasche darum geben, wenn ich ihn hätte sehen können: von Kopf bis Fuß kriegerisch gerüstet, Stiefel bis zur Mitte, Schärpe bis zum Kinn, Kragen bis an die Ohren, Bart bis in die Zähne, gekrönt von einem Dreispitz und gegürtet mit einem zehn Zoll breiten Ledergürtel, an dem ein Schwert von unvorstellbarer Länge hing. So gerüstet, stolzierte er umher, düster dreinblickend wie jener berühmte Held More of More Hall, als er bis an die Zähne bewaffnet auszog, den Drachen von Wantley zu erschlagen, und von dem es in der Ballade heißt:

»Oh seht ihr ihn in seiner Pracht,
In seiner Waffen Zier,
Ihr hieltet ihn gewiß für ein
Ägyptisch Wundertier.

Wie floh da alles, Hund und Kuh,
Gans, Katze, Pferd und Schwein,
Entsetzt sah'n sie im Rittersmann
Ein fremdes Stachelschwein.«

Ungeachtet aller großen Gaben und außerordentlichen Qualitäten dieses berühmten Heerführers muß ich gestehen, daß er nicht gerade der Mann war, den Peter der Starrköpfige am liebsten zum Befehlshaber seiner Truppen erwählt hätte. Die Wahrheit ist, daß die Provinz damals nicht so reich mit großen militärischen Köpfen gesegnet war wie heute. Van Poffenburgh wurde also zum Kommandeur der neu ausgehobenen Truppen bestellt, weil niemand sonst sich anbot und weil es ein Bruch militärischer Etikette gewesen wäre, einen jüngeren Offizier über ihn zu stellen.

Unerschrocken führte dieser kupfergeschmückte Held seine Armee durch Wildnis und Einöde, über unüberwindliche Berge, über Flüsse und durch Wälder und bestand nach eigner Aussage mehr Fährnisse als die zehntausend Griechen auf ihrem Rückzug unter Xenophon. Am Delaware angelangt, der die südliche Grenze bildete, errichtete er ein Fort, dem er, den schönen schwefelfarbenen Lieblingspluderhosen des Gouverneurs zu Ehren, den Namen Fort Casimere gab. Später wurde das Fort Nieuw-Amstel genannt, welches der jetzt blühenden Stadt Newcastle vorausging, aber eigentlich No-Castle oder Nie-Schloß heißen sollte, da es niemals eine Feste war, noch je geworden ist.

Die Schweden duldeten diese bedrohliche Truppenbewegung nicht widerspruchslos; vielmehr erhob Jan Printz, damaliger Gouverneur von New Sweden, Protest gegen diese Einfälle auf sein Territorium. Aber Van Poffenburgh wußte von Willem Kiefts Zeiten her, was Proklamationen und Proteste zu bedeuten hatten. Ohne sich beeindrucken zu lassen, besichtigte er sein fertiges Fort von vorn und von hinten, von rechts und von links, warf sich in volle Montur und stolzierte stundenlang auf seinem kleinen Wall auf und ab wie ein eitel pranzender Täuberich auf seinem Schlag oder wie der Kommandeur eines unserer kleinen, lumpigen Militärposten.

In dem ergötzlichen Roman »Pierce Forest« wird erzählt, daß ein junger Held, von König Alexander zum Ritter geschlagen, sich nicht enthalten konnte, sogleich in den nächsten Wald zu jagen und die Bäume kreuz und quer dergestalt niederzusäbeln, daß der ganze Hof überzeugt war, er sei der stärkste und mutigste Ritter der Welt. Gerade so entlud sich bei Van Poffenburgh der Tapferkeitskoller. Wenn ihn nämlich der Kampfesmut überkam, rannte er klugerweise hinaus auf die Felder, riß sein treues Schwer heraus und fegte gewaltig hin und her, köpfte ganze Züge von Kohlköpfen, machte ganze Schlachtreihen von Sonnenblumen nieder und nannte sie riesige Schweden; aber wenn er zufällig auf eine Gruppe dickwanstiger Kürbisse stieß, die sich still und behaglich sonnten, brüllte er mit gräßlicher Stimme: »Ha, ihr niederträchtigen Yankees, hab ich euch endlich erwischt!« Und damit spaltete er die unglücklichen Gewächse unbarmherzig vom Kopf bis zum Rumpf. Hatte er sein Mütchen auf solche Art gekühlt, kehrte er zu seiner Garnison zurück, überzeugt, ein Wunder an militärischem Mut zu sein.

Ein zweites Ziel seines Ehrgeizes war, als strenger Zuchtmeister zu gelten. Er wußte wohl, daß Disziplin die Seele aller kriegerischen Unternehmungen ist, und erzwang sie mit tyrannischer Strenge. Bei der Parade ließ er die ganze Mannschaft die Füße nach außen stellen und den Kopf so hoch wie möglich halten, auch schrieb er denjenigen, die ein Hemd auf dem Leib hatten, die Breite der Krausen vor.

Eines Tages stieß er beim andächtigen Studium der Bibel zufällig auf die Geschichte von Absaloms traurigem Ende und erließ darauf in einer düsteren Stunde den Befehl, daß Offiziere und Mannschaften von nun an ihr Haar kurzgeschnitten zu tragen hätten. Nun geschah es aber, daß sich in der Garnison ein kühner Veteran namens Kildermeester befand, der sich zeit seines langen Lebens eines kräftigen Haarschopfes erfreute und damit einem zotteligen Neufundländer nicht unähnlich sah. Sein Haar endete in einem ganz langen Zopf, der an den Stiel einer Bratpfanne erinnerte und so straff saß, daß ihm Mund und Augen in der Regel offen und die Augenbrauen auf der Stirn standen. Es war vorauszusehen, daß der Besitzer eines so edlen Anhängsels sich dem Befehl voller Abscheu widersetzen würde. Als er davon hörte, machte er seinem Zorn mit einem Schwall von Veteranen-Flüchen und Verwünschungen Luft, schwor, er würde jedem den Schädel

einschlagen, der es wagen würde, seinen Zopf anzugreifen, den er jetzt steifer als je zuvor trug und wütend peitschen ließ, wie das Krokodil seinen Schwanz.

Jetzt wurde der mit Aalhaut umwickelte Zopf des alten Kildermeester ein höchst wichtiger Gegenstand, denn der Oberbefehlshaber war ein zu erfahrener Offizier, als daß er nicht begriff, wie sehr die Disziplin der Garnison, der Gehorsam und die Ordnung in der Armee, die Sicherheit der ganzen Provinz, ja die Würde Ihrer Hoheiten, der Herren Generalstaaten selber, und vor allem die Würde des großen Generals Van Poffenburgh davon abhing, ob der widerspenstige Zopf gestutzt wurde. So beschloß er denn, daß der alte Kildermeester vor den Blicken der Garnison öffentlich geschoren werden sollte. Der Alte widersetzte sich entschlossen. Van Poffenburgh wurde zornig, wie es sich für einen großen Mann schickt, ließ ihn arretieren und stellte ihn vor ein Kriegsgericht, das ihn wegen Meuterei, Desertion und Verletzung aller anderen Kriegsartikel für schuldig befand und damit schloß, daß er einen befehlswidrigen, drei Fuß langen Zopf trage. Die Anklagen und Verhöre und Plädoyers über das Schicksal des Zopfes und seines Besitzers setzten das Land in große Erregung. Ohne Zweifel wäre der renitente Veteran aufgrund der einem Offizier eines fernen Grenzpostens zustehenden Machtbefugnisse geköpft oder zumindest erschossen worden, hätte ihn nicht glücklicherweise infolge seiner Entrüstung ein heftiges Fieber befallen, so daß er allen irdischen Befehlen mit unverletztem Haarschmuck entkommen konnte. Seine Hartnäckigkeit behielt er bis zum letzten Atemzug, denn er befahl, daß man, wenn man ihn zu Grabe trage, den Zopf durch ein Loch aus dem Sarg schauen lassen solle.

Diese großartige Auseinandersetzung brachte dem Brigadegeneral einen guten Ruf als Zuchtmeister ein, aber – so hört man – seither plagten ihn des Nachts böse Träume und fürchterliche Gesichte, und das grausige Gespenst des alten Kildermeester stand an seinem Bett Wache, gerade wie eine Pumpe mit dem steifen Zopf als Pumpenschwengel.

FÜNFTES BUCH

Zweiter Teil der Regierungszeit Peter Stuyvesants und seine tapferen Taten am Delaware

ERSTES KAPITEL

Kriegerisches Porträt Peters des Starrköpfigen und wie Brigadegeneral Van Poffenburgh sich bei Fort Casimere auszeichnete

Bisher, verehrter und liebenswürdiger Leser, habe ich dir die Regierungszeit des heldenmütigen Stuyvesant unter dem milden Mondschein des Friedens oder vielmehr unter der unheimlichen Ruhe ängstlicher Erwartungen vorgeführt, nun aber schmettert die Kriegstrompete, in der Ferne dröhnen Trommeln, und das wilde Klirren feindlicher Waffen verkündet bevorstehende furchtbare Konflikte. Der kühne Held erhebt sich aus sanfter Ruhe, aus goldenen Träumen und üppigem Behagen, wo er in lieblicher Friedenszeit Trost fand nach all seinen Mühen. Nicht flicht er jetzt, in der Schönheit verführerischem Schoß ruhend, Kränze für der Liebsten Stirn, schmückt nicht mit Blumen jetzt sein blankes Schwert, noch macht er den trägen Sommertag lang seiner liebeskranken Seele in Madrigalen Luft. Gereift zum Mann, wirft er die Liebesflöte weg, reißt sich das Friedenskleid vom sehnigen Nacken und schnallt die verwöhnten Glieder ein in Stahl. Über seine dunkle Braue, wo jüngst die Myrte bebte und Rosen buhlerisch geduftet, setzt er den Helm mit Federbusch, er greift zum glänzenden Schild, schüttelt die schwere Lanze, besteigt mit stolzer Hast ein schnaubendes Roß und brennt vor Ungeduld nach Rittertaten.

Aber sachte, teurer Leser, ich möchte dich nicht verleiten zu glauben, daß es in der Stadt New Amsterdam einen so häßlich mit Eisen umgürteten Tapferen gab. Es ist nur die erhabene Art, deren sich die Dichter in Heldenepen bedienen, um damit dem Krieg ein edles und eindrucksvolles Ansehen zu geben. Die einfache Wahrheit ist, daß es Peter Stuyvesant plötzlich einfiel, sein treues Schwert zu putzen, das zu lange schon in der Scheide gerostet hatte, und sich für die Anstrengungen des Krieges rüstete, der seine tapfere Seele so entzückte. Ich sehe ihn vor mir auf dem Familienporträt, das noch auf dem Familiensitz der Stuyvesants hängt, mit allen furchteinflößenden Zeichen eines echten holländischen Generals ausgestattet: preußischblauer Uniformrock mit großen Messingknöpfen, die vom Gürtel bis zum Hals reichten; breite Rockschöße, an den Ecken umgewendet und hinten feierlich auseinanderklaffend, um den Sitz der kostbaren, schwefelfarbenen Pluderhosen zu zeigen, ein Brauch, der noch bei den Kriegern unserer Tage herrscht und auf die alten Helden zurückgeht, die es verachteten, sich von hinten zu decken. Das Gesicht erhielt durch einen schwarzen Schnurrbart einen gar schrecklichen und kriegerischen Ausdruck; das Haupthaar stand an den Ohren in steifpomadisierten Strähnen ab und fiel in einem rattenschwanzähnlichen Zopf bis zum Gürtel hinab; eine glänzende Halsbinde aus schwarzem Leder stützte das Kinn, und ein kleiner, aber trotziger Dreispitz saß ihm unternehmungslustig über dem linken Auge. Wenn Peter der Starrköpfige sein silberbeschlagenes Bein vorstellte, in der rechten Hand einen Stock mit goldenem Knauf, die Linke auf dem Schwertgriff und dazu einen furchterregenden und harten Blick, gab er eine der gebieterischsten, finstersten und kriegerischsten Gestalten ab, die je auf einem Ölgemälde in Positur standen. Wir wollen nun den Anlaß für diese Kriegsvorbereitungen untersuchen.

Die Neigung der Schweden zu Übergriffen am Südfluß oder Delaware ist in der Chronik Wilhelms des Reizbaren gebührend erwähnt worden. Sie wurde mit jenem heroischen Edelmut ertragen, welcher der Grundstein des wahren Mutes ist. Die Schweden waren angeblich Christen von der Art, daß sie die Bibel umgekehrt lasen, sooft sie mit ihren Interessen in Konflikt geriet. Wenn sie also einem Nachbarn auf die eine Wange geschlagen hatten, versetzten sie ihm auch gleich auf die andere einen Streich, ob er sie nun hinhielt oder nicht.

Jan Printz, der Gouverneur der Provinz New Sweden, war gestorben oder abberufen worden, und ihm folgte Jan Risingh, ein riesenhafter Schwede, der, hätte er nicht X-Beine und Plattfüße gehabt, als Modell für einen Simson oder Herkules hätte dienen können. Er war ebenso habgierig wie mächtig und ebenso listig wie habgierig, also gab es keinen Zweifel, daß er, wenn er vier- bis fünfhundert Jahre früher gelebt hätte, einer von jenen gottlosen Riesen gewesen wäre, die ein grausames Vergnügen daran fanden, auf ihren Streifzügen durch die Welt unglückliche Jungfrauen in die Tasche zu stecken und in verzauberte Schlösser zu sperren, ohne feine Kleidung, Weißzeug und andere Annehmlichkeiten. Wegen dieser Gewalttaten zogen sie das höchste Mißfallen aller wahrhaften, treuen und tapferen Ritter auf sich, die alle Schurken über sechs Fuß Größe erschlugen, gewiß ein Grund dafür, daß große Menschen fast ausgestorben sind und folgende Generationen immer kleinwüchsiger wurden.

Kaum trat Gouverneur Risingh sein Amt an, als er auch das wichtige Fort Casimere aufs Korn nahm und den gerechten Entschluß faßte, davon Besitz zu ergreifen. Um aber kein Blutvergießen zu verursachen, um das Elend offenen Krieges zu vermeiden und einer regelrechten Belagerung auszuweichen, nahm er zu dem weniger ehrenvollen, aber barmherzigeren Mittel des Verrats Zuflucht. Unter dem Vorwand, dem Brigadegeneral Van Poffenburgh einen nachbarlichen Besuch abzustatten, segelte er mit großem Pomp den Delaware hinauf, entfaltete seine Flagge mit dem gehörigen Zeremoniell und beehrte Fort Casimere mit einem fürstlichen Salut, ehe er Anker warf. Das ungewohnte Donnern weckte einen holländischen Veteran auf, der treu auf seinem Posten ein Schläfchen hielt und der, da ihm die Lunte ausgegangen war, das Kompliment mit einem Schuß aus seiner rostigen Muskete erwiderte, die er mit Feuer aus der Pfeife eines Nachbarn zündete. Die Kanonen des Forts hätten diesen Gruß gewiß sogleich beantwortet, wenn sie nicht in mangelnder Gefechtsbereitschaft und die Munitionskammern erschöpft gewesen wären, was seit eh und je bei Forts vorkommt und was im Fall dieser Festung entschuldbar war, denn sie bestand erst seit zwei Jahren, und ihr mächtiger Befehlshaber war mit viel wichtigeren Dingen beschäftigt.

Risingh, sehr zufrieden über die höfliche Antwort auf seinen Salut, wiederholte ihn, denn er wußte wohl, daß dieses Zeremoniell dem Kommandanten als eine Huldigung an seine Größe erschien. Er landete darauf mit Pomp, von einem dreißigköpfigen Gefolge begleitet, was dazumal schon etwas Gewaltiges war. Die Zahl der Gäste hätte Verdacht erwecken müssen, wenn nicht Van Poffenburgh so von sich eingenommen gewesen wäre, daß er außer diesem Gedanken keinen anderen aufkommen ließ und das Gefolge als Kompliment für sich auffaßte. So stehen sich bedeutende Männer oft selbst im Licht und verdunkeln die Wahrheit mit ihrem eigenen Schatten.

Van Poffenburgh war nun in einiger Verlegenheit, wie er den Besuch empfangen und einen möglichst guten Eindruck dabei machen sollte. Die Hauptwache mußte schleunigst antreten, und Waffen und Kleidungsstücke (von letzten ein volles halbes Dutzend) wurden gerecht an sie verteilt. Ein langer, dürrer Kerl kam in einem Rock für einen kleinen Mann daher: die Schöße reichten ihm kaum über den Gürtel, die Knöpfe saßen ihm zwischen den Schultern, und die Ärmel reichten etwas über die Ellenbogen, so daß seine Hände wie

riesige Spaten hervorschauten. Und da der Rock zu knapp war und vorn nicht paßte, so wurde er von Schlaufen zusammengehalten, die aus rotwollenen Strumpfbändern gemacht waren. Ein anderer hatte einen Dreispitz mit einem Hahnenfederbusch auf dem Hinterkopf sitzen; einem dritten hingen schäbige Gamaschen um die Knöchel; ein vierter, kurz und entenbeinig, hatte ein paar abgetragene Hosen des Gouverneurs an, die er mit der einen Hand festhielt, während die andere das Gewehr packte. Die übrigen Soldaten waren in ähnlichem Aufzug, bis auf drei schamlose Lumpenkerle, die keine Hemden und nur anderthalb Hosen hatten und deshalb in den Kerker gesteckt wurden, um sie den Blicken zu entziehen.

Als seine Männer auf diese Weise tapfer in Reih und Glied standen – die ohne Flinten schulterten Spaten und Hacken, und jedem wurde befohlen, die Hemdzipfel zu verbergen und die Stiefel hochzuziehen –, tat Van Poffenburgh wie weiland More of More Hall einen kräftigen Zug schäumenden Biers, stellte sich an ihre Spitze, ließ die Kiefernbretter, die als

Zugbrücke dienten, auslegen und trat aus seiner Feste hervor. Als sich nun die beiden Anführer trafen, spielte sich eine Szene kriegerischer Parade und ritterlicher Höflichkeit ab, die jeder Beschreibung spottet. Sie ließen ihre Abteilungen einander gegenüber Aufstellung nehmen und die Waffen schultern und präsentieren, die Trommeln wurden gerührt, die Pfeifen quiekten, die Fahnen wehten, sie machten linksum, sie machten rechtsum und rechtsum kehrt, sie schwenkten links und schwenkten rechts, sie marschierten vor und wieder zurück, in Zügen, Halbzügen und Rotten im Geschwindschritt, im Paradeschritt und in gar keinem Schritt. Nachdem alles erschöpft war, was in der Taktik gelehrt wird und auch was noch nie gelehrt worden war, kamen endlich die beiden Kommandeure und ihre Truppen völlig erschöpft zur Ruhe. Noch nie führten zwei mannhafte Anführer der Miliz oder zwei hochtrabende Theaterhelden ihre entenbeinigen, schwerfälligen Myrmidonen mit mehr Ruhmsucht und Selbstzufriedenheit vor.

Nach Beendigung dieser militärischen Komplimente begleitete Brigadegeneral Van Poffenburgh seinen erlauchten Gast mit großer Geste in das Fort und führte ihn zu allen Anlagen, zeigte ihm die Hornwerke, Kronwerke, halbmondförmigen Schanzen und verschiedene andere Außenwerke oder vielmehr die Stellen, wo sie eigentlich stehen sollten und wo sie vielleicht noch errichtet werden sollten, und ließ erkennen, daß die Festung große Möglichkeiten hätte und im Keim offenbar gewaltig sei. Nach der Inspektion ließ er die Garnison in Schlachtordnung antreten, was damit schloß, daß man die drei Galgenvögel aus dem Kerker holte und sie gehörig auspeitschen ließ, zur Unterhaltung des Besuchers und als Beweis für die strenge Zucht im Fort.

Der gewiefte Risingh stellte sich im höchsten Grade verwundert über die Macht Van Poffenburghs, machte aber im stillen seine Beobachtungen und blinzelte seinen Gefährten zu, die ihrerseits den Wink weitergaben und sich mächtig ins Fäustchen lachten.

Nachdem Inspektion, Revue und Züchtigung vorüber waren, begab sich die Gesellschaft zu Tisch, wo sich Van Poffenburgh erst recht als Held zeigte, denn er ließ hier mehr Opfer auf dem Feld als in seiner ganzen militärischen Laufbahn. Es existieren noch mehrere Berichte von solchen unblutigen Siegen, wo er sich auszeichnete und wo die Zahl der verspeisten Ochsen, Schweine, Hammel und Kohlköpfe, die Menge der dezimierten Kartoffeln, Bierfässer, Pfeifen, Zukkerhüte etc. allen Glauben übersteigt und seit den Tagen Pantagruels nicht übertroffen worden ist, so daß in einem feindlichen Lande Van Poffenburgh und seine Armee die Einwohner in kurzer Zeit in den Hungertod getrieben hätten.

Ich wünschte, meine Leser könnten den wackeren Van Poffenburgh sehen, wie er gleich dem großen Weintrinker Alexander, von Kriegern umgeben schmauste und dabei von Heldentaten und unglaublichen Abenteuern erzählte. Brachte er aber etwas vor, was nur im geringsten einem Witz ähnelte, schlug Risingh mit seiner kräftigen Faust auf den Tisch, daß die Gläser tanzten, warf sich in seinem Stuhl zurück und schwor unter riesenhaftem Gelächter, daß dies der beste Witz sei, den er in seinem Leben gehört habe. Das ganze Fort hallte wider vom Lärm des Gelages, und Kommandant Van Poffenburgh sprach der Flasche so eifrig zu, daß er in weniger als vier Stunden mit seiner ganzen Garnison, die nicht hinter ihm zurückblieb, schwer betrunken war und singend immer weiter trank.

Kaum war es soweit, da machten sich Risingh und seine Schweden, die sich wohlweislich nüchtern gehalten hatten, über ihre Wirte her, fesselten sie und nahmen vom Fort im Namen der Königin Christina von Schweden feierlich Besitz. Sie ließen alle holländischen Soldaten, die für einen Augenblick aus ihrem Rausch erweckt werden konnten, den Treueid schwören. Risingh ließ die Befestigungen in Ordnung bringen, ernannte seinen vertrauten Freund Sven Scuts, einen langen schwedischen Wassertrinker, zum Kommandanten und rückte dann mit der holländischen Garnison als seinen Gefangenen aus; ihr Kommandant glich, nachdem er eine tüchtige Tracht Prügel bezogen hatte, nicht wenig einem ausschweifenden Fisch oder aufgedunsenen Meeresungeheuer, das aufs trokkene Land geraten ist.

Die Garnison wurde darum abtransportiert, damit Peter Stuyvesant in New Amsterdam nicht von der Überrumpelung Nachricht erhielt, denn der schlaue Risingh fürchtete sehr die Rache dieses tapferen Gouverneurs, dessen Name die Nachbarschaft nicht weniger in Schrecken versetzte als der unbezwingliche Skanderbeg seine räudigen Feinde, die Türken.

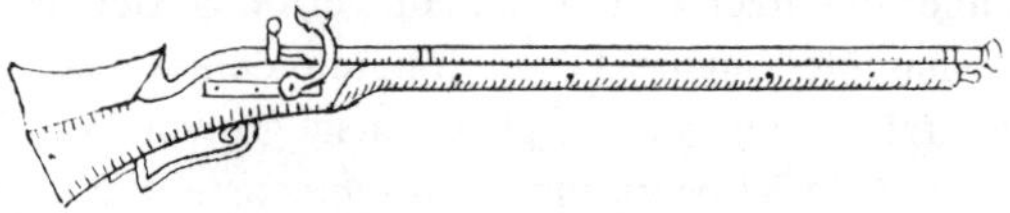

ZWEITES KAPITEL

Wie Peter der Starrköpfige vom Mißgeschick seines Generals erfuhr und welche Maßnahmen er ergriff – Beschreibung seiner Fahrt auf dem Hudson nach Norden

Die Hoffnung des listigen Risingh, die Kunde von seinem Streich möge durch Gefangennahme der Besatzung nicht nach New Amsterdam gelangen, ging nicht in Erfüllung. Ein umherstreifender Kosmopolit namens Dirk Schuiler – was soviel heißt wie Drückeberger –, ein langer, magerer Kerl mit schnellen Beinen und von großer Ausdauer, der sich in allen Kolonien herumtrieb und vertraulich Galgen-Dirk genannt wurde, schlich bei jenem Festmahl von Raum zu Raum, wie eben ein privilegierter Vagabund oder unnützer Hund, dem niemand Beachtung schenkt. Obwohl er nicht viel Worte machte, hielt er wie alle wortkargen Leute Augen und Ohren offen und erfuhr bei seinem Streifzug den ganzen Plan der

Schweden. Sofort sann er nur darauf, wie er die Sache zu seinem Vorteil kehren könne. Er machte sich auf beiden Seiten nützlich, das heißt, er ließ alles mitgehen, was ihm unter die Finger geriet, bestahl Holländer wie Schweden, stülpte sich den mit Kupferlitze verzierten Dreispitz des gewaltigen Van Poffenburgh auf den Kopf, klemmte sich ein Paar riesige Reiterstiefel Risinghs unter den Arm und machte sich kurz vor der Katastrophe und dem Durcheinander in der Garnison aus dem Staub. Er floh in Richtung seines Heimatortes New Amsterdam, von wo er sich zuvor wegen eines geschäftlichen Mißerfolgs – das heißt: er war beim Schafdiebstahl ertappt worden – überstürzt hatte entfernen müssen. Nach tagelangem Marsch durch Wälder und Sümpfe erreichte er endlich Communipaw, wo er ein Kanu stahl und nach New Amsterdam hinüberpaddelte. Unmittelbar nach der Landung verfügte er sich zu Gouverneur Stuyvesant und gab ihm mit mehr Worten, als er in seinem ganzen Leben bisher gesprochen hatte, einen Bericht über den unglücklichen Zwischenfall.

Kaum hatte er die traurige Nachricht vernommen, fuhr der tapfere Peter von seinem Sitz auf, warf die Pfeife, die er gerade rauchte, weit hinein in den Kamin, stopfte sich eine riesige Portion Tabak in die linke Backe, zog seine Pluderhose hoch und stapfte, ein garstiges Lied brummend, in der Stube auf und ab, wie es im Zorn seine Gewohnheit war. Aber dabei beließ er es nicht. Er stieg die Treppe hinauf und öffnete eine mächtige Kiste, die ihm als Rüstkammer diente und aus der er die bereits beschriebene Uniform hervorholte. Diese legte er, wie Achill die Rüstung des Vulkan, schweigend an, zog dabei die Augenbrauen zusammen und stieß den Atem durch die aufeinandergebissenen Zähne. Als er sein Schwert aus der Scheide zog und die rostige Klinge rasch prüfte, huschte ein grimmiges Lächeln über seine starren Züge, das erste Lächeln seit fünf vollen Wochen, aber wer es sah, der prophezeite der Provinz heiße Tage!

Anthony Van Corlear mußte hierhin und dorthin eilen und mit Trompetenstößen die Pairs zur Ratsversammlung einladen. Sie erschienen umgehend, setzten sich schweigend, zündeten die langen Pfeifen an und blickten mit der größten Gelassenheit Seine Exzellenz und dero Uniform an. Der Gouverneur aber richtete mit überlegener und soldatisch kühner Miene, die eine Hand auf dem Degenknauf, die andere beredt in der Luft schwingend, eine kurze, anfeuernde Rede an die Versammlung, die ich nicht überliefern kann, weil mir die Quellen eines Livius, Thukydides oder Plutarch nicht zu Gebote stehen. Ihnen wurden die Reden all ihrer großen Kaiser, Generäle und Redner zur Verfügung gestellt, aufgezeichnet in Kurzschrift von den kompetentesten Stenographen der Zeit. So viel aber ist gewiß, daß er ihnen kundtat, er selbst werde seine Truppen anführen und die Schweden, diese Straßenhändler, aus dem eroberten Fort Casimere verjagen. Diesem wackeren Entschluß gaben wie üblich alle, die gerade wach waren, ihre Zustimmung, und die, welche während der Ansprache eingeschlafen waren (denn es war die Zeit nach dem Mittagessen), hatten auch nichts dawider.

Die schöne Stadt New Amsterdam wurde jetzt zum Waffenschauplatz. Werbeoffiziere waren unterwegs und forderten fröhlich alle armen Schlucker, Landstreicher und Lumpenkerle von Manhattan und Umgebung, denen nach Sixpence pro Tag und obendrein nach unsterblichem Ruhm gelüstete, auf, sich anwerben zu lassen. Doch die Reihen der Ehre fanden nur mäßigen Zulauf, denn die friedlichen Bürger schlossen sich ungern auswärtigen Streitigkeiten an und blieben am liebsten daheim. Der große Peter, vom edlen Feuer der Kriegslust und der süßen Rache entbrannt, wollte nicht auf den säumigen Beistand dieser trägen Bürger warten, sondern seine abenteuerlustigen und munteren Burschen vom Hudson anwerben. Er ließ also seine Staatsgaleere rüsten und wohl verproviantieren, wohnte, nachdem dies geschehen, als echter und frommer Gouverneur einem Gottesdienst in der

St.-Nikolaus-Kirche bei und begab sich dann auf Werbefahrt. Sein Schiff war prächtig mit Wimpeln und bunten Fahnen geschmückt, die lustig im Wind flatterten oder ihre Enden in den Busen des Stroms tauchten; Bug und Heck des majestätischen Schiffes waren nach erlesenster holländischer Art mit rundlichen Amoretten verziert. So segelten sie den gewaltigen Hudson hinauf, dessen Ufer ihnen bald felsig, bald mit samtweichem Gras bewachsen oder mit schattenspendenden Bäumen bestanden entgegentraten. Schließlich erreichten sie die furchtbaren Schluchten, die unter dem Namen Highland Falls bekannt sind und wo einst Titanen sich ruchlos gegen den Himmel erhoben, Felsen auf Felsen getürmt und Gesteinsbrocken wild durcheinandergeworfen hatten. Vor undenklichen Zeiten dienten die wolkengekrönten Berge dem allmächtigen Manitou als Gefängnis für die rebellischen Geister, die unter seinem Zepter zu murren begannen. Hier, in unzerreißbare Fesseln geschmiedet, in gespaltene Kiefern eingeklemmt oder von schweren Felsen erdrückt, stöhnten sie manches Jahrhundert hindurch, endlich aber brach der glorreiche Hudson in einem unaufhaltsamen Lauf zum Ozean ihren Kerker auf und rollte seine stolze Flut im Triumph über die Trümmer. Noch immer geistern viele von ihnen um ihre alten Sitze, und diese sind es, die alten Sagen zufolge die Echos verursachen, die in der schaurigen Einsamkeit hallen und nichts weiter sind als ihre zornigen Rufe, sobald ein Geräusch ihre Ruhe stört. Wenn die Elemente durch Stürme aufgeregt werden, wenn die Winde toben und der Donner brüllt, dann ist das Schreien und Heulen dieser geängstigten Geister fürchterlich, und die Berge erdröhnen von ihrem gräßlichen Lärm; denn – so heißt es – sie glauben, der große Manitou kehre wieder, um sie in düstere Verliese zu werfen und ihre unerträgliche Gefangenschaft zu erneuern.

Doch all diese eindrucksvollen und schönen Bilder machten auf unseren Helden keinen Eindruck. Sein Sinn stand nur nach unerbittlichem Kampf und unsterblichen Waffentaten.

Auch die Besatzung hing nicht irgendwelchen romantischen Gedanken nach. Der Steuermann rauchte ruhig seine Pfeife und dachte weder an Vergangenes, Gegenwärtiges oder Zukünftiges, und diejenigen seiner Kameraden, die nicht unter Deck schnarchten, hörten offenen Mundes Anthony Van Corlear zu, der ihnen die Geschichte der unzähligen Glühwürmchen zum besten gab, die wie Edelsteine und Flitter auf dem dunklen Gewand der Nacht glitzerten. Sie sollten nach der Sage scheußliche alte Vetteln, auch Drachen genannt, sein, die zur Strafe für ihre Sünden gegen die Menschen in Insekten verwandelt und dazu verurteilt waren, das Feuer, das sie früher im Herzen und auf der Zunge getragen hatten, nun auf dem Schwanz zu tragen.

Später gab es mit Van Corlears Nase ein wunderbares Ereignis. Sie war nämlich ungeheuer groß, mit Rubinen und anderen Edelsteinen geziert, ein wahrhaftes Geschenk des Bacchus an einen seiner Gefolgsleute. Nun geschah es, daß eines frühen Morgens, als der wackere Anthony sich eben gewaschen hatte und sein Gesicht im Wellenspiegel betrachtete, die aufgehende Sonne einen kräftigen Strahl auf die Nase fallen ließ, die den Widerschein siedend heiß ins Wasser lenkte und einen Stör tötete, der sich neben dem Schiff tummelte. Das Ungeheuer gab eine köstliche Mahlzeit für die gesamte Besatzung ab, und es war dies das erstemal in diesem Land, daß ein solches Tier von Christenmenschen gegessen wurde. Es mundete ihnen trefflich, bis auf die Stelle, wo das Tier getroffen war, die etwas nach Schwefel schmeckte. Als Peter Stuyvesant von dem Wunder hörte und von dem unbekannten Fisch aß, war er sehr erstaunt und gab zur Erinnerung daran einem Vorgebirge in der Nähe den Namen Anthony's Nose, den es noch heute trägt.

Unmöglich kann ich all die wunderbaren Begebenheiten erzählen, die sich auf dieser Fahrt ereigneten; ich möchte aber doch erwähnen, wie die Männer bei einem Landgang ganz fürchterlich von einer Horde lustig hopsender Teufel erschreckt wurden, die auf einem flachen Felsstück ihre Possen trieben, das in den Fluß ragte und noch heutigentags Duyvel's Danskammer heißt. Aber nein, Diedrich Knickerbocker, es ziemt dir nicht, bei deinem historischen Streifzug so weit abzuschweifen. Vergiß für den Augenblick die vielen Sagen und Märchen deiner Kindheit und wende dich rasch wieder deiner beschwerlichen Aufgabe zu, sonst läßt die unbarmherzige Zeit das Stundenglas noch leerlaufen, bevor du deine Geschichte der Manhattoes zu Ende bringen kannst.

DRITTES KAPITEL

Beschreibung des gewaltigen Heeres, das sich in der Stadt New Amsterdam sammelte, und der Zusammenkunft Peters des Starrköpfigen mit dem unglücklichen General Van Poffenburgh

Während der unternehmungslustige Peter mit vollen Segeln die Küsten des königlichen Hudson hinauffuhr und die phlegmatischen kleinen holländischen Siedlungen zum Krieg aufbot, versammelte sich eine mächtige Schar von Kriegern in der Stadt New Amsterdam. Sie schlugen auf dem öffentlichen Platz vor dem Fort, der heute Bowling Green heißt, ihr Lager auf. Dort stand das Zelt, um welches sich die Leibgarde des Gouverneurs, die wackeren Bürger von New Amsterdam, zusammenfand. Ihr Anführer war der tapfere Stoffel Brinkerhoff, der an der Oyster Bay weiland so unsterblichen Ruhm errang. Sie entfalteten ein Banner mit dem Wappen der Provinz – einen aufsteigenden Biber auf orangefarbenem Feld –, das den beharrlichen Fleiß und den amphibischen Ursprung der Niederländer zum Ausdruck bringt.

Zu ihrer Rechten sah man die Vasallen des berühmten Mijnheer Michael Paw, der über die schönen Gefilde des alten Pavonia, über die Länder nach Süden bis zu den Navesink Mountains, gebot und obendrein privilegierter Grundbesitzer von Gibbet Island war. Seine Fahne trug sein treuer Gefolgsmann Cornelius Van Vorst; sie zeigte eine große liegende Auster auf meergrünem Feld, das Wappen seiner geliebten Hauptstadt Communipaw. Er führte eine stolze Truppe schwer bewaffneter Krieger ins Lager, jeder hatte zehn Paar grobe, reinwollene Beinkleider an und wurde überragt von einem breitrandigen Biberhut mit einer kurzen Pfeife im Hutband. Dies waren die Männer, die im Morast an der Küste Pavonias vegetierten, zur Familie der echten Mokassinschlangen gehörten und nach der Fabel von den Austern abstammten.

In geringer Entfernung von ihnen lagerte eine Kriegerschar aus der Umgebung von Hell Gate. Sie standen unter dem Befehl der Suy Dams und Van Dams, heftigen Fluchern, wie ihr Name andeutet. Sie boten einen furchterregenden Anblick, denn sie waren in breitschößige Kittel aus jenem merkwürdig gefärbten Tuch gekleidet, das Donner und Blitz heißt, und ihre Fahne trug als Sinnbild drei schwebende Stopfnadeln des Teufels auf feuerfarbenem Feld.

Dicht daneben erhob sich das Zelt der Krieger von den Marschufern der Wallabout Bay und des umliegenden Gebiets. Sie hatten mürrische Gesichter, weil sie sich von den hier im Überfluß vorhandenen Miesmuscheln nährten. Sie wurden von dem unerschrockenen Jacobus Varra Vanger kommandiert und hatten ein lustiges Musikkorps von Fährleuten aus Brooklyn, die ein hübsches Konzert auf Schneckenmuscheln hören ließen.

Ich muß es mir versagen, eine genaue Beschreibung der übrigen zu liefern, als da sind die Helden von Bloomfield,

Weehawken, Hoboken und von anderen, durch Geschichte und Lied wohlbekannten Orten, denn nun versetzten kriegerische Weisen die Einwohnerschaft von New Amsterdam in Unruhe. Plötzlich verstummte dieser Lärm, und siehe, mitten in einer großen Staubwolke tauchten im Sonnenlicht die schwefelfarbenen Beinkleider und das glänzende, silberbeschlagene Bein Peter Stuyvesants auf. Er nahte an der Spitze eines mächtigen Heeres, das er an den Ufern des Hudson ausgehoben hatte. Der treffliche, wenngleich anonyme Verfasser des Stuyvesantschen Manuskripts läßt sich an dieser Stelle zu einer überschwenglichen Beschreibung der Armee hinreißen, die durch das Haupttor der Stadt am Eingang der Wall Street einzog.

Als erste kamen die Van Bummels, welche die lieblichen Ufer der Bronx bewohnen, kurze, fette Männer mit ungeheueren Pluderhosen, berühmt als Helden der Tafel und als Erfinder des Maisbreis. Dicht auf ihren Fersen marschierten die Van Vlotens aus Catskill, furchtbare Apfelweinsäufer und in betrunkenem Zustand arge Prahler. Nach ihnen kamen die Van Pelts aus Esopus, geschickte Reiter auf schwanzschlagenden Rennern der Esopus-Rasse, großartige Mink- und Bisamjäger, von denen sich das Wort »Pelz« herleitet. Dann erschienen die Van Nests aus Kinderhook, ein tapferes Geschlecht von Vogelnesträubern; sie sind – wenn man den Berichten glauben darf – die Erfinder der Pfannenklatscher oder Buchweizenpfannkuchen. Die Van Higginbottoms vom Wappinger Creek kamen mit Stöcken und Birkenruten bewaffnet, denn sie waren ein Geschlecht von Schulmeistern, die zuerst die wunderbare Wechselwirkung zwischen dem Sitz der Ehre und dem Sitz des Verstandes entdeckten und fanden, daß man Wissen am einfachsten in die Köpfe bringt, wenn man es dem Hintern einbleut. Dann die Van Grolls von Anthony's Nose, die ihren Schnaps in netten runden Butteln mitführten, weil sie ihn wegen ihrer langen Nasen nicht aus Feldbechern trinken konnten. Darauf die Gardeniers aus Hudson und Umgebung, die sich durch besondere Taten auszeichneten, etwa Diebstahl von Wassermelonen, Ausräuchern von Kaninchenlöchern und dergleichen; sie aßen gebratene Schweineschwänze sehr gern und waren die Vorfahren des berühmten gleichnamigen Kongreßmitglieds. Sodann die Van Hoesens aus Sing Sing, große Kirchenchorsänger und Maultrommelspieler; sie marschierten in Zweierreihen und sangen das berühmte Lied vom St. Nikolaus. Ihnen folgten die Couenhovens aus Sleepy Hollow, von denen die trefflichen Gastwirte abstammen, welche die wunderbare Erfindung machten, ein Quart Wein auf Halbliterbouteillen zu ziehen. Dann die Van Cortlandts, die an den wilden Ufern des Croton wohnten und große Entenjäger waren, weil sie mit dem Langbogen geschickt umzugehen wußten. Nun die Van Bunschotens aus Nyack und Kakiat, die ersten, die mit dem linken Fuß austraten; sie waren tapfere Guerillakämpfer und machten beim Mondschein Jagd auf Waschbären. Dann die Van Winkles aus Harlem, gewaltige Eierausschlürfer und bekannt wegen ihrer Wetten bei Pferderennen und ihrer Schulden im Wirtshaus; sie waren die ersten, die mit beiden Augen zugleich zwinkerten. Zuletzt kamen die Knickerbockers aus der großen Stadt Schaghticoke, wo die Leute bei windigem Wetter Steine auf die Häuser legen, damit sie nicht weggeblasen werden. Sie leiten ihren Namen, wie einige sagen, von »knikken« – das heißt »schütteln« – und »beker« – das heißt »Becher« – her und deuten damit an, daß sie einst große Zechbrüder gewesen, aber diese Ableitung ist falsch; es heißt vielmehr »Büchernikker« oder »Leute, die beim Bücherlesen einschlafen«. Von ihnen stammt der Verfasser dieser Geschichte ab.

Dies war das Heer stämmiger Freiheitskämpfer, die durch das große Tor von New Amsterdam einzogen. Bereits vielfach erwähntes Manuskript nennt noch weit mehr Stämme, aber sie aufzuzählen ist mir angesichts der zu berichtenden Ereignisse von weittragender Bedeutung unmöglich. Die Freude und der Kriegerstolz des löwenherzigen Piet über die Scharen edler

Helden, die an ihm vorbeidefilierten, kannten keine Grenzen, und er beschloß, seiner ersehnten Rache an den schurkischen Schweden auf Fort Casimere unverweilt Genüge zu tun.

Ehe ich aber zu diesen glorreichen Taten eile, muß ich eine Pause machen und vom Schicksal des Jacobus Van Poffenburgh erzählen, des geschlagenen Oberkommandierenden der Armeen von New Netherland. So groß ist die eingewurzelte Gefühllosigkeit der menschlichen Natur, daß – kaum war die Nachricht von seiner traurigen Niederlage eingetroffen – auch schon tausend böse Gerüchte durch New Amsterdam eilten, die auf ein verräterisches Einverständnis mit dem schwedischen Kommandanten anspielten, mit dem er seit langem insgeheim Kontakt gepflegt haben sollte, und sogar von Bestechung durch Geld sprachen.

So viel ist gewiß, daß der General seine Unbescholtenheit mit den heftigsten Schwüren und Beteuerungen rechtfertigte und jedem, der daran zweifelte, die Ehre absprach. Nach New Amsterdam zurückgekehrt, paradierte er mit einer Schar lautmäuliger Gefolgsleute durch die Straßen, wackeren Zechkameraden, die er fütterte und mästete und die bereit waren, ihn vor allen Gerichten zu unterstützen, Helden seines Schlages, grimmbärtige, breitschultrige Aufschneider, von denen jeder aussah, als könnte er einen Ochsen mit Haut und Haaren verschlingen und sich mit den Hörnern in den Zähnen herumstochern. Diese Leibgardisten standen alle seine Händel durch, fochten alle seine Schlachten aus und sahen jeden, der die Nase über den General rümpfte, mit finsterem Blick an, als wollten sie ihn fressen. Ihre Rede war reichlich mit Flüchen gespickt, und jede Aufschneiderei wurde mit einer donnernden Verwünschung gekrönt wie ein patriotischer Toast mit einer Artilleriesalve.

Alle diese heldenhaften Ergüsse machten großen Eindruck auf gewisse kluge Leute, die nun nicht mehr an der Rechtschaffenheit des Generals zweifelten, zumal er sie immer bei seiner Soldatenehre versicherte. Ja, einige Ratsmitglieder gin-

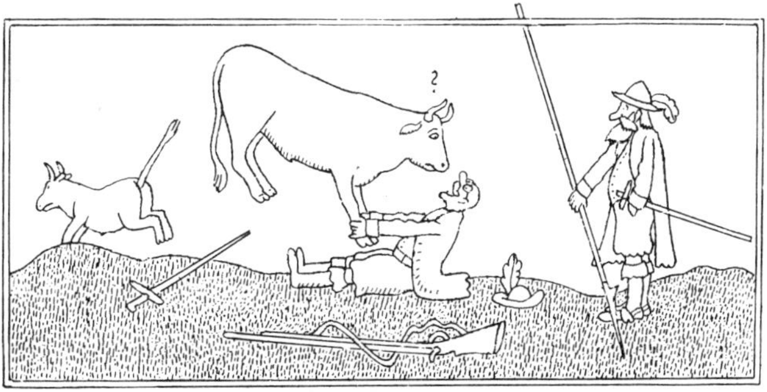

gen so weit, daß sie den Vorschlag machten, man sollte Van Poffenburgh durch eine unvergängliche Gipsstatue verewigen.

Aber so war der wachsame Peter Stuyvesant nicht hinters Licht zu führen. Er ließ den Oberkommandierenden aller Armeen privatim zu sich rufen und hörte sich seine Geschichten mit allen frommen Eiden, Beteuerungen und Ausrufen an. Dann aber sprach er: »Höre, Kamerad, nach deinen eigenen Reden bist du zwar der tapferste, edelste und würdigste Mann in der ganzen Provinz, aber du hast leider das Unglück, einen verteufelt schlechten Ruf zu genießen und unsäglich verachtet zu werden. Nun ist es zwar hart, einen Mann für sein Unglück zu bestrafen, und obwohl es auch sehr leicht möglich ist, daß du an den dir zur Last gelegten Verbrechen völlig unschuldig bist, so läßt doch der Himmel, gewiß in weiser Voraussicht, deine Unschuld nicht an den Tag kommen, und fern liege es mir, mich gegen seinen höchsten Willen aufzulehnen. Außerdem kann ich nicht zustimmen, meine Armeen einem Befehlshaber anzuvertrauen, den sie verachten, und das Wohl meines Volkes einem Helden zu überantworten, dem es mißtraut. Ziehe dich daher, mein Freund, zurück von den verdrießlichen Plagen und Sorgen des öffentlichen Lebens, mit dem tröstenden Gedanken, daß, wenn du schuldig bist, du nur den gerechten Lohn erhältst, und wenn du unschuldig bist, du nicht der erste große und brave Mann bist, der in dieser bösen Welt arg verleumdet und schlecht behandelt worden ist, ohne

Zweifel aber in einer besseren Welt dafür belohnt wird. Unterdessen aber komme mir nicht wieder vor die Augen, denn ich habe eine furchtbare Abneigung gegen die Gesichter unglücklicher großer Männer wie du.«

VIERTES KAPITEL

Wie Peter der Starrköpfige zur Ausfahrt rüstete, von den Bürgern Abschied nahm und zum Fort Casimere gelangte – Wie dort der Schwede Schamade schlug und ihm ehrenvoller Abzug gewährt wurde

Die Kriegerscharen auf dem Bowling Green brachen ihre Zelte ab, die Trompete des Anthony Van Corlear ließ den Himmel erdröhnen, die Trommeln wirbelten, die Fahnen von Manhattan und Hell Gate flatterten stolz in der Luft, und die Matrosen hißten die Segel eines Schoners und zweier Schaluppen, welche die Armee der Holländer hinwegtragen sollten, damit sie am Delaware unsterblichen Ruhm errang.

Die gesamte Bevölkerung der Hauptstadt, Männer, Frauen und Kinder, strömte herbei, um die Krieger zu sehen, als sie vor der Einschiffung durch die Straßen zogen. Manches Taschentuch wehte aus dem Fenster, manch schöne Nase wurde in kläglichen Tönen bei diesem traurigen Anlaß geschnaubt. Der Schmerz der schönen Damen und Fräuleins von Granada anläßlich der Verbannung des ritterlichen

Geschlechts der Abencerragen konnte nicht lauter sein als der Jammer der Schönen von New Amsterdam. Jedes verliebte Mädchen stopfte dem Angebeteten Pfefferkuchen und Pfannkuchen in die Taschen; manch kupferner Ring wurde ausgetauscht, manch krummes Sixpencestück zerbrochen als Pfand ewiger Liebe und Treue, und bis auf den heutigen Tag haben sich einige Liebesverse erhalten, verworren und unverständlich über die Maßen, so daß niemand etwas damit anzufangen weiß.

Rührend war es anzusehen, wie die drallen Mädchen den wackeren Anthony Van Corlear umringten, denn er war ein fideler, rotbackiger, munterer Junggeselle, immer zu Scherzen aufgelegt und obendrein ein mächtiger Schlingel bei den Weibern. Am liebsten hätten sie ihn dabehalten, damit er sie während der Abwesenheit der anderen Helden tröstete, denn er hatte ein gutes Herz und war für die gütige Aufmerksamkeit bekannt, die er untröstlichen Frauen widmete, wenn ihre Männer nicht zu Hause waren. Doch nichts konnte den tapferen Anthony davon abhalten, seinem guten alten Gouverneur zu folgen, den er wie sich selber liebte. Also umarmte er alle jungen Frauen, gab allen, die gesunde Zähne und blühende Lippen hatten, ein Dutzend derbe Küsse und zog, mit ihren Segenswünschen beladen, von dannen.

Auch der Abschied des Gouverneurs gab zu allgemeinem Jammer Anlaß. Er hatte zwar die Torheiten und den Eigensinn seiner Untertanen nicht mit Nachsicht behandelt, war aber durch seinen Heldenmut sehr populär geworden, ja die guten Leute von New Amsterdam hielten ihn für ein Wunder an Tapferkeit. Sein Holzbein wurde mit Ehrfurcht und Bewunderung betrachtet. Jeder alte Bürger hatte einen Sack voll Geschichten über Koppig Piet bereit und unterhielt damit an langen Winterabenden die Kinder. Man glaubte allgemein, er könne selbst Beelzebub die Hölle ordentlich heiß machen; die Leute erzählten sich sogar heimlich, er habe in einer finsteren, stürmischen Nacht den Teufel, als der in einem

Kanu durch Hell Gate fuhr, mit einer silbernen Kugel erschossen. Doch dies erwähne ich nicht als verbürgte Tatsache – der Teufel hole jeden, der den klaren Strom der Geschichte auch nur mit einem Tropfen trübt!

Der Gouverneur hielt vom Heck des Schoners seinen bekümmerten Bürgern eine kurze, wahrhaft väterliche Ansprache und empfahl ihnen Folgsamkeit und Verträglichkeit, den sonntäglichen Kirchgang und die Arbeit, den Weibern kurze Rede und lange Röcke, den Männern Gehorsam gegen die eingesetzten Beamten, Geldverdienen und Kinderzeugen zum Wohl des Landes, den Bürgermeistern gerechte Handhabung der bestehenden Gesetze ohne alle Neuerungen und lieber Verhütung als Bestrafung von Verbrechen. Endlich ermahnte er alle, ob reich oder arm, von hohem oder niederem Stand, sich so gut zu betragen, wie sie konnten, von welch goldenem Spruch er immer viel hielt. Und damit gab er ihnen seinen väterlichen Segen, Van Corlear blies die Trompete, die Schiffsbesatzungen brachen in Jubelrufe aus, die unbesiegbare Armada segelte stolz in die Bucht hinaus. Die guten Leute zogen in Scharen zur Battery, folgten dem tapferen Geschwader mit den Blicken, bis es hinter vorspringenden Landspitzen verschwand, und gingen schließlich schweigend und mit betrübten Gesichtern davon. Düstere Stimmung lag jetzt über der vorher noch so lebendigen Stadt. Die ehrlichen Bürger rauchten ihre Pfeifen in tiefem Hinbrüten und warfen manchen nachdenklichen Blick auf den Wetterhahn der St. Nikolaus-Kirche, alle alten Weiber aber, ihres Piet beraubt, der ihnen sonst Mut machte, holten die Kinder ins Haus und verrammelten jeden Abend bei Sonnenuntergang Türen und Fenster.

Mittlerweile segelte die Armada des mutigen Stuyvesant glücklich weiter, hatte mit Stürmen und Wasserhosen, Walen und anderen Ungeheuern und Schrecken zu tun, und nachdem alle die schreckliche Plage, genannt Seekrankheit, männlich überstanden hatten, kam das Geschwader wohlbehalten am

Delaware an. Ohne Anker zu werfen und die müden Schiffe nach langer Ozeanfahrt zu Atem kommen zu lassen, setzte der unerschrockene Gouverneur die Reise stromaufwärts fort und erschien plötzlich vor dem Fort Casimere. Die erstaunte Besatzung wurde durch einen ungeheueren Trompetenstoß Van Corlears herbeigerufen, und Peter forderte mit Donnerstimme die sofortige Kapitulation. Sven Scuts, der mumienartige Kommandant, erwiderte mit seiner schrillen, brüchigen Stimme, die wegen seines überaus dünnen Körpers klang, als streiche die Luft durch einen zerlöcherten Blasebalg, er habe zwar keine triftigen Gründe, sich zu weigern, aber er bedinge sich Zeit aus, um sich mit Gouverneur Risingh beraten zu können, und bitte deshalb um Waffenstillstand.

Der cholerische Peter, entrüstet über die verräterische Einnahme und hartnäckige Vorenthaltung seines Forts, verweigerte den erbetenen Waffenstillstand und schwur bei der Pfeife des St. Nikolaus, die wie das heilige Feuer nie erlosch, wenn das Fort sich nicht in zehn Minuten ergebe, werde er sogleich das Festungswerk stürmen, die Garnison Spießruten laufen lassen und ihren Schuft von Kommandanten spalten wie einen eingelegten Shad. Um der Drohung größeren Nachdruck zu verleihen, zog er sein treues Schwert, das im Sonnenschein geglänzt hätte, wenn es nicht so rostig gewesen wäre. Darauf befahl er seinen Männern, eine Breitseite, bestehend aus zwei Drehbassen, drei Musketen, einer langen Entenflinte und zwei Paar großen Sattelpistolen, auf das Fort zu richten.

Mittlerweile stellte der wackere Van Corlear die Truppen in Schlachtordnung auf und begann die militärischen Operationen. Genau wie Boreas blies er die Backen auf und schmetterte satanisch auf seiner Trompete, die munteren Chorsänger von Sing Sing erhoben einen abscheulichen Schlachtgesang, die Krieger von Brooklyn und von der Wallabout Bay bliesen herzhaft in ihre Muschelhörner, und das zusammen ergab ein Konzert, als zeigten fünftausend französische Orchester ihre Geschicklichkeit bei einer modernen Ouvertüre.

War es nun, daß die plötzlich aufmarschierte schreckenerregende Schlachtlinie die Garnison einschüchterte oder daß die Aufforderung, sich nach eigenem Ermessen zu ergeben, von Sven Scuts mißverstanden wurde, kurz: es war ihm unmöglich, einer so artigen Aufforderung zu widerstehen. Gerade noch zur rechten Zeit, als eben der Schiffsjunge einen Brand holen wollte, um die Drehbassen abzufeuern, wurde auf dem Wall von der einzigen Trommel der Garnison Schamade geschlagen, worüber beide Parteien nicht wenig erfreut waren, da sie, obgleich ganz aufs Kämpfen erpicht, lieber ihr Mittagsmahl in Ruhe verzehrten, als sich schwarze Augen und blutige Nasen zu holen.

So kehrte denn diese einnehmbare Festung wieder unter die Botmäßigkeit Ihrer Hoheiten zurück: Scuts und seine Garnison von zwanzig Mann durften mit kriegerischen Ehren ausmarschieren, und der ebenso großmütige wie tapfere Peter erlaubte ihnen, all ihre Waffen und Vorräte zu behalten – man fand sie nämlich bei genauer Betrachtung ganz untauglich, was sie schon zu Zeiten Van Poffenburghs gewesen waren. Van Corlear erhielt zum Lohn für seine bereits geleisteten Dienste einen Landbesitz in der Nähe von New Amsterdam, der bis auf den heutigen Tag Corlear's Hook heißt.

Stuyvesants beispiellose Großmut gegenüber den Schweden erregte Empörung in der Hauptstadt, besonders unter denen, die in den Tagen Wilhelms des Reizbaren aufgeklärt worden waren und jetzt, da der Gouverneur abwesend war, sogar auf den Straßen über ihn zu räsonieren wagten. Auch im Rat von New Amsterdam wurde gemurrt, und wer weiß, ob sie nicht Schmähreden gegen den Gouverneur gehalten hätten, wäre er nicht so klug gewesen, in aller Stille seinen Spazierstock nach Hause zu schicken und ihn als Zeichen seiner Macht auf den Tisch des Sitzungszimmers legen zu lassen. Die Herren Räte verstanden den Wink sehr wohl und hielten in Zukunft den Mund.

FÜNFTES KAPITEL

Wie Peter Stuyvesant, von unersättlicher Kriegslust erfüllt, das schwedische Fort Christina belagerte und das Murren seiner Völker mit einer soliden Mahlzeit beschwichtigte

Wie ein mächtiger Ratsherr, wenn bei einer feierlichen Amtsmahlzeit der erste Löffel Schildkrötensuppe seinen Gaumen labt und er mit zehnfach gereiztem Appetit seine kräftigen Angriffe auf die Terrine wiederholt, während seine gefräßigen Augen gierig umherrollen und alles auf der Tafel verschlingen – so empfand der kampflustige Peter Stuyvesant einen unerträglichen Hunger nach kriegerischen Taten, der ihm in den Eingeweiden raste und, von der schnellen Eroberung des Forts Casimere angestachelt, nur durch die Unterwerfung von ganz New Sweden gestillt werden konnte. Kaum hatte er sich also dieses Fort gesichert, als er entschlossen aufbrach, um vor dem Fort Christina (der jetzigen Stadt Christiana oder Christeen), an die vierzig Meilen von Philadelphia gelegen, neue Lorbeeren zu ernten. Es war dies der bedeutende schwedische Posten an einem kleinen Fluß desselben Namens, und hier lag der listige Jan Risingh grimmig verborgen wie eine graubärtige Spinne in der Zitadelle ihres Netzes.

Und nun, meine vortrefflichen Leser, haltet euch bereit für lädierte Schädel und blutige Nasen! Meine Feder hat es schon lange nach Kampf gelüstet, Belagerung auf Belagerung habe ich ohne Streiche oder Blutvergießen durchgeführt, aber nun habe ich endlich eine Gelegenheit, und ich gelobe es beim Himmel und bei St. Nikolaus, daß, mögen die zeitgenössischen Chroniken schreiben, was sie wollen, weder Sallust noch Livius, weder Tacitus noch Polybios noch irgendein anderer Historiker jemals eine heftigere Schlacht als die beschrieben haben, in die nun meine tapferen Befehlshaber verwickelt werden sollen.

Unmittelbar nach der Ankunft vor Fort Christina begann

Peter Stuyvesant sich zu verschanzen, und kaum war der erste Quergraben gezogen, schickte er Anthony Van Corlear aus, um die Festung zur Übergabe aufzufordern. Van Corlear wurde mit gebührender Höflichkeit empfangen, bekam am Tor die Augen verbunden und wurde durch einen scheußlichen Gestank von Dörrfisch und Zwiebeln zur Zitadelle geführt, einer geräumigen Blockhütte aus Tannenholz. Die Binde wurde ihm abgenommen, und er befand sich in der erlauchten Gegenwart des Gouverneurs Risingh. Dieser Befehlshaber war, wie schon bemerkt, von riesenhaftem Wuchs. Er hatte einen groben blauen Rock an, trug um den Leib einen Ledergürtel, der die mächtigen Rockschöße und Taschen recht kriegerisch abstehen ließ, und die massigen Beine staken in fuchsfarbenen Reiterstiefeln. So stand er mit gespreizten Beinen wie der Koloß von Rhodos vor einem Stück zerbrochenem Spiegelglas und schabte sich mit einem stumpfen Rasiermesser den Bart. Diese schmerzhafte Operation ließ ihn fürchterliche Grimassen schneiden, die sein grausiges Aussehen noch erhöhten. Als Anthony Van Corlear angekündigt wurde, hielt der grimmige Kommandant mit einer entstellenden Grimasse einen Augenblick inne, sah ihn über die Schulter hinweg mit bissigem Grinsen an und fuhr dann zu schaben fort.

Nachdem die stachlige Ernte eingebracht war, wandte er sich wieder dem Trompeter zu und fragte ihn nach dem Zweck seiner Botschaft. Anthony Van Corlear trug die ganze Geschichte der Provinz vor, wiederholte die Beschwerden und Forderungen und endete schließlich mit der gebieterischen Aufforderung zur unverzüglichen Übergabe des Forts. Darauf wandte er sich zur Seite, nahm die Nase zwischen Zeigefinger und Daumen und schnaubte ganz fürchterlich, und das klang einem trotzigen Trompetenstoß nicht unähnlich. Gouverneur Risingh hörte ihn von Anfang bis zum Signalstoß der Nase, die von der langen und engen Nachbarschaft mit diesem Instrument etwas profitiert hatte, zwar an, jedoch mit großer Ungeduld, wobei er sich gelegentlich auf sein Schwert stützte und mit einer ungeheueren stählernen Uhrkette spielte oder mit den Fingern schnippte. Als Van Corlear zu Ende war, sagte er ganz barsch, Peter Stuyvesant und seine Aufforderung sollten sich zum Teufel scheren, wohin er ihn und seine Lumpenkerle noch vor dem Abendbrot expedieren wolle. Dann zog er das Schwert, warf die Scheide weg und rief: »Bei Gott, ich will dich nicht wieder in die Scheide stecken, bis ich aus der geräucherten Lederhaut dieses verräterischen Holländers eine neue gemacht habe.« Nachdem er dem Feind in der Person seines Botschafters noch eine trotzige Herausforderung ins Gesicht geworfen hatte, ließ er ihn zum Tor zurückführen mit allen Zeremonien und Artigkeiten, die einem Trompeter, Gefolgsmann und Gesandten eines so bedeutenden Machthabers gebühren, und nachdem sie ihm die Binde von den Augen gelöst hatten, entließen sie ihn mit einem Nasenstüber, damit er seine Botschaft nicht vergaß.

Kaum erhielt Koppig Piet die unverschämte Antwort, als er

eine ganze Salve gepfefferter Schimpfwörter vom Stapel ließ, die gewiß die Befestigungen zerstört und dem hitzigen Schweden das Pulvermagazin um die Ohren gesprengt hätten, wären nicht die Anlagen erstaunlich widerstandsfähig und das Pulvermagazin bombenfest gewesen. Als er sah, daß die Festung der starken Salve widerstand und es völlig unmöglich war (was in jener unphilosophischen Zeit tatsächlich zutraf), einen Krieg mit Worten zu führen, befahl er seinen fröhlichen Männern, sich augenblicklich zum Angriff zu rüsten. Aber da erhob sich ein seltsames Gemurmel unter den Truppen; es begann beim Stamm der Van Bummels, diesen tapferen Tafelhelden aus Bronx, und breitete sich von Mann zu Mann aus, begleitet von gewissen rebellischen Blicken und unzufriedenem Gebrumm. Zum ersten und einzigen Mal in seinem Leben geschah es, daß Peter bleich wurde, denn er glaubte wahrlich schon, sein Heer werde in dieser Stunde der Bewährung schwanken und damit den Ruf der Provinz New Netherland für immer beflecken.

Aber bald entdeckte er zu seiner nicht geringen Freude, daß er in seinem Argwohn diesem unerschrockenen Heer gewaltig unrecht getan hatte; denn der Grund für das Mißbehagen und Brummen war einfach, daß es gerade Mittagszeit war und daß es den regelmäßig lebenden holländischen Kriegern das Herz gebrochen hätte, wären sie von ihren festen Gewohnheiten abgewichen. Auch war es eine feste Vorschrift bei unseren Vorfahren, nur mit vollem Magen zu kämpfen, und dieser Regel mag wohl der Umstand zuzuschreiben sein, daß sie solch großen Ruhm auf dem Schlachtfeld errangen.

Und nun sind die tüchtigen Helden von Manhattan und ihre nicht geringeren Kriegskameraden eifrig unter den Bäumen beschäftigt, sie ringen mit dem Inhalt ihrer Felleisen und umhalsen so zärtlich ihre Feldflaschen und Krüge, als ob sie auf ewig von ihnen Abschied nehmen müßten. Da ich im voraus weiß, daß es ein oder zwei Seiten weiter heiß zugehen wird, so rate ich meinen Lesern, sich ebenfalls zu stärken, weshalb ich dieses Kapitel nun zum Abschluß bringen will mit dem Versprechen, daß die ehrlichen Holländer während des Waffenstillstands keinen Überfall und keine andere Belästigung bei ihrer kräftigen Mahlzeit zu befürchten haben werden.

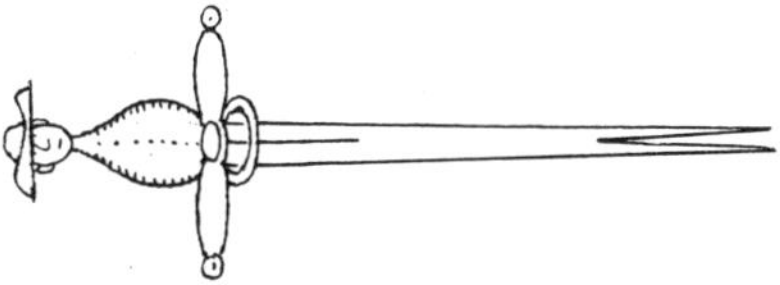

SECHSTES KAPITEL

Worin die grausamste Schlacht beschrieben wird, die je in Poesie oder Prosa überliefert wurde, nebst einer Darstellung der wunderbaren Taten Peters des Starrköpfigen

»Nun hatten«, so heißt es im Stuyvesantschen Manuskript, »die Holländer eine ungeheure Mahlzeit verschlungen«, wunderbar gestärkt und ermutigt rüsteten sie sich zum Angriff. »Die Erwartung«, schreibt das Manuskript weiter, »stand jetzt auf Stelzen.« Die Erde vergaß sich zu drehen oder vielmehr: sie stand still, um bei der Rauferei zuzusehen wie ein fetter, bäuchiger Ratsherr, der den Kampf zwischen zwei Fliegen auf seinem Wams beobachtet. Die Augen der ganzen Welt waren, wie in solchen Fällen üblich, auf Fort Christina gerichtet. Die Sonne lief wie ein Männchen im Gedränge vor einem Puppenspiel am Himmel hin und her, steckte den Kopf bald hier, bald da durch, um einen Blick über die Schultern der unhöflichen Wolken zu tun, die ihr im Weg waren. Die Geschichtsschreiber füllten ihre Tintenfässer, die Poeten aßen nichts, entweder um sich Papier und Gänsekiele kaufen zu können oder weil sie nichts zu essen kriegen konnten, das Altertum schielte mißgünstig aus seinem Grab, weil es übertroffen wurde, und selbst die Nachwelt stand stumm und blickte voller Erstaunen auf das Feld so großer Ereignisse zurück.

Die unsterblichen Gottheiten, die seinerzeit in der Affäre von Troja ihre Kriegserfahrungen sammelten, bestiegen nun ihre Federbettwolken und segelten über die Ebene oder mischten sich in verschiedenen Verkleidungen unter die Kämpfenden, alle darauf erpicht, die Hand im Spiel zu haben. Jupiter schickte seinen Donnerkeil einem bekannten Kupferschmied zur Reparatur. Venus schwor bei ihrer Keuschheit, sie wolle die Schweden beschützen, und stolzierte in Gestalt einer triefäugigen Dirne auf den Wällen von Fort Christina umher, begleitet von Diana, die eine Sergeantenwitwe mit lädiertem Ruf darstellte. Mars, der bekannte Leuteschinder, steckte sich zwei Reiterpistolen in den Gürtel, schulterte eine verrostete Muskete und wankte als besoffener Korporal an ihrer Seite, während Apoll ihnen als krummbeiniger Querpfeifer folgte und verteufelt falsch aufspielte. Auf der gegnerischen Seite war die kuhäugige Juno zu sehen, die über Nacht wegen einer Gardinenpredigt von ihrem alten Gemahl zwei blaue Augen erwischt hatte; sie entfaltete ihre hehre Schönheit auf einem Troßwagen. Minerva, als vierschrötige, geneverzapfende Marketenderin gekleidet, schürzte ihre Röcke, schwang die Fäuste und krakeelte tapfer in schlechtem Holländisch (einer Sprache, die sie erst kürzlich erlernt hatte), um den Soldaten Mut zu machen, während Vulkan als klumpfüßiger Hufschmied, der kürzlich zum Hauptmann der Miliz avanciert war, umherhumpelte. Rings herrschte stummes Entsetzen oder geschäftige Vorbereitung, der Krieg zeigte sein abscheuliches Antlitz, knirschte laut mit den eisernen Zähnen und schüttelte seinen entsetzlichen Helmschmuck von strotzenden Bajonetten.

Und nun stellten die mächtigen Befehlshaber ihre Heere auf. Hier stand der derbe Risingh, unerschütterlich wie tausend Felsen, umstarrt von Palisaden und bis zum Kinn hinter

Erdwällen verschanzt. Seine tapfere Garnison reihte sich in drohender Aufstellung hinter der Brustwehr, jeder mit trotzig gewichstem Schnurrbart, das Haar zurückpomadisiert und zu solch straffem Zopf geflochten, daß sie über die Wälle grinsten wie grausige Totenköpfe.

Da kam der unerschrockene Peter mit gerunzelter Stirn, knirschenden Zähnen, geballten Fäusten, und fast stieß er Rauchschwaden aus, so gewaltig war das Feuer, das ihm in der Brust tobte. Sein treuer Gefolgsmann Van Corlear trabte ihm auf den Fersen, die berühmte Trompete prächtig mit roten und gelben Bändern – den Andenken seiner Geliebten auf Manhattan – geschmückt. Dann kamen die standhaften Ritter des Hudson angewatschelt. Hier die Van Wycks, die Van Dycks und die Ten Eycks, dort die Van Nesses, die Van Tassels, die Van Grolls, die Van Hoesens, die Van Giesons und die Van Blarcoms, die Van Warts, die Van Winkles, die Van Dams, die Van Pelts, die Van Rippers und die Van Brunts. Es kamen die Van Hornes, die Van Hooks, die Van Bunschotens; die Van Gelders, die Van Arsdales und die Van Bummels; die Van der Belts, die Van der Hoofs, die Van der Voorts, die Van der Lyns, die Van der Pools und die Van der Spiegels, ihnen folgten die Hoffmans, die Hooghlands, die Hoppers, die Cloppers, die Ryckmans, die Dyckmans, die Hogebooms, die Rosebooms, die Oothouts, die Quackenbosses, die Roerbacks, die Garrebrantzs, die Bensons, die Brouwers, die Waldrons, die Onderdonks, die Varra Vangers, die Schermerhorns, die Stoutenburghs, die Brinkerhoffs, die Bontecous, die Knickerbockers und die Hockstrassers mit einer großen Schar anderer Edler, deren Namen zu schwer verständlich sind, als daß man sie aufzählen könnte, und die, wenn man sie schreiben könnte, nicht auszusprechen sind – sie alle zogen von einer guten Mahlzeit gestärkt und, wie jener große holländische Poet singt, »Bis zum Rand gefüllt mit Zorn und Kraut« vorbei.

Der gewaltige Peter hielt kurz inne, stieg auf einen Baumstumpf und schwang eine Rede in elegantem Holländisch. Er munterte die Truppen auf, wie »duivels« zu kämpfen, und versprach ihnen im Falle des Sieges fette Beute. Sollten sie jedoch den Tod fürs Vaterland sterben, dann würden ihre Namen in den Ruhmestempel eingemeißelt und mit den Namen anderer berühmter Männer des Jahres auf die Nachwelt gebracht. Endlich gab er ihnen sein feierliches Ehrenwort als Gouverneur (und sie wußten sehr wohl, daß er es ernst meinte), daß, wenn er einer Mutter Sohn unter ihnen blaß werden oder sich memmenhaft gebärden sähe, er ihm das Fell gerben wolle, bis er aus der Haut fahre wie eine Schlange im Frühjahr. Dann zog er sein treues Schwert, schwang es dreimal über seinem Haupt, ließ Van Corlear ein dröhnendes Signal zum Sturmangriff geben und rannte mit dem Ruf »St. Nikolaus und die Manhattoes!« tapfer voran. Seine Kampfgefährten, die die Pause dazu benutzt hatten, ihre Pfeifen anzuzünden, steckten sie sogleich in den Mund, pafften wild drauflos und griffen mutig unter dem Schutz des Rauchs an.

Die schwedische Garnison, die von Risingh angehalten war, erst zu feuern, wenn das Weiße im Auge der Feinde zu sehen war, stand in schrecklichem Schweigen auf dem bedeckten Gang, bis die hitzigen Holländer das Glacis überwunden hatten. Dann gaben sie ihnen eine solche Ladung, daß rings alle Anhöhen bebten und so stark erschüttert wurden, daß sie das Wasser nicht mehr halten konnten und ihnen mehrere Quellen aus den Seiten sprangen, die noch bis auf den heutigen Tag fließen. Alle Holländer hätten jetzt ins Gras beißen müssen, wenn nicht die schützende Minerva dafür gesorgt hätte, daß die Schweden wie gewöhnlich allesamt beim Feuern die Augen zudrückten und die Köpfe abwandten.

Die Schweden setzten nach ihrer Salve über die Konterescarpe und stürzten sich mit fürchterlichem Geschrei verbissen auf den Feind. Und da sah man Wunder an Tapferkeit, dergleichen weder Geschichte noch Poesie aus alter und neuer

Zeit aufzuweisen haben. Da stand der trotzige Stoffel Brinkerhoff, schwang seine starken Knüttel wie der furchtbare Riese Blanderon seinen Eichenbaum (denn er verachtete jede andre Waffe) und spielte damit gar donnernde Melodien auf den Köpfen ganzer Schwedenscharen. Da waren die listigen Van Cortlandts zu sehen, in der Entfernung postiert wie die alten lokrischen Bogenschützen, denen sie nicht nachstanden. Dort waren auf einer Bodenerhebung die tapferen Männer von Sing Sing vereint, die den Kampf bedeutend beflügelten, indem sie das große Lied vom St. Nikolaus anstimmten. Die Gardeniers vom Hudson aber waren nicht auf dem Schlachtfeld dabei, denn sie waren als Marodeure ausgeschickt und mußten die Wassermelonenfelder in der Nähe verwüsten. An anderer Stelle des Feldes sah man die Van Grolls von Anthony's Nose, doch sie waren wegen der Länge ihrer Nasen in einem Hohlweg zwischen zwei kleinen Hügeln in ziemlicher Bedrängnis. Dann waren dort die Van Bunschotens von Nyack und Kakiat, berühmt, weil sie mit dem linken Fuß austraten, aber diese Fertigkeit half ihnen jetzt wenig, weil sie wegen des reichlichen Mahls etwas kurzatmig waren, und sie wären unwiederbringlich verloren gewesen, wären sie nicht von einer tapferen Voltigeurtruppe der Hoppers verstärkt worden, die, zu ihrem Beistand geschickt, auf einem Fuß daherhopsten. Auch darf ich nicht vergessen, die unvergleichlichen Heldentaten Anthony Van Corlears zu erwähnen, der sich eine gute Viertelstunde mit einem kleinen, beleibten schwedischen Tambour heftig herumprügelte und ihm gehörig das Fell gerbte; wäre er mit anderen Waffen außer seiner Trompete in die Schlacht gekommen, hätte er ihm ohne Zweifel ein frühzeitiges Ende bereitet.

Nun aber wurde die Schlacht immer heftiger. Da rückte der mächtige Jacobus Varra Vanger mit seinen Kriegern von der Wallabout Bay an, hinter ihnen donnerten die Van Pelts von Esopus, die Van Rippers und die Van Brunts heran und warfen alles vor sich nieder; dann die Suy Dams und die Van

Dams, die mit manch kräftigem Fluch vorwärtsdrängten; sie führten die Krieger von Hell Gate in ihren dunkelgrauen Tuchkitteln an, und endlich erschienen die Leibgarde und die Fahnenträger Peter Stuyvesants mit dem großen Biber von Manhattan.

Und nun begann das furchtbare Getöse, der verzweifelte Kampf, die wahnsinnige Grausamkeit, die tolle Verzweiflung, die Verwirrung und Aufopferung des Krieges: Holländer und Schweden gerieten durcheinander, zerrten, keuchten und schnauften. Der Himmel verfinsterte sich vom Hagel der Schimpfworte. Päng! gingen die Kanonen los. Ratsch! hieben die Pallasche ein. Krach! schlugen die Prügel drein. Piff, paff! machten die Flinten. Schläge, Tritte, Knüffe, Kratzer, blaue Augen und blutige Nasen verstärkten immer mehr das schreckliche Schauspiel. Klitsch, klatsch, ritsch, ratsch, holterdipolter, drunter und drüber, kunterbunt, Hals über Kopf, Wurst wider Wurst! »Donner und Hagel!« fluchten die Holländer. »Potz und Plotz!« schrien die Schweden. »Lauft Sturm!« brüllte Koppig Piet. »Feuer an die Minen!« donnerte der dicke Risingh. »Täterätä!« schmetterte Van Corlears Trompete. Alle Stimmen und Laute tönten verworren durcheinander, Schmerzenslaute, Wutgeschrei und Siegesjubel mischten sich zu einem satanischen Krawall. Die Erde bebte, als hätte sie einen Schlaganfall erlitten. Bäume schauderten und verdorrten angesichts des Kampfes, Felsen verkrochen sich in der Erde wie Kaninchen, und selbst der Christina Creek änderte die Richtung und floh in atemlosem Entsetzen auf einen Berg.

Lange schwankte das Kriegsglück über den Streitern. Ein mächtiger Platzregen, vom wolkenversammelnden Zeus gesandt, kühlte ihre Hitze etwas ab, wie ein Kübel Wasser, den man über eine Meute bissiger Bulldoggen gießt, doch wirkte dies nur für einen Augenblick, und mit zehnfacher Wut warfen sie sich wieder in die Schlacht und schlugen einander blau und grün. Gerade da tauchte eine lange und dicke

Rauchwolke auf und trieb langsam auf das Schlachtfeld zu, so daß die Kämpfenden vorübergehend in stummem Erstaunen innehielten. Plötzlich zerfetzte ein Windstoß die dicke Wolke, und aus ihrer Mitte tauchte das kühn wehende Banner des unsterblichen Michael Paw hervor. Dieser edle Heerführer marschierte ohne Furcht mit einer geschlossenen Reihe austerngefüllter Pavonier heran, die zurückgeblieben waren, teils als Reservekorps, teils um die große Mahlzeit zu verdauen, die sie gehalten hatten. Diese kühnen Gefolgsleute rauchten heftig ihre Pfeifen, woher erwähnte Wolke rührte, marschierten jedoch bei allem Mut ausnehmend langsam, denn sie waren kurzbeinig und in der Gürtelgegend von ziemlicher Rundung.

Doch nun, da die Schutzgötter des Heeres von New Amsterdam unbesonnen das Feld verlassen und eine benachbarte Kneipe aufgesucht hatten, sich mit einem Krug Bier zu laben, da hätte den Niederländern beinahe eine schreckliche Katastrophe bevorgestanden. Kaum waren die Myrmidonen des gewaltigen Paw zur vorderen Schlachtreihe vorgerückt, als die Schweden von dem pfiffigen Risingh einen Wink erhielten und eine Tracht Hiebe auf die Tabakspfeifen regnen ließen. Betroffen über den unerwarteten Angriff und durch die zerbrochenen Pfeifen aus der Fassung gebracht, gerieten die Holländer in völlige Verwirrung – schon fliehen sie, sie bringen wie eine aufgescheuchte Elefantenherde die eigenen Reihen in Verwirrung, rennen eine ganze Schar von kleinen Hoppers um, und das heilige Banner, auf dem die riesige Auster von Communipaw prangt, wird in den Kot getreten. Die Schweden sammelten von neuem Mut, drängten nach, traktierten die Fliehenden mit kräftigen Fußtritten in die Hinterteile, was ihre Schritte auf erstaunliche Weise beflügelte, und selbst der berühmte Paw verspürte ganz schmerzhafte und unehrenhafte Berührungen von schwedischem Sohlenleder.

Aber, o Muse, wer malet den Zorn des mutigen Heerführers der Holländer, als er von weitem seine Armee weichen sah! Mit Donnerstimme brüllte er seinen treulosen Kriegern nach. Die Männer von Manhattan faßten wieder Mut, als sie ihren Feldherrn rufen hörten – oder vielmehr fürchteten sie seine nachdrückliche Ungnade, die sie mehr scheuten als alle Schweden der ganzen Christenheit –, aber der kühne Peter wartete nicht auf ihre Hilfe, sondern stürzte sich, das Schwert in der Faust, in das dichteste Gewühl der Feinde. Er verrichtete so unglaubliche Taten, wie sie seit den wunderbaren Tagen der Riesen nicht geschahen. Wo er sich hinwandte, da wich der Feind zitternd zurück. Mit heftigem Ungestüm stieß er vorwärts und trieb die Schweden wie Hunde in ihre eigenen Gräben, aber als er sich so tollkühn nach vorn stürzte, umzingelten sie ihn und bedrängten ihn von der Seite. Ein heimtückischer Schwede näherte sich ihm und stieß sein schnödes Schwert gerade auf das Heldenherz. Doch die schützende Macht, die über dem Leben aller großen und braven Männer wacht, lenkte die tödliche Klinge auf eine Seitentasche, wo eine ungeheure Tabaksdose aus Blech steckte, die wie der Schild des Achilles mit übernatürlicher Kraft begabt war – ohne Zweifel, weil sie mit einem Bildnis des gepriesenen St. Nikolaus fromm verziert war. So ward also der furchtbare Stoß abgewendet, indes dem großen Helden ein donnernder Wind entfuhr.

Wie ein wütender Bär, den die Hunde verletzt haben, sich wild umdreht, die Zähne fletscht und auf den Feind losspringt, so warf sich unser Held auf den hinterhältigen Schweden. Der elende Schurke suchte in der Flucht sein Heil, aber der hurtige Peter erwischte ihn bei seinem riesigen Zopf. »Ha, du raupenzopfiger Schuft!« brüllte er. »Hier hab ich was, das macht Hundefutter aus dir!« Mit diesen Worten tat er mit seinem treuen Schwert einen Hieb, der den Schweden enthauptet hätte, wenn die mitleidige Klinge genau getroffen hätte, so aber trennte er ihm nur den Zopf vom Kopf. In diesem Augenblick richtete ein auf der Höhe eines Walls postierter

Arkebusier seine tödliche Waffe auf den tapferen Stuyvesant und hätte ihn ohne Zweifel als wehklagenden Geist zu den stygischen Gestaden hinabgesandt, hätte nicht die wachsame Minerva, die sich soeben bückte, um ihr Strumpfband festzumachen, ihren Liebling aus der plötzlichen Gefahr errettet, indem sie Boreas mit seinen Blasebälgen gerade noch im rechten Augenblick sandte, als die Lunte an die Pfanne gelegt wurde und er mit einem geschickten Hauch den ganzen Zündsatz vom Zündloch blies.

So wogte die schreckliche Feldschlacht, und der vierschrötige Risingh, der das Ganze von der Höhe einer kleinen Vorschanze überblickte, sah seine Mannen von dem unbesieglichen Peter bedrängt, geschlagen und besiegt. Die Sprache vermag nicht den Zorn auszudrücken, der ihn bei diesem Anblick ergriff. Er hielt nur einen Augenblick inne, um eine Last von fünftausend Flüchen abzuschütteln, dann zog er sein Krummschwert und stürzte sich in das Getümmel mit so donnernden Tritten wie Zeus in Hesiods Darstellung, als er vom Himmel herabstieg, um den Titanen seine Donnerkeile an die Köpfe zu werfen.

Kaum standen sich die feindlichen Heerführer von Angesicht zu Angesicht gegenüber, fuhren beide ruckartig zurück, wie es routinierte Helden auf der Bühne zu tun pflegen. Dann starrten sie sich einen Augenblick mit saurer Miene an wie zwei wütende Kater, die im Begriff sind, sich gegenseitig zu zerkratzen. Dann stellten sie sich erst in eine, dann in eine andere Positur, schlugen mit den Schwertern auf den Boden, erst rechts, dann links, und fielen dann mit unbeschreiblicher Wildheit übereinander her. Worte vermögen nicht die Wunder an Stärke und Mut bei diesem entsetzlichen Zweikampf zu beschreiben, mit dem verglichen die Auseinandersetzung zwischen Ajax und Hektor, Äneas und Turnus, zwischen Orlando und Rodomont, zwischen Guy of Warwick und Colbrand dem Dänen, zwischen dem berühmten walisischen Ritter Sir Owen von den Bergen und dem Riesen Guylon pure Kindereien und

Sonntagsspäße waren. Endlich nahm Peter seine Gelegenheit wahr, holte aus und wollte den Schädel seines Gegners bis zum Kreuz spalten, aber Risingh hob geschickt das Schwert und parierte, allerdings so knapp, daß der Hieb ihn an der Seite streifte und eine riesige Feldflasche abtrennte, die er stets angeschnallt trug, und dann eine tiefe Rocktasche abschnitt, die mit Käse und Brot reichlich versehen war. Diese Leckerbissen rollten zwischen die Kämpfenden und verursachten ein furchtbares Handgemenge unter ihnen, so daß die Schlacht mit zehnfacher Heftigkeit weitertobte.

Wütend, seine Kriegsvorräte so schmählich zerstört zu sehen, sammelte der vierschrötige Risingh alle Kräfte und schlug dem Helden eins aufs Haupt. Vergebens widersetzte sich der kleine Dreispitz, der Stahl biß sich durch den dicken, filzigen Stoff und hätte Peter ohne Zweifel den Hirnkasten gespalten, wäre sein Schädel nicht von solch diamantener Härte gewesen, daß das schwache Schwert in Stücke brach und tausend Funken sprühte, die sein Gesicht wie Strahlen des Ruhms umgaben.

Von dem Schlag betäubt, taumelte Peter Stuyvesant, verdrehte die Augen und sah fünfzigtausend Sonnen zwischen Monden und Sternen am Firmament tanzen. Endlich verlor er wegen seines Holzbeins das Gleichgewicht und plumpste so heftig auf seinen Allerwertesten, daß die Höhen ringsum erzitterten, und gewiß hätte er seinem ganzen anatomischen System Schaden angetan, hätte ihn nicht ein Kissen, weicher als Samt, gastlich aufgenommen, welches die Vorsehung oder Minerva oder St. Nikolaus oder eine freundliche Kuh wohlwollend zu seinem Empfang dahin gelegt hatte.

Der wütende Risingh hielt gar nichts von jenem Grundsatz echter Ritterlichkeit, nach dem ehrliches Spiel ein Juwel ist, sondern beeilte sich, den Fall des Helden zu seinem Vorteil auszunützen, doch als er sich anschickte, ihm den Todesstreich zu versetzen, gab ihm der stets wachsame Peter mit dem Holzbein einen kräftigen Schlag auf den Nüschel, daß ihm die

Ohren klangen wie von ein paar Dutzend Glockenspielen. Der verdutzte Schwede taumelte, und im selben Augenblick erwischte der behende Peter eine sogenannte Taschenpistole, die in der Nähe lag (sie war seinem getreuen Trompeter Van Corlear während der Keilerei mit dem Trommler aus dem Schnappsack gefallen), und feuerte sie dem taumelnden Risingh auf den Kopf. Der Leser irre sich nicht, es war keine mörderische Waffe, mit Pulver und Blei geladen, sondern ein steinernes Krüglein, bis zur Schnauze mit Doppeltem von echt holländischer Qualität gefüllt, das der kluge Van Corlear immer bei sich führte, um seine Tapferkeit aufzufrischen. Das schmähliche Geschoß fuhr durch die Luft und landete wohlgezielt und knallhart wie jenes riesige, von dem bulligen Ajax auf Hektor geschleuderte Felsenstück auf dem Schädel des gigantischen Schweden.

Dieser vom Himmel gelenkte Schlag entschied den Ausgang der bewegten Schlacht. General Risingh sank der massige Schädel auf die Brust, die Knie wurden ihm weich, eine Todesstarre ergriff von ihm Besitz, und er stürzte mit solcher Heftigkeit zu Boden, daß der gute alte Pluto sehr erschrak, weil er glaubte, er falle ihm durch das Dach in seinen unterirdischen Palast.

Sein Sturz war das Signal für Niederlage und Sieg. Die Schweden wichen zurück, die Holländer drängten nach; erste flohen Hals über Kopf, letzte waren rasch hinterdrein. Einige rannten mit ihnen zusammen ins Ausfallstor hinein, andere stürmten das Bollwerk, und wieder andere kletterten über die Kurtine.

So wurde in kurzer Frist das uneinnehmbare Fort Christina, das wie ein zweites Troja einer Belagerung zehn volle Stunden standgehalten hatte, im Sturm genommen, ohne daß auf beiden Seiten nur ein Mann zu beklagen war. Die Siegesgöttin saß in Gestalt einer riesigen Bremse auf dem Dreispitz des tapferen Stuyvesant, und alle Schriftsteller, die er kaufte, die Geschichte dieses Feldzuges zu beschreiben, versicherten, er habe an diesem denkwürdigen Tag so viel Ruhm erlangt, daß ein Dutzend der größten Helden der Christenheit damit hätten unsterblich werden können.

SIEBENTES KATPITEL

Verfasser und Leser ruhen nach der Schlacht aus und überlassen sich ernsthaften Betrachtungen – Wonach erzählt wird, wie Peter Stuyvesant seinen großen Sieg aufgenommen hat

Dem heiligen Nikolaus sei Dank! Wir haben die schreckliche Schlacht glücklich beendet, deshalb wollen wir uns hinsetzen, lieber Leser, und uns abkühlen, denn ich bin ganz in Schweiß gebadet und erregt. Wahrlich, solche kriegerischen Auseinandersetzungen sind keine Kleinigkeit, und wenn die großen Helden bloß wüßten, welche Mühe sie ihren Geschichtsschreibern machen, sie hätten nicht die Stirn, so viele fürchterliche Siege zu erringen. Aber mir scheint, ich höre meinen Leser klagen, daß in der ganzen großmächtigen Schlacht kein einziger erschlagen, nicht einmal einer zum Krüppel gemacht wurde, den unglücklichen Schweden ausgenommen, dem die scharfe Klinge Peter Stuyvesants den Zopf abtrennte, was alles doch gegen jede Wahrscheinlichkeit verstößt. Daran ist zweifellos die übergroße Bescheidenheit unserer Vorfahren schuld, die genau wie ihre Nachkommen nie dazu neigten, sich ihrer Taten zu rühmen. Doch diese Tugend bringt ihren

Historiker in eine äußerst peinliche Lage; denn nachdem ich meinen Lesern erst eine furchtbare und einmalige Schlacht versprochen und sie umsonst in einen kriegerischen und blutdürstigen Zustand gebracht habe, war es für sie eine ebenso große Enttäuschung, wie wenn man eine Menge braver Bürger zu einer Hinrichtung einlädt und sie durch eine Begnadigung grausam ernüchtert. Da ich über kein einziges Menschenleben verfügen durfte, mußte ich mir eben mit Tritten und Knüffen, mit Beulen und ähnlichen unwürdigen Wunden helfen, so gut ich konnte, und dabei sah ich mich in gewisser Weise in der gleichen Verlegenheit wie der göttliche Milton, der bei den Schlachten der Unsterblichen seine liebe Not hatte, das Ende mit dem Anfang in Einklang zu bringen, weil er ja seinen Geistern nicht einmal eine körperliche Wunde beibringen konnte.

Es hat mich nicht wenig Mühe gekostet, meine Helden mitten in der besten Arbeit davon abzuhalten, ihre Gegner bis zum Gürtel zu spalten oder ein halbes Dutzend wie Lerchen auf die Klinge zu spießen. Wenn Homer so manchen armen Teufel auf dem Gewissen hat, der nur, damit der Vers voll und wohltönend werde, ins Gras beißen mußte, so lehne ich meinerseits solch gewissenlose Verfahrensweise ab, denn die von mir benutzten Quellen gaben mir nicht die Berechtigung dazu, und ich wollte mein Gewissen nicht mit dem Tod auch nur eines Soldaten belasten.

Je mehr ich darüber nachdenke, um so mehr bin ich erstaunt über die Bedeutung des Geschichtsschreibers. Er ist der oberste Zensor, der über Ruhm oder Schmach seiner Mitmenschen entscheidet. Sogar der Tropfen Tinte, der an der Spitze seiner Feder zittert und den er entweder auf den Boden spritzen oder für Krakeleien benutzen kann – selbst dieser Tropfen kann im Handumdrehen zehn Menschen unsterblich machen. Nicht Anmaßung sehe der Leser in diesen Worten, ganz im Gegenteil; denn mir schaudert, sooft ich an die schwere Verantwortung denke, die wir Historiker auf uns nehmen. Was eigentlich ist das große Ziel der Krieger und Könige, kurz: aller berühmten Männer dieser Welt, die dafür Mühsal, Entbehrungen und manch Ungemach auf sich nehmen? Nichts weiter als unsterblicher Ruhm! Und was ist unsterblicher Ruhm? Nun, ein halbes Blatt beschmierten Papiers! Ach, was für ein erniedrigender Gedanke, daß der Ruhm eines so großen Mannes wie Peter Stuyvesant von der Feder eines so kleinen Mannes wie Diedrich Knickerbocker abhängen sollte.

Und nun, nachdem wir uns von den Strapazen und Gefahren des Schlachtfeldes erholt haben, wollen wir noch einmal auf den Schauplatz der Auseinandersetzung zurückeilen und die Folgen des glorreichen Sieges untersuchen. Da das Fort Christina die Hauptstadt der Kolonie New Sweden und gewissermaßen der Schlüssel zu derselben war, so folgte seiner Einnahme schnell die Unterwerfung der ganzen Provinz. Nicht wenig trug dazu das großzügige und milde Benehmen des tapferen Peter bei. Schrecklich in der Schlacht, war er nach dem Sieg edel, gnädig und menschlich gesinnt. Er triumphierte nicht über seine Feinde, noch verbitterte er die Niederlage durch feigen Hohn, denn wie jenes Vorbild echter Rittertugend, der berühmte Paladin Orlando, war er mehr darauf aus, große Taten zu vollbringen, als nachher davon zu reden. Er verurteilte niemanden zum Tod, ließ keine Häuser niederbrennen, verbot jegliche Verwüstungen am Eigentum der Besiegten und gab sogar einem seiner tapfersten Offiziere einen nachdrücklichen Verweis mit dem Spazierstock, als man ihn beim Plündern eines Hühnerstalls ertappte.

Er erließ eine öffentliche Bekanntmachung und forderte die Einwohner auf, sich der Gewalt Ihrer Hoheiten zu unterwerfen, und verkündete mit beispielloser Milde, wer sich dem Gehorsam entziehe, werde auf Kosten des Steuerzahlers in einem eigens dafür vorgesehenen Schloß untergebracht und habe bewaffnete Diener zu seiner Verfügung. Aufgrund dieser großzügigen Bedingungen leisteten dreißig Schweden den Treueeid und durften dafür an den Ufern des Delaware wohnen bleiben, wo ihre Nachkommen noch bis auf den heutigen Tag leben.

Die ganze Provinz New Sweden wurde in eine Kolonie namens South River verwandelt und einem Stellvertreter des Gouverneurs unterstellt, welcher der Regierung von New Amsterdam verantwortlich war. Dieser Großwürdenträger hieß Mijnheer Wilhelmus Beekman oder vielmehr Beckman, der wie Ovidius Naso seinen Namen von seiner riesigen, einem Papageienschnabel ähnlichen Nase herleitete. Er war der Stammvater der Beckmans, einer der ältesten und ehrenwertesten Familien der Provinz, die den Ursprung ihrer Würde in erstaunlich langen Nasen dankbar verewigen, die sie mitten im Gesicht tragen.

Das gefährliche Unternehmen wurde also glücklich beendigt, und nur zwei Menschenleben waren dabei zu beklagen: Wolfert Van Horne, ein langer, magerer Mann, der vom Spier einer Schaluppe bei einer Bö über Bord gefegt wurde, und der fette Brom Van Bummel, der plötzlich an einer Indigestion verschied; beide wurden jedoch unsterblich, weil sie tapfer im Dienst des Vaterlandes gefallen waren. Zwar wurde ein Glied Peter Stuyvesants beim Sturm auf das Fort ziemlich lädiert, doch da es sich zum Glück um sein Holzbein handelte, wurde der Schaden schnell und wirksam behoben.

Und nun bleibt mir für diesen Teil meiner Geschichte nur noch zu bemerken, daß der makellose Held und sein siegreiches Heer fröhlich nach Manhattan zurückkehrten und daß sie mit dem Kriegsgefangenen Risingh und den Überresten seiner geschlagenen Truppe, die den Treueeid verweigert hatten, im Triumphzug einrückten. Es scheint, der hünenhafte Schwede war am Ende der Schlacht nur in Ohnmacht gefallen, aus der er durch einen kräftigen Nasenstüber rasch wieder erweckt wurde.

Diese Herren wurden dem Versprechen des Gouverneurs gemäß auf Kosten des Steuerzahlers in einem schönen, geräumigen Schloß einquartiert; es war das Staatsgefängnis, zu

dessen Aufseher Stoffel Brinkerhoff, der unsterbliche Eroberer der Oyster Bay, ernannt wurde und das heute noch von seinen Nachkommen geleitet wird.

Es war ein erhebender Anblick, die Freude der Bewohner von New Amsterdam beim Wiedersehen zu erleben. Wie drängten sich die alten Weiber um Anthony Van Corlear, der die ganze Kampagne haargenau erzählte und nur darin von der Wahrheit abwich, daß er sich alle Siege zuschrieb, besonders den über den stolzen Risingh, weil ja sein Steinkrug ihn gefällt hatte. Die Schulmeister in der ganzen Stadt gaben den Kindern schulfrei, und sie folgten scharenweise den Trommeln, Papierhüte auf dem Kopf und Stöcke im Gürtel. Das einfache Volk folgte Peter Stuyvesant auf den Fersen, wohin er auch ging, schwenkte die schmierigen Hüte und rief unaufhörlich: »Vivat, Koppig Piet!«

Es war in der Tat ein Tag des Jubels und der Freude. Im Stadthaus wurde den Siegern zu Ehren ein üppiges Festessen gegeben, bei dem sich die großen und kleinen Sterne von New Amsterdam zu einem seltenen Strahlenkranz vereinigten. Da war der stolze Schultheiß mit seinem unterwürfigen Stellvertreter, da waren die Bürgermeister mit ihren Beamten, diese mit ihren Subalternen, und so hinunter bis zum Bettelvogt, jeder Plethi hatte seinen Krethi an der Seite, um ihm die Pfeife anzurauchen, die Neige auszutrinken und über seine Höhenflüge unsterblicher Langeweile zu lachen, kurzum: es zeigte sich, daß nichts in der Welt über ein Stadtfest geht. Riesenportionen von Fisch und Fleisch und Geflügel wurden verspeist, ganze Ozeane von geistigen Getränken wurden ausgetrunken, Tausende von Pfeifen geraucht und eine Menge platter Witze mit schallendem, schmerbäuchigem Gelächter aufgenommen.

Ich darf nicht vergessen zu bemerken, daß Peter Stuyvesant diesem glorreichen Sieg einen neuen Titel verdankte, denn die braven Bürger waren so von seinen Taten entzückt, daß sie ihm von nun an den Ehrennamen Pieter de Groot – das heißt: Peter der Große – gaben oder, wie es die Leute von New Amsterdam in ihrer Mundart ausdrückten: Piet de Pig; und so nannten sie ihn bis zu seinem Tode.

SECHSTES BUCH

Dritter Teil der Regierungszeit Peter Stuyvesants und seine Händel mit der englischen Nation Niedergang und Verfall der holländischen Dynastie

ERSTES KAPITEL

Wie Peter der Starrköpfige das souveräne Volk der Bürde enthob, sich um Regierungsangelegenheiten zu kümmern, nebst Einzelheiten über sein Verhalten in Friedenszeiten

Die Bevölkerung New Amsterdams hatte während der Regierungszeit Wilhelms des Reizbaren einen tiefen Zug aus dem berauschenden Becher der Macht getan, und obwohl sie beim Amtsantritt Peters des Starrköpfigen instinktiv merkte, daß die Zügel der Regierung in stärkere Hände übergegangen waren, so konnte sie doch nicht umhin, sich in störrischem Schweigen zu erregen und zu ärgern und auf den Zaum zu beißen.

Kaum hatte sich Gouverneur Stuyvesant auf seine Expedition gegen die Schweden begeben, als die alten Faktionen aus Willem Kiefts Zeiten auch schon wieder auftauchten und sich in politischen Versammlungen trafen, um über die »Lage der Nation« zu disputieren. Eine große Rolle spielten dabei die geschäftigen Bürgermeister und ihre dienstbeflissenen Amtmänner. Diese edlen Würdenträger waren nicht mehr jene fetten, wohlgenährten und stillen Beamten aus den friedlichen Tagen Walters des Zweiflers. Im Gegenteil: Vom Volke gewählt, bildeten sie gewissermaßen ein kräftiges Bollwerk zwischen diesem und der Regierung. Sie waren eifrige Bewerber um die Volksgunst und heftige Advokaten für die Rechte des rohen Haufens und glichen in ihrem uneigennützigen Eifer den weitmäuligen Tribunen im alten Rom oder den tugendhaften Patrioten unserer Tage, die man nachdrücklich als Freunde des Volkes bezeichnet.

Es war wie ein Wunder, daß unter der Anleitung dieser scharfsinnigen Politiker plötzlich die Menge aufgeklärt wurde in Dingen, die über ihren Horizont gingen. Flickschuster, Kesselflicker und Schneider – sie alle fühlten sich auf einmal inspiriert wie jene frommen Zeloten in den glorreichen Zeiten mönchischer Aufklärung, sie waren ohne jegliche Vorbereitung oder Erfahrung in der Lage, alle Regierungsmaßnahmen durchzuführen. Auch darf ich eine Unzahl alter, querköpfiger Bürger nicht vergessen, die als Knaben in der »Goede Vrouw« von Holland herübergekommen waren und bei der aufgeklärten Menge als zuverlässige Orakel galten. Denn anzunehmen, daß ein Mann, der bei der Entdeckung des Landes beteiligt war, nicht auch wissen sollte, wie es zu regieren sei, wäre geradezu lächerlich gewesen, ja eine ebenso große Ketzerei, wie wenn man heutzutage die staatsmännische Befähigung und allgemeine Unfehlbarkeit unserer alten »Helden von 1776« in Frage stellen wollte und bezweifeln würde, daß derjenige, der für eine Regierung gekämpft hat – mochte er von Natur aus noch so dumm sein –, nicht befähigt ist, jeden Posten unter dieser Regierung auszufüllen.

Da Peter Stuyvesant jedoch eine besondere Neigung hatte, seine Provinz ohne die Unterstützung seiner Untertanen zu regieren, wurde er sehr zornig, als er bei seiner Rückkehr ihre aufrührerische Gesinnung feststellte. Seine erste Maßnahme war daher, daß er die Ordnung wiederherstellte, indem er die Hoheit des souveränen Volkes beseitigte.

Er wartete dafür auf eine gute Gelegenheit. Eines Abends nun, als der Volkshaufe Versammlung hielt und der patriotischen Rede eines inspirierten Flickschusters lauschte, stand plötzlich der unerschrockene Peter in ihrer Mitte, mit einem Gesicht, das einen Mühlstein hätte versteinern können. Die ganze Versammlung geriet durcheinander – den Redner schien mitten in einer erhabenen Sentenz der Schlag getroffen zu haben, er stand entgeistert da, mit offenem Maul und schlotternden Knien, während ihm Wörter wie »Greuel! Tyrannei! Freiheit! Rechte! Besteuerung! Tod! Verderben!« und eine Flut anderer patriotischer Schlagworte aus der Kehle strömten, bevor er imstande war, die Lippen zu schließen. Der pfiffige Peter nahm keine Notiz von der ihn umgebenden mürrischen Menge, sondern ging geradewegs zu dem tobenden Maulhelden, zog eine große silberne Uhr heraus, die früher einmal als Stadtuhr hätte dienen können und von seinen Nachkommen noch jetzt als Familienandenken aufbewahrt wird, und bat den Redner, sie ihm einzurichten und wieder in Gang zu bringen. Der Redner bekannte demütig, daß er dazu völlig außerstande sei, weil er mit dem Bau einer Uhr überhaupt nicht vertraut sei. »Ach was, Mann«, sagte Peter, »stell doch mal deine Findigkeit auf die Probe. Du siehst alle Federn und Räder und wie leicht die ungeschickteste Hand sie anhalten und kaputt machen kann. Und warum sollte es schwerer sein, sie zum Gehen zu bringen als zum Stehen?« Der Redner erklärte nochmals, er gehe einem ganz anderen Beruf nach, er sei ein armer Flickschuster und habe sich in seinem ganzen Leben nicht mit einer Uhr befaßt, dafür gebe es Leute, die das gut verstünden und deren Geschäft es sei, er würde das kunstvolle Gerät nur zerstören und alles durcheinanderbringen. »Nun denn, großer Meister«, schrie Peter und warf ihm einen Blick zu, der den armen Hans Pfriem beinahe in einen Klopfstein verwandelt hätte, »du wagst es, dich mit Regierungsgeschäften zu befassen, eine komplizierte Maschine regulieren und korrigieren, ausbessern und flicken zu wollen, deren Bau über deinen Horizont geht und deren einfachste Arbeitsweise zu schwer für deinen Verstand ist, und dabei kannst du nicht einmal einen kleinen

Fehler in einem bekannten Mechanismus beseitigen, dessen ganzes Geheimnis dir offen vor Augen liegt? Scher dich weg zu Leder und Klopfstein, die deinen Fähigkeiten angemessen sind, flicke deine Schuhe und begnüge dich mit dem Beruf, für den dich der Himmel ausgerüstet hat. Aber«, und hier hob er die Stimme, daß der Himmel bebte, »wenn ich dich oder einen deines Gelichters wieder dabei ertappe, daß er sich mit Regierungsgeschäften befaßt, dann – beim heiligen Nikolaus – schinde ich den Burschen bei lebendigem Leibe und lasse Trommeln mit seinem Fell bespannen, damit er auch einmal einen nützlichen Lärm macht!«

Diese Drohung und die fürchterliche Stimme, mit der sie ausgestoßen wurde, ließen die ganze Versammlung vor Entsetzen zittern. Dem Redner stiegen die Haare zu Berge wie die Borsten seiner Sau im Stall daheim, und keiner der anwesenden Helden vom Fingerhut, der nicht verzagte und nicht den Wunsch verspürte, durch ein Nadelöhr zu entwischen.

Obgleich nun dieser Schritt augenblicklich den gewünschten Erfolg hatte und die Ordnung wiederherstellte, so verminderte er doch sehr die Popularität des großen Peter bei der aufgeklärten Volksmasse. Viele beschuldigten ihn, er habe eine ausgesprochen aristokratische Gesinnung und unterstütze die Patrizier. Darin lag tatsächlich einige Wahrheit, denn er hatte eine stolze, soldatische Haltung und war etwas eigen in seiner Kleidung; wenn er keine Uniform trug, erschien er in einfachen, aber teuren Kleidern, und er war bekannt dafür, daß sein echtes Bein, an sich recht stattlich, in einem roten Strumpf und in einem Schuh mit hohem Absatz stak. Zwar war er ein Mann von recht einfachen Gepflogenheiten, aber er hatte etwas an sich, das grobe Vertraulichkeit ausschloß, während es freien, ja geselligen Verkehr ermunterte.

Er beobachtete zugleich eine gewisse höfische Zeremonie und Etikette. Die einfachen Besucher empfing er auf der Veranda seines Hauses, wie es bei unseren holländischen Vorfahren Sitte war. Wenn aber Besucher zu einem förmlichen Empfang in seinem Wohnzimmer erschienen, erwartete er, daß sie in reiner Wäsche vor ihn traten und nicht barfuß oder mit dem Hut auf dem Kopf. Bei öffentlichen Anlässen zeigte er sich in großem Aufzug und fuhr stets in einem gelben Wagen mit leuchtend roten Rädern zur Kirche.

Diese Beweise von Rang und Würde lösten beim gemeinen Mann, der zu den früheren Gouverneuren leicht Zugang hatte und insbesondere mit Wilhelm dem Reizbaren auf sehr vertrautem Fuß stand, beträchtliche Unzufriedenheit aus, aber Peter der Starrköpfige hatte dazu eine eigene Meinung. Er vertrat den Standpunkt, daß sie mit Wilhelm dem Reizbaren, so populär er war, doch eigentlich Schindluder getrieben hatten, und machte sich deshalb gern rar. Glauben ist in der Politik ebenso notwendig wie in der Religion. Es ist gewiß von höchster Wichtigkeit, daß ein Land von weisen Männern regiert wird, aber beinahe genauso wichtig ist es, daß das Volk sie auch für weise hält; denn nur dieser Glaube kann freiwilligen Gehorsam erzeugen. Um daher dieses Vertrauen zu bewahren, sollte das Volk die Regierenden so wenig wie möglich sehen. Wer Zutritt zu den Kabinetten erhält, erfährt bald, mit wieviel Dummheit die Welt regiert wird. Vertrautheit schafft Verachtung, und so hielt Stuyvesant auf Würde und Stolz. Da er nie seine Gründe für das, was er tat, nannte, so hielt man dieselben immer für wohl durchdacht. Jede seiner Maßnahmen, wie unwichtig sie auch sein mochte, gab zu Mutmaßungen Anlaß, und selbst sein roter Strumpf erweckte einigen Repekt, da er sich von den Strümpfen der anderen Menschen unterschied.

In dieser Zeit müssen wir denn auch die Entstehung des Familienstolzes und der aristokratischen Würde ansiedeln. Das Blut der Nachkommen der Van Rensellaers, der Van Zandts und Van Horns, der Rutgers, Bensons, Brinkerhoffs, Schermerhorns und aller echten Abkömmlinge der alten Pavonier muß wohl edel sein, und daher sind diese Familien der einzige legitime Adel und die einzigen Herren von Grund und

Boden. Ich erinnere ausdrücklich daran, weil ich betrübt und zu meinem Ärger feststellen mußte, daß diese alten holländischen Familien in jüngster Zeit von ausländischen Eindringlingen verdrängt werden. Es ist tatsächlich erstaunlich, wie viele bedeutende Familien in den letzten Jahren aufgetaucht sind, die sich wegen ihrer Ahnen mächtig brüsten. Wer also ohne Demütigung zu seinem Vater aufblicken kann, kommt sich recht wichtig vor; wer aber ohne Scheu von seinem Großvater sprechen darf, ist noch aufgeblasener, und wenn man dann gar in der Lage ist, vom Urgroßvater ohne Erröten zu erzählen, ist es vor lauter Anmaßung gar nicht mehr auszuhalten. Gott stehe uns bei! Welcher Unterschied besteht schon zwischen Pilzen von einer Stunde und von einem Tag!

Doch aus allem Vorangegangenen darf man nicht schließen, daß Peter Stuyvesant ein Tyrann gewesen, der seine Untergebenen mit eiserner Rute regierte. Im Gegenteil, überall wo Würde und Autorität nicht mit im Spiel waren, war er die Großmut und höfliche Herablassung in Person. Indem er das Leben des Volkes vom berauschenden Bestandteil der Politik frei hielt, beförderte er seine Ruhe und Zufriedenheit ungemein, er machte die Menschen dadurch beständiger und fleißiger in ihrem Beruf, sie wurden nützlichere Bürger und schenkten ihrer Familie und ihrem Wohlstand mehr Aufmerksamkeit.

Weit entfernt von übertriebener Strenge im Leben freute er sich vielmehr, die Armen und den Arbeitsmann auch einmal vergnügt zu sehen, und setzte sich deshalb sehr für Feiertage und öffentliche Belustigungen ein. Unter seiner Regierung wurde zuerst die Sitte eingeführt, zum Osterfest Eier aufzuschlagen. Auch der Neujahrstag wurde mit verschwenderischem Aufwand gefeiert und mit Glockengeläut und Böllerschüssen begrüßt. Jedes Haus war ein Tempel des heiteren Gottes Bacchus – Kirschlikör, echter Genever und Apfelglühwein flossen in Strömen, und in der ganzen Stadt gab es nicht einen armen Mann, der nicht seine Ehre darein gelegt hätte, sich zu betrinken, und zwar aus purer Sparsamkeit, denn er genoß so viel Alkohol, daß er für ein halbes Jahr genug hatte.

Es wäre für jeden eine wahre Freude gewesen, den wackeren Peter an Sonnabendnachmittagen inmitten der alten Bürger und ihrer Frauen unter den hohen Bäumen, die ihre schattenspendenden Äste über die Battery ausbreiteten, sitzen zu sehen, wo er den jungen Männern und Mädchen beim Tanz auf der Wiese zuschaute. Hier rauchte er seine Pfeife, riß seine Witze und vergaß bei süßen, Vergessen spendenden Festen des Friedens die schwere Arbeit des Krieges. Gelegentlich nickte er den jungen Burschen beifällig zu, die am schönsten dahinglitten und hüpften, und dann und wann gab er einem drallen Mädchen, das es am längsten ausgehalten und alle ihre Rivalinnen müde getanzt hatte, einen kräftigen Kuß in allen Ehren. Einmal jedoch wurde die Harmonie dieser Vergnügungen unterbrochen. Eine junge Frau, die in der eleganten Welt eine gewisse Rolle spielte und kürzlich erst aus Holland gekommen war, erschien in nicht mehr als sechs Röcken von der auffallendsten Kürze. Ein Zischeln lief durch die Reihen – die alten Damen fühlten sich höchst schockiert, die jungen erröteten und hatten großes Mitleid mit dem »armen Ding«, und selbst der Gouverneur machte einen etwas verwirrten Eindruck. Um das Erstaunen der guten Leute perfekt zu machen, unternahm sie es im Laufe einer Gigue, einige erstaunliche algebraische Figuren zu beschreiben, die sie von einem Tanzmeister in Rotterdam gelernt hatte. Entweder war sie so lebhaft in der Bewegung ihres Fußes oder ein lockerer Zephyr drängte ihr seine Dienste auf, kurz, bei einem brillanten Tanzschritt, der einem modernen Ballsaal Ehre gemacht hätte, stellte sie unerwartet etwas zur Schau, worüber die ganze Gesellschaft in große Verwunderung geriet, einige ernste Leute vom Lande nicht wenig aus der Fassung kamen und der gute Peter selbst, der ein überaus sittsamer Mann war, höchst verdrießlich wurde.

Die kurzen Weiberröcke, die seit den Zeiten Wilhelmus

Kiefts Mode gewesen waren, hatten schon seit langem sein Auge beleidigt, und obwohl er es strikt vermied, sich mit den Röcken der Damen zu schaffen zu machen, empfahl er doch unverzüglich, daß sie Volants bis zu den Füßen haben sollten. Auch ordnete er an, daß die Damen und auch die Herren keine anderen Tanzschritte machen sollten als Schleifschritte und Drehungen, und endlich verbot er unter Androhung seiner höchsten Ungnade allen jungen Frauenzimmern, ihre – wie man sagte – »Reize zu zeigen«.

Dies war der einzige Zwang, den er je dem schönen Geschlecht auferlegte, aber die Schönen betrachteten es als einen tyrannischen Eingriff und widersetzten sich mit jener kleidsamen Begeisterung, die sich immer bei diesem Geschlecht zeigt, wenn es seine Freiheiten gefährdet sieht. Am Ende begriff Peter Stuyvesant, daß er die Sache nicht auf die Spitze treiben dürfe, wenn er nicht gewärtigen wolle, daß die Damen zuletzt ohne Röcke erschienen; als ein gescheiter Mann, der Erfahrungen bei den Damen gesammelt hat, gab er also nach und ließ sie die Röcke schürzen und die Sprünge machen, so hoch sie wollten.

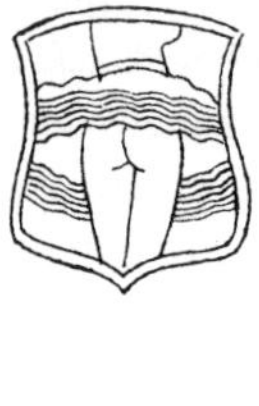

ZWEITES KAPITEL

Wie Peter der Starrköpfige von dem Raubgesindel der östlichen Staaten und von den Riesen aus Maryland sehr belästigt wurde und wie im englischen Kabinett eine finstere und schreckliche Verschwörung gegen das Glück Manhattans betrieben wurde

Wir nähern uns nun der Katastrophe unseres Werkes und werden, wenn mich meine Ahnungen nicht trügen, in den folgenden Kapiteln eine Menge zu erledigen haben.

Es geht mit einigen Gemeinwesen wie mit gewissen unruhigen Menschen: sie haben eine besondere Fähigkeit, in die Klemme zu geraten, und sind nach meinen Erfahrungen auch meist diejenigen, die am schwersten wieder herauszukommen wissen. Das liegt ohne Zweifel an der übermäßigen Tapferkeit jener kleinen Staaten, die – wie kleine Menschen und Töpfe – leicht überlaufen.

Wenn man bedenkt, daß die Provinz Manhattan, so wichtig sie auch in den Augen ihrer Bewohner und ihrer Geschichtsschreiber ist, in den Augen der übrigen Welt nicht so viel zu bedeuten hatte, daß sie wenig Reichtum und sonstige Beute besaß, die einen Angriff gelohnt hätten, und daß sie von einem Krieg nichts weiter als eine saftige Niederlage zu erwarten hatte, wenn man also das alles bedenkt, möchte man verzweifeln, daß in ihrer Geschichte weder Schlachten noch Blutvergießen noch anderes wichtiges Unheil wahrzunehmen sind, die einem Staat Bedeutung verleihen und dem Leser Unterhaltung bieten. Wir stellen fest, daß diese Provinz sich Feinde genug gemacht hat, daß sie Hiebe eingesteckt hat, die den Ehrgeiz der kriegerischsten Nation befriedigen würden, und daß sie in trauriger Nüchternheit eine ganz beklagenswerte, arme, kleine Provinz ist. Doch das alles ließ der Himmel sicher nur darum zu, damit diese ihre Geschichte Erhabenheit erhalte und Interesse finde.

Ich will nicht auf die Details der traurigen Plünderungen und Belästigungen eingehen, welche die Ruhe der Holländer untergruben. Genug sei es, zu sagen, daß die unversöhnliche Feindschaft der Amphiktyonen endlich doch ausbrach und sich in tausend Übergriffen an den Grenzen kundtat, was mit Nomadenzügen samt Töpfen und Kesseln und Kind und Kegel in das Gebiet von New Netherland verknüpft war, so daß sich unsere redlichen Landsleute überall zurückzogen wie die Indianer vor den Weißen.

Zugleich liefen von Mijnheer Beckman beunruhigende Nachrichten ein. Die schwedischen Kolonisten, die am Delaware wohnen bleiben durften, verrieten allmählich Zeichen von Meuterei und Unzufriedenheit. Was noch schlimmer war, ein Mann namens Fendal beanspruchte das ganze Territorium als ein Eigentum des Lord Baltimore. Dieser Fendal regierte die Kolonie Maryland, die früher einmal Merryland hieß, weil ihre Bewohner keine Gottesfurcht besaßen und sich mit Würzwhiskey und Toddy vollaufen ließen und sich einen fröhlichen Tag machten. Dieser Fendal war so angriffslustig, daß er drohte, er wolle mit seiner Armee randalierender Kerls aus Maryland und fürchterlicher Riesen, welche die Ufer des Susquehanna unsicher machten, gegen die Holländer ziehen und die ganze Provinz South River verwüsten.

Als der große Peter diese besorgniserregenden Nachrichten erhielt, war er gerade damit beschäftigt, gewisse Indianeraufstände bei Esopus niederzuschlagen. Er tröstete Mijnheer Beckman und versprach ihm rasche Hilfe, wenn die Gefahr sich vergrößern sollte. Doch es zeigte sich keine weitere Gefahr. Fendal blieb mit seinen Schergen zu Hause und vergnügte sich mit ihnen bei Maiskuchen, Speck und Würzwhiskey und bei Pferderennen und Hahnenkämpfen. Während Peter Stuyvesant in seiner geliebten Provinz von Ort zu Ort reiste, um Mißstände in Ordnung zu bringen, geschah es, daß die Provinz durch das stets ungeheuere Projekte brütende englische Kabinett bedroht wurde. Peters Taten am Delaware

Herzog von York
Charles II.

hatten an den Höfen Europas Aufsehen und Bewunderung erregt und Englands Eifersucht auf die wachsende Macht Manhattans geweckt, wie ein alter Geschichtsschreiber berichtet.

Die Amphiktyonen sandten, so fährt dieser Gewährsmann fort, Agenten, um den Beistand des britischen Kabinetts bei der Unterwerfung dieser mächtigen Provinz anzufordern. Lord Sterling machte seine Ansprüche auf Long Island geltend, Lord Baltimore auf South River. Das unglückliche Imperium Manhattan war in großer Gefahr, das gleiche Schicksal wie Polen zu erleiden und Stück für Stück unter seinen wilden Nachbarn aufgeteilt zu werden. Aber während diese räuberischen Mächte die Fänge wetzten und nur auf das Signal zum Überfall auf das fette niederländische Territorium warteten, schlichtete plötzlich der als Schiedsrichter amtierende königliche Löwe den Streit der Parteien und legte selber die Tatze auf den Raub. Es heißt nämlich, Seine Majestät Charles II. habe, um aller Verwirrung ein Ende zu bereiten, ein weiteres Gebiet Nordamerikas, einschließlich der Provinz New Netherland, seinem Bruder, dem Herzog von York, als Geschenk überlassen, eine wahrhaft königliche Zuwendung, denn nur große Monarchen haben das Recht, wegzugeben, was ihnen nicht gehört. Damit diese großzügige Schenkung nicht bloß dem Namen nach existiere, ließ Seine Majestät am 12. März 1664 ein Heer ausrüsten, das die Stadt New Amsterdam zu Land und zu Wasser angreifen und seinen Bruder in den vollständigen Besitz setzen sollte.

So kritisch ist es um die Bewohner von New Netherland bestellt. Die ehrlichen Bürger, weit davon entfernt, ihre gefährliche Lage zu ahnen, rauchen gemächlich ihre Pfeifen und denken an gar nichts, die geheimen Räte der Provinz schnarchen, und Peter, der alle Mühe des Denkens und Handelns auf sich genommen hat, sucht angestrengt nach einem Weg, sich mit den Amphiktyonen ins Einvernehmen zu setzen. Indessen zieht am Horizont eine dunkle Wolke herauf, und bald wird sie die verschlafenen Holländer aufwecken und den Mut ihres tüchtigen Gouverneurs auf eine harte Probe stellen. Doch komme, was wolle, er wird sich in allen Kämpfen als tapferer, untadeliger, hochmütiger und bockbeiniger alter Gouverneur benehmen. Auf denn zum Angriff! Leuchtet, ihr gütigen Sterne, über der berühmten Stadt Manhattan, und der Segen des heiligen Nikolaus begleite deine Schritte, braver Peter Stuyvesant!

DRITTES KAPITEL

Von Peter Stuyvesants Fahrt nach dem Osten, wobei gezeigt wird, daß er, obgleich ein alter Fuchs, sich nicht vor Fallen zu hüten verstand

Jetzt faßte unser guter Peter Stuyvesant einen Plan, der des edlen Ritters von La Mancha würdig gewesen wäre. Er wollte in eigener Person vor dem Amphiktyonenrat erscheinen, in der einen Hand das Schwert, in der anderen den Ölzweig. Umsonst stellten ihm seine geheimen Räte die Gefahr vor Augen, es wirkte gerade so, als wollte man einen verrosteten Wetterhahn mit einem zerlöcherten Blasebalg drehen.

Anthony Van Corlear wurde für den nächsten Morgen zur Abreise befohlen. An dem wackeren Kämpen waren zwar die Jahre nicht spurlos vorübergegangen, aber er war noch immer lustig und guter Dinge, und sein Wams saß so straff wie eh und je. Er lebte gar fröhlich auf seinem Junggesellensitz Corlear's Hook, den Peter Stuyvesant ihm für seine Verdienste vor Fort

Casimere geschenkt hatte. Peters Aufforderung erfreute Anthony sehr, denn er wäre ihm bis ans Ende der Welt gefolgt, und im übrigen stiegen so manche Erinnerungen an jene Orte im Osten und ihre drallen Mädchen in ihm auf, die er liebend gern noch einmal gesehen hätte.

So brach also dieses Vorbild an Tapferkeit mit seinem Trompeter als einzigem Begleiter auf und unternahm einen der gefährlichsten Züge fahrender Ritterschaft. Genügt es nicht, Peter Stuyvesant, daß ich dich aus vielen Gefahren gerettet habe, mit meiner Feder Schläge abgewehrt und eine Tabaksdose sowie ein Schnapskrüglein zu deinem Schutz bereitgehalten habe? Und doch begibst du dich erneut in Schwierigkeiten und setzt dich, deinen Trompeter und deinen Geschichtsschreiber der Gefahr aus. Oh, hätte ich jetzt ein Kapitel aus der stillen Zeit Walters des Zweiflers vor mir, um darauf auszuruhen wie auf einem Federbett! Nein, der Dickkopf Peter besteigt einen mageren Klepper – in voller Ausrüstung und das treue Schwert mit dem Messinggriff an der Seite, das an den Ufern des Delaware so erstaunliche Taten vollbracht. Dicht hinter ihm folgt sein wackerer Trompeter auf einem dämpfigen, glasäugigen Schecken, den steinernen Krug, der den mächtigen Risingh niederschmetterte, unter der Achsel befestigt, die Trompete mit einem stattlichen Banner des großen Bibers von Manhattan stolz in der rechten Hand. Sie reiten zusammen aus dem Stadttor wie ein geharnischter Ritter aus alter Zeit mit seinem treuen Gefolgsmann dicht auf den Fersen. Das Volk folgt ihnen mit den Blicken und ruft ihnen manchen Abschiedsgruß und guten Wunsch nach: Leb wohl, Koppig Piet! Leb wohl, ehrlicher Anthony! Angenehme Reise und glückliche Wiederkehr, stolzester Ritter, der je zum Schwert griff, und wackerster Trompeter von der Welt!

So zogen sie durch Blooming Dale, ein reizendes, idyllisches Tal, von wilden Blumen geschmückt, von reinen Bächlein erfrischt und hier und dort belebt von einer kleinen holländischen Hütte, die im Schutz eines Hügels oder unter Bäumen versteckt lag. Dann kamen sie auf das Gebiet von Connecticut, wo sie großes Ungemach und viele Gefahren zu erdulden hatten. An einem Ort wurden sie von einer Schar Landbesitzer und Bürgerwehrobersten angefallen, die, trefflich beritten, sie eine ganze Strecke verfolgten und mit Fragen und Mutmaßungen quälten, besonders den ehrenwerten Peter, dessen silbergetriebenes Bein sie nicht wenig in Erstaunen versetzte. An einem anderen Ort, unweit der berühmten Stadt Stamford, hielt sie eine mächtige Abteilung von Kirchendiakonen auf, die ihnen gebieterisch fünf Shilling abforderten, weil sie am Sonntag reisten, und sie als Gefangene in eine benachbarte Kirche, deren Turm hinter den Bäumen hervorlugte, zu schleppen drohten. Diese Angreifer jedoch schlug Peter der Starrköpfige mit Leichtigkeit in die Flucht, so daß sie ihre Klepper bestiegen, in heilloser Unordnung davonjagten und in der Eile ihre Dreispitze zurückließen. Nicht so leicht entkam er einem listigen Mann aus Weathersfield, der ihm mit unerschrockener Hartnäckigkeit seinen guten Gaul abhandelte und dafür eine elende Narragansett-Mähre überließ.

Dieser Bedrängnisse ungeachtet, setzten sie ihren Weg munter an den Ufern des Connecticut fort, dessen sanfte Fluten durch manch fruchtbares Tal, durch manche sonnige Ebene dahinrollten, bald die erhabenen Türme einer geschäftigen Stadt, bald die ländliche Schönheit eines Weilers spiegelnd, bald vom emsig lärmenden Handel und Wandel, bald vom heiteren Gesang des Bauern widerhallend.

Vor jeder Stadt ließ Peter Stuyvesant, der wegen seiner Genauigkeit in militärischen Dingen bekannt war, zum Gruß die Trompete blasen, was indessen die braven Bürger sehr erschreckte, denn seine Taten am Delaware waren überall kundgeworden, und sie fürchteten seine Rache für so manche durch sie erlittene Unbill. Aber der gute Peter ritt lächelnd durch die Städte und grüßte gar gnädig und herablassend mit der Hand, denn er hielt tatsächlich die Lumpen, die diese erfinderischen Leute in die zerbrochenen Fensterscheiben gesteckt hatten, und die langen Girlanden von getrockneten Äpfeln und Pfirsichen, welche die Fronten der Häuser schmückten, für Ehrenbezeigungen anläßlich seiner Ankunft, so wie es in den Zeiten der Ritter Sitte war, Wandteppiche und prächtigen Hausrat auszulegen. Das schöne Geschlecht drängte sich an den Türen, und die kleinen Kinder liefen ihm in Scharen nach und bewunderten seine Uniform, seine schwefelgelben Hosen und die silberne Verzierung seines Holzbeins. Erfreut schaute manch kräftiges Mädchen auf den munteren Van Corlear, der sie seinerzeit, als er Peter Stuyvesants Herausforderung an die Amphiktyonen überbrachte, so sehr mit seinem Instrument beglückt hatte. Der gutmütige Anthony stieg von seinem Schimmel, umarmte eine nach der anderen mit großer Herzlichkeit und war über eine ganze Schar kleiner Trompeter beglückt, die sich um ihn drängten, um seinen Segen zu erhalten; jedem tätschelte er den Kopf, ermahnte ihn, er solle ein braver Junge werden, und schenkte ihm einen Penny für Zuckerwerk.

Das Stuyvesantsche Manuskript meldet weiter nichts über die Fahrt, außer daß der Amphiktyonenrat den Gouverneur mit ausgesuchter Höflichkeit aufnahm und ihn mit Komplimenten und Geschwätz fast tot redete. Es ging wie bei allen anderen Verhandlungen, man sprach sehr viel und tat sehr wenig; eine Unterredung ergab die andere, eine Konferenz brachte Verwicklungen, zu deren Klärung zehn andere nötig waren, bis nach der letzten die Parteien gerade soweit waren wie am Anfang, außer daß sie sich in viele Fragen über die Etikette verwickelt hatten und einander gründlich beargwöhnten, was sich auf die folgenden Verhandlungen sehr nachteilig auswirkte.

Mitten in diesen Verwicklungen bekam Peter, der wahrscheinlich von allen Menschen am wenigsten für diplomatische Listen geeignet war, Wind von den schwarzen Plänen des englischen Kabinetts. Hierzu traf die erstaunliche Nachricht ein, daß bereits ein feindliches Geschwader von England unterwegs sei, um die Provinz New Netherland zu unterjochen, und daß der Rat der Amphiktyonen durch Entsendung einer großen Landarmee Mithilfe leisten wolle.

Unglückseliger Peter! Habe ich es nicht vorausgesehen, als du, nur mit dem eigenen Kopf als Ratgeber, nur mit deiner ehrlichen Zunge, deinem reinen Gewissen und rostigen Schwert bewaffnet, nur vom heiligen Nikolaus beschützt und nur von einem Trompeter begleitet, gegen alle klugen Mächte von New England zu Felde zogst!

Oh, da raste der heftige alte Krieger, als er sich nun in der Falle sah wie ein Löwe im Netz des Jägers. Erst zog er sein treues Schwert und wollte sich tapfer durch alle Länder des Ostens hindurchkämpfen. Dann wollte er über den Amphiktyonenrat herfallen und jeder Mutter Kind in den Tod schicken. Und endlich, als er sich abgekühlt hatte, wählte er einen Weg, der zwar weniger glorreich, dafür aber sicherer war. Er verbarg dem Rat, daß er von seinen Intrigen Kenntnis erhalten hatte, und sandte heimlich einen zuverlässigen Boten an die Ratsmitglieder von New Amsterdam, unterrichtete sie von der drohenden Gefahr und befahl ihnen, die Stadt unverzüglich in Verteidigungsbereitschaft zu versetzen, während er sich dem Feind entziehen und dann zu ihrem Beistand herbeieilen wolle. Als dies vollbracht war, fühlte er sich wunderbar erleichtert, stand langsam auf, schüttelte sich wie ein Rhinozeros und brach aus seiner Höhle hervor wie der Riese Verzweiflung in »Des Pilgers Wanderschaft« aus dem Schloß des Zweiflers.

Und nun muß ich leider den tapferen Peter in der drohenden Gefahr verlassen und nachsehen, was sich in New Amsterdam tut, wo gewiß großes Tohuwabohu herrscht.

VIERTES KAPITEL

Wie die Bevölkerung von New Amsterdam durch die Nachricht einer bevorstehenden Invasion in große Panik geriet und wie sie sich wappnete

Nichts ist für einen Philosophen sehenswerter als ein Gemeinwesen, in dem jeder einzelne bei den öffentlichen Angelegenheiten mitzureden hat, wo ein jeder sich für die Hauptstütze der Nation hält und jedermann es für seine Pflicht ansieht, sich für das Wohl seines Landes zu betätigen, nichts ist also sehenswerter, als ein solches Gemeinwesen, das sich plötzlich im Kriegstumult befindet. Welch ein Stimmenaufwand, welch lautstarker Patriotismus, welch ein Hin und Her, und wie ein jeder dem anderen im Weg steht, wie ein jeder den fleißigen Nachbarn behindert, der geschäftig tatenlos dasteht! Es ist wie bei einer Feuersbrunst, wo jeder wie ein Held arbeitet – da ziehen manche Leute leere Maschinen herum, andere eilen mit vollen Eimern herbei und gießen sie den Nachbarn über die Füße, und wieder andere läuten bei Nacht die Kirchenglocken, um das Feuer zu löschen. Kleine Feuerwehrleute klettern Sturmleitern hinauf und hinunter und grölen durch blecherne Schalltrichter, um die Löscharbeiten zu leiten. Da greift einer, der eifrig das Eigentum des Unglücklichen zu retten sucht, nach einem unaussprechlichen Einrichtungsgegenstand und trägt ihn feierlich davon, als wäre es ein Topf mit Geld. Ein zweiter wirft Spiegel und Porzellan aus dem Fenster, um sie vor den Flammen zu schützen, und die, die nichts weiter tun können, rennen durch die Straßen und schreien unaufhörlich »Feurio! Feurio! Feurio!« So ähnlich brachte auch jeder Mutter Sohn in dem patriotischen Gemeinwesen New Amsterdam die Stadt mit unnützer Arbeit in Verwirrung und Aufruhr, als die Nachrichten von Peter Stuyvesant eintrafen. »Alle eilten zu den Waffen«, heißt es im Stuyvesantschen Manuskript, was so zu verstehen ist, daß nicht einer unserer

13

biederen holländischen Bürger in die Kirche oder auf den Markt zu gehen wagte ohne eine lange Vogelflinte auf der Schulter, und daß man nachts nur mit Laterne ausging und niemand sich um eine Ecke wagte, bevor er nicht vorsichtig den Hals ausgestreckt hatte, um zu sehen, ob er nicht auf eine britische Armee stoße. Stoffel Brinkerhoff, den die alten Weiber für einen ebenso tapferen Mann hielten wie den Gouverneur, stellte tatsächlich vor seiner Vorder- und Hintertür eine Ein-Pfünder-Drehbasse auf.

Aber die energischste Maßnahme, die man ergriff, war die Einberufung von Volksversammlungen. Hier wurde beschlossen, daß man der aufgeklärteste, der würdigste, der furchterregendste und der älteste Staat auf Erden sei. Als dieser Beschluß einmütig durchging, wurde sogleich ein anderer eingebracht, nämlich ob es nicht möglich sei, Großbritannien zu vernichten. Neunundsechzig Mitglieder stimmten sehr beredt dafür, nur ein einziger warf einige bescheidene Zweifel auf und wurde zur Strafe für seine verräterische Gesinnung sogleich gepackt und geteert und gefedert, was soviel bedeutete, wie wenn man bei den Römern vom tarpejischen Felsen gestoßen wurde, er galt als aus der bürgerlichen Gemeinschaft ausgestoßen, und seine Meinung war nichts mehr wert. Da also der Vorschlag einstimmig angenommen war, wurde er dem Rat zum Gesetz empfohlen, das derselbe auch erließ.

Durch diese Maßregel wurden die Herzen der Bürger erstaunlich ermutigt und gewannen viel an Galle und Kraft. Da nun auch der erste Anfall von Furcht vorüber war und die alten Weiber alles Geld vergraben hatten, dessen sie habhaft werden konnten, während sich die Männer vom Rest betranken, stand nun der Staat plötzlich in der Offensive. Man machte holländische Lieder zu Dutzenden und sang sie auf den Straßen, die Engländer wurden darin gehörig aufs Haupt geschlagen, und Pardon gab es nicht. Redner bewiesen in öffentlichen Vorträgen ein für allemal, daß das Schicksal Alt-

Englands lediglich vom guten Willen der Bürger von New Amsterdam abhänge!

Um endlich England den Todesstoß zu geben, versammelten sich viele der klügsten Einwohner und machten aus englischen Erzeugnissen, die sie überall zusammengekauft hatten, ein riesiges Feuer. In der patriotischen Begeisterung des Augenblicks riß jeder, der einen englischen Hut oder englische Beinkleider trug, diese Kleidungsstücke ab und warf sie unerschrocken in die Flammen, zum unwiederbringlichen Schaden, Verlust und Ruin der englischen Hersteller. Zur Erinnerung an diese Heldentat richteten sie einen Pfahl auf, oben mit einer symbolischen Darstellung der Provinz Netherland, die Großbritannien den Garaus macht, in Gestalt eines Adlers, der die kleine Insel Alt-England aus der Erdkugel herauspickt. Aber entweder durch die Ungeschicklichkeit des Künstlers oder wegen seines unpassenden Humors ähnelte der Vogel eher einer Gans, die sich vergeblich eines großen Kloßes zu bemächtigen sucht.

FÜNFTES KAPITEL

Wie der große Rat zu New Amsterdam auf wunderbare Weise mit langen Zungen begabt wurde und wie die Sparsamkeit einen Triumph feierte

Es ist wohl bei denen, die mit dem Charakter und den Gewohnheiten jenes mächtigen und polternden Monarchen, des souveränen Volkes, vertraut sind, nicht viel Scharfsinn nötig, um zu entdecken, daß ungeachtet des ganzen Lärms und Kriegsgeschreis im vorhergehenden Kapitel die berühmte Stadt New Amsterdam leider nicht um ein Haar besser gerüstet war als zuvor. Zwar hatte das Volk, kaum war die erste Angst verflogen und kein Feind vor den Toren, sich eingeredet, das tapferste und mächtigste Volk unter der Sonne zu sein, doch die geheimen Räte Peter Stuyvesants hegten darüber gewisse Zweifel. Sie fürchteten sogar, der gestrenge Held werde zurückkommen und feststellen, daß sie, statt seinen eindeutigen Befehlen zu gehorchen, ihre Zeit damit vertan hätten, der bramarbasierenden Menge Gehör zu schenken, die er bekanntlich sehr verachtete.

Um daher die verlorene Zeit so gut wie möglich wieder einzubringen, wurde eine große Sitzung der Räte und Bürgermeister einberufen, um über die kritische Lage der Provinz und über geeignete Maßnahmen für ihre Sicherheit zu beratschlagen. Über zwei Dinge war sich diese ehrwürdige Versammlung völlig einig: Erstens, daß die Stadt in Verteidigungsbereitschaft gesetzt werden müsse, und zweitens, daß angesichts der drohenden Gefahr keine Zeit verloren werden dürfe. Kaum waren diese Punkte geklärt, begannen sie unverzüglich, lange Reden zu halten und sich gegenseitig in endlosen, ungezügelten Auseinandersetzungen zu beschimpfen. Denn zu dieser Zeit wurde die unglückliche Stadt zum ersten Mal von der Redesucht befallen, die nun in unserem Land weit verbreitet ist und sich überall zeigt, wo kluge Männer versammelt sind; sie wird, wie die Ärzte vermuten, von der schlechten Luft hervorgerufen, die bei einer versammelten Menge entsteht. Damals führte man auch die sinnreiche Methode ein, den Wert einer Rede mit dem Stundenglas zu bestimmen und den als fähigsten Redner zu betrachten, der am längsten über eine Sache gesprochen hatte, eine geniale Erfindung übrigens, die wir nach der Überlieferung demselben scharfsinnigen holländischen Kritiker verdanken, der Bücher nach ihrem Umfang zu beurteilen pflegte.

Diese plötzliche Leidenschaft für endlose Tiraden soll, wie einige gelehrte Philosophen meinen, nebst anderen barbarischen Gewohnheiten von den benachbarten Wilden übernommen worden sein, die für lange Reden und Beratungsfeuer bekannt sind und die ohne vorhergehende Debatten ihrer Häuptlinge und Stammesältesten nie eine Sache von einiger Wichtigkeit unternehmen. Aber die eigentliche Ursache war, daß das Volk die Vertreter für den großen Rat nach ihrer Fähigkeit im Reden wählte und nicht nach dem selteneren und wichtigeren Talent, den Mund halten zu können. Daraus folgte, daß sich diese beratende Versammlung aus den geschwätzigsten Männern der Provinz zusammensetzte und daß jeder über alles mitredete, ob er es nun verstand oder nicht. Die Alten hatten einen Bestattungsritus für Häuptlinge, bei dem jeder Krieger einen Schild voll Erde auf den Leichnam trug, bis ein großer Erdhügel entstand, und so ähnlich wurde in dieser Versammlung durch den Brocken Weisheit, den jedes Mitglied dazuwarf, der Beratungsgegenstand rasch unter einem Wortschwall begraben.

Jetzt erhoben sich die alten Faktionen der »Langpfeifen« und »Kurzpfeifen«, die Peter Stuyvesant mit herkulischem Griff beinahe abgewürgt hatte, mit zehnfacher Heftigkeit wieder. Zwar hatte der ursprüngliche Gegenstand der Auseinandersetzung keine Güligkeit mehr, doch ist es immer das Schicksal von Parteinahmen und Parteienzwist gewesen, weiterzubestehen, obgleich die für ihr Entstehen verantwortlichen Tatsachen schon längst nicht mehr galten. Um die allgemeine Verwirrung vollständig zu machen, wurde das verhängnisvolle Wort Sparsamkeit, das doch wohl mit Wilhelm dem Reizbaren zu Grabe getragen worden war, im Rat von New Amsterdam wiedererweckt, nach welch heilsamem Grundsatz man lieber zwanzigtausend Gulden für einen schlechten Verteidigungsplan zum Fenster hinauswarf, als für einen guten dreißigtausend Gulden auszugeben, und die Provinz somit glatte zehntausend Gulden einsparte.

Als es aber zur Debatte über die Art der Verteidigung kam, gab es ein Wortgefecht, das nicht zu beschreiben ist. Was von einem Mitglied der »Langpfeifen« vorgeschlagen wurde, verwarf natürlich die ganze Gruppe der »Kurzpfeifen«, die es als wahre Politiker als ihre vornehmste Pflicht betrachteten, den Sturz der »Langpfeifen« zu bewirken, als ihre zweite, sich selber auf den Thron zu schwingen, und als dritte, das Wohl des Landes im Auge zu haben. Dies war zumindest das Glaubensbekenntnis der aufrichtigen Parteigänger, denn ihre große Masse ließ die dritte Erwägung gar nicht erst gelten.

Bei dieser großen Kollision harter Köpfe muß man bewundern, daß unter den vielen Verteidigungsprojekten nicht eins zu finden war, das schon bekannt gewesen wäre, Projekte also, die das Windmühlensystem des erfinderischen Wilhelmus Kieft weit hinter sich ließen. Dennoch konnte man sich über kein einziges einigen. Baute die eine Partei eine stattliche Reihe von Luftschlössern hin, so wurden sie von der anderen sogleich wieder zerstört. Das einfache Volk stand in ängstlicher Erwartung des großen Eies da, das mit viel Gakeln ausgebrütet werden sollte, aber es hielt umsonst Ausschau, denn es stellte sich heraus, daß der große Rat entschlossen war, die Provinz zu schützen wie der edle Riese Pantagruel seine Armee – indem er sie mit der Zunge bedeckte.

Allerdings gab es auch eine Anzahl ehrenwerter Mitglieder, fette, aufgeblasene alte Bürger, die ihre Pfeifen rauchten und gar nichts sagten, außer daß sie jeden Plan, der in Vorschlag kam, verwarfen. Sie glichen mit ihrer Ruhe und ihren angehäuften Reichtümern einer phlegmatischen Muschel, die ein Sandkorn verschluckt hat, die Schalen schließt, sich im Schlamm wohnlich einrichtet und eher dem Leben als ihrem Schatz Valet sagt. Jeder Plan schien diesen würdigen alten Herren verderbenbringend zu sein. Eine bewaffnete Armee nannten sie einen Heuschreckenschwarm, der das Volksvermögen auffresse; eine Flotte ausrüsten hieß nach ihrer Meinung, das Geld ins Meer werfen; und Festungen bauen war bei ihnen gleichbedeutend mit dem Vergraben des Geldes. Kurzum, sie erhoben es zur höchsten Maxime, daß volle Taschen am wichtigsten seien, gleichgültig, wie arg man auch dabei geprügelt würde; denn ein Tritt läßt keine Narbe zurück, ein Loch im Kopf heilt von selbst, aber ein schwindsüchtiger Geldbeutel heilt von allen Krankheiten am langsamsten, zumal die Natur dabei nichts für den Patienten tut.

Auf diese Art vertat die Versammlung von Weisen die Zeit, die angesichts der dringenden Notlage so kostbar war, mit nichtigen Auseinandersetzungen und langatmigen Reden, ohne jemals zu einer Einigung zu kommen, außer zu der, daß keine Zeit verloren werden dürfe und jede Verzögerung gefährlich sei. Endlich hatte St. Nikolaus Erbarmen mit ihrer Not, und bemüht, sie vor Anarchie zu bewahren, fügte er es so, daß mitten in einer ihrer stürmischsten Debatten über Befestigungs- und Verteidigungsmaßnahmen, während sie sich fast schon in die Haare kriegten, weil sie sich gegenseitig nicht überzeugen konnten, die Frage durch einen Boten geklärt wurde, der mit der Nachricht in den Saal stürzte, daß die feindliche Flotte eingetroffen sei und schon die Bucht heraufsegele!

Nun waren sie der Notwendigkeit, sich zu wappnen oder miteinander zu streiten, gänzlich enthoben, und so wurden dem Großen Rat eine Menge Worte, der Provinz eine Menge Kosten gespart – ein entschiedener und wunderbarer Triumph für die Sparsamkeit!

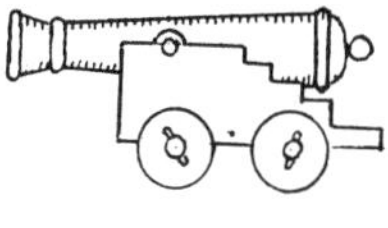

SECHSTES KAPITEL

Worin das Unheil von New Amsterdam immer größer wird und das die Kühnheit eines Volkes zeigt, welches sich in Zeiten der Gefahr durch Resolutionen verteidigt

Wie eine Versammlung diplomatischer Katzen, die laut klagen und maunzen, fürchterliche Grimassen schneiden, sich gegenseitig anfauchen und fast zu katzbalgen beginnen, plötzlich beim Erscheinen eines Haushundes in Verwirrung geraten und die Flucht ergreifen, so war auch der nicht weniger lautstarke Rat von New Amsterdam erstaunt, entsetzt und auseinandergehetzt, als er plötzlich die Nachricht von der Ankunft des Feindes erhielt. Jedes Mitglied begab sich auf dem schnellsten Weg nach Hause und watschelte, so gut die kurzen Beine unter der schweren Last arbeiten konnten, schnaufend vor Anstrengung und Schrecken. In ihrer Festung angekommen, verrammelten sie die Haustür, verkrochen sich in den Apfelweinkeller und wagten nicht herauszulugen, aus Furcht, eine Kanonenkugel könnte ihnen den Kopf wegreißen.

Das Volk versammelte sich auf dem Marktplatz, aneinandergedrängt wie eine Schafherde, wo immer eins hinter dem Rücken des anderen Schutz sucht, wenn der Schäfer mit seinem Hund nicht in der Nähe ist und der Wolf um die Hürde streicht. Aber weit davon entfernt, sich gegenseitig Trost zu spenden, verstärkten sie nur ihre Ängste. Jeder blickte kläglich seinen Nachbarn an, um sich aufmuntern zu lassen, fand aber in den jammervollen Zügen nur die Bestätigung des eigenen Elends. Kein Wort fiel jetzt über die Eroberung Großbritanniens, keine Bemerkung über die unvergleichlichen Vorteile der Sparsamkeit, und die alten Weiber vermehrten die allgemeine gedrückte Stimmung, indem sie laut ihr Los beklagten und St. Nikolaus und Peter Stuyvesant unentwegt um Beistand anflehten.

Oh, wie beklagten sie die Abwesenheit des löwenherzigen

Peter, und wie sehnten sie sich nach der tröstlichen Gegenwart des Anthony Van Corlear! Unheilverheißende Ungewißheit lag über dem Schicksal dieser abenteuerlichen Helden. Ein Tag nach dem anderen war verstrichen, seit der Gouverneur ihnen die erschreckende Nachricht übermittelt hatte, ohne daß weitere Botschaften über seine Person folgten. Manch traurige Vermutung wurde über sein und seines treuen Gefolgsmannes Schicksal geäußert. Waren sie etwa von Kannibalen von Marblehead und Cape Cod bei lebendigem Leib verschlungen worden? Wurden sie vom Amphiktyonenrat gefoltert? Oder wurden sie von den furchtbaren Menschen in Weathersfield in Zwiebeln erstickt? Mitten in ihrer Bestürzung und Verwirrung, als der Schrecken wie ein übermächtiger Alptraum auf der kleinen, fetten, vollblütigen Stadt New Amsterdam hockte, traf plötzlich ein seltsamer, entfernter Ton das Ohr der Menge, näherte sich, wurde lauter und immer lauter und hallte schließlich vom Stadttor wider. Sie hatten sich in dem wohlbekannten Klang nicht geirrt. Ein Freudenschrei ertönte von allen Lippen, als der tapfere Peter, staubbedeckt und gefolgt von seinem getreuen Trompeter, auf den Marktplatz ritt.

Nachdem der erste Freudentaumel vorüber war, versammelte sich die Bevölkerung um den ehrlichen Van Corlear, als er vom Pferd stieg, und überhäufte ihn mit Grüßen und Glückwünschen. Ganz außer Atem erzählte er ihnen die wunderbaren Abenteuer, die er mit seinem Herrn erlebte, als sie den Klauen der fürchterlichen Amphiktyonen entschlüpften. Es mag hier genügen, zu sagen, daß, da Peter Stuyvesant besorgt in seiner Seele erwog, wie er sich in allen Ehren davonmachen konnte, einige der Schiffe, die Manhattan erobern sollten, die östlichen Häfen anliefen, um Proviant an Bord zu nehmen und den Großen Rat des Bundes zur versprochenen Unterstützung aufzufordern. Diese Nachricht bestimmte den wachsamen Peter zu einer eiligen, heimlichen Flucht, obwohl es seine edle Seele sehr schmerzte, daß er dem

Feind – und sei es eine ganze Nation – den Rücken kehren mußte. Gar manches Mal entkamen sie mit knapper Not, und manche Gefahr hatten sie zu bestehen, als sie ohne Trompetensignal durch die schönen Gefilde des Ostens eilten. Das Land rüstete schon mit großer Geschäftigkeit zum Krieg, und sie mußten auf ihrer Flucht einen Umweg machen und sich durch das Waldgebirge schleichen. Von da brach der tapfere Peter eines Tages wie ein Löwe hervor und schlug eine ganze Legion Squatters in die Flucht, drei Generationen einer fruchtbaren Familie, die eben im Begriff waren, von einem Eckchen New Netherland Besitz zu ergreifen. Der getreue Anthony hatte seine liebe Not, ihn verschiedentlich davon zurückzuhalten, mit blankem Schwert aus dem Hinterhalt der Berge einen Ausfall auf einige Grenzstädte zu machen, wo man eine schlampige Bürgerwehr aufstellte.

Das erste, was der Gouverneur beim Betreten seines Hauses tat, war, daß er aufs Dach stieg und von da mit trauriger Miene das feindliche Geschwader betrachtete. Dieses lag schon in der Bucht vor Anker und bestand aus zwei festgebauten Fregatten, die dreihundert tapfere Rotröcke an Bord hatten. Nachdem er sich diesen Überblick verschafft hatte, setzte er sich nieder und schrieb dem Kommandeur einen Brief, worin er um Aufklärung darüber bat, warum er im Hafen Anker geworfen habe, ohne vorher um Erlaubnis zu fragen. Dieser Brief war zwar sehr artig abgefaßt, doch biß Stuyvesant, wie ich aus sicherer Quelle erfahren habe, die Zähne zusammen und setzte ein bitteres Lächeln auf, solange er an dem Brief schrieb.

Nach Absendung des Schreibens stapfte der grimmige Peter mit einem kriegverheißenden Gesicht in der Stadt umher, die Hände in den Hosentaschen, und pfiff eine niederländische Psalmenmelodie, die sehr der Musik des Nordostwindes beim Heraufziehen eines Sturms glich. Die Hunde schlichen erschreckt davon, als sie ihn erblickten, aber die alten und häßlichen Weiber von New Amsterdam folgten ihm überall

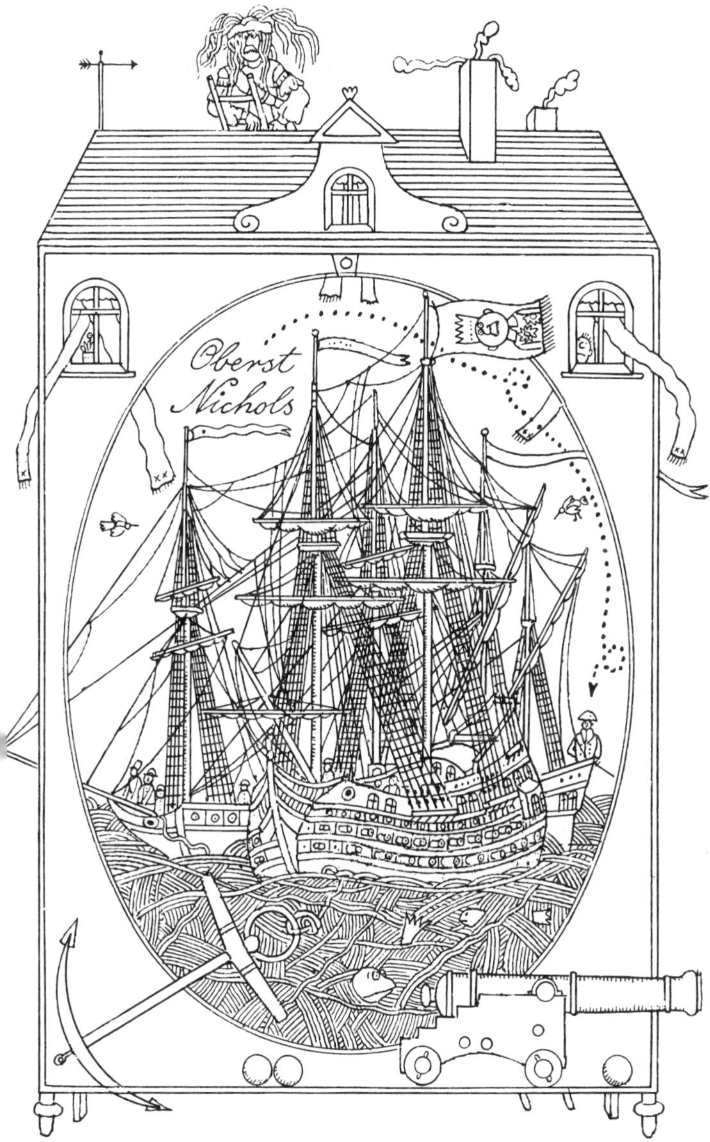
Oberst Nichols

auf den Fersen und flehten ihn an, sie vor Mord und Raub und Schändung zu bewahren!

Die Antwort von Oberst Nichols, der die Invasionstruppe befehligte, war in ähnlich höflichen Worten abgefaßt und besagte, daß Seine Britische Majestät Rechte und Ansprüche auf die Provinz habe, daß die Niederländer bloße Eindringlinge seien und daß die sofortige Übergabe der Stadt, der Forts et cetera erfolgen müsse, wobei er gleichzeitig allen Leben, Freiheit, Besitzrecht und freien Handel versprach, die sich gutwillig der englischen Krone unterwerfen würden.

Peter Stuyvesant überflog diese freundliche Epistel mit so gelassener Miene wie ein mürrischer Bauer, der sich lange auf seines Nachbarn Grund und Boden fett gemacht hat und nun die freundliche Mitteilung liest, daß er vertrieben werden soll. Aber der alte Gouverneur ließ sich nicht so leicht aus der Fassung bringen, sondern steckte die Aufforderung in die Hosentasche, schritt dreimal im Zimmer auf und ab, nahm ungestüm eine Prise, machte eine hochtrabende Geste und versprach, am nächsten Morgen eine Antwort zu schikken. Dann rief er seine geheimen Räte und Bürgermeister zu einem großen Kriegsrat ein, nicht etwa um ihre Empfehlungen zu hören, denn diese waren ihm, wie schon gesagt, keinen Pfifferling wert, sondern um ihnen seinen souveränen Entschluß kundzutun und ihre unverzügliche Ergebenheit zu fordern. Ehe er jedoch seinen Rat versammelte, wurde er sich über drei Dinge klar. Erstens, die Stadt nicht zu übergeben, ohne ein bißchen darum gekämpft zu haben; zweitens, daß die Mehrzahl seines Gremiums aus Erzfeiglingen bestand, denen es völlig an Stehvermögen gebrach; und drittens, daß er ihnen deshalb die Aufforderung von Oberst Nichols nicht zeigen wolle, damit sie aufgrund der günstigen Bedingungen nicht sofort nach Kapitulation brüllten.

Nachdem sein Befehl gebührend verbreitet war, bot sich ein jämmerliches Schauspiel dar. Die jüngst noch so tapferen Bürgermeister, die in ihren Reden das ganze britische Weltreich zerstört hatten, lugten ängstlich aus ihren Schlupflöchern und krochen dann vorsichtig hervor, drückten sich durch enge Gäßchen und Gassen, erschraken vor jedem kläffenden Hündchen, als wäre eine Artilleriesalve abgefeuert worden, hielten Laternenpfähle für englische Grenadiere und im Übermaß ihrer Angst Pumpen für furchtbare Soldaten, die ihnen mit Hakenbüchsen aufs Herz zielten. Als sie jedoch allen Gefahren und Schwierigkeiten zum Trotz mit heiler Haut und ohne den Verlust eines einzigen Mannes im Ratssaal angekommen waren, nahmen sie ihre Sitze ein und erwarteten in bedrücktem Schweigen die Ankunft des Gouverneurs. Kurz darauf hörte man das Holzbein des unerschrockenen Peter in regelmäßigen Stößen auf der Treppe stapfen. Die Tür flog auf, und er erschien in voller Uniform, seine treue Toledaner Klinge nicht an die Seite gehängt, sondern unter den Arm geklemmt. Da der Gouverneur sich nie auf diese Weise zeigte, außer wenn er kriegerische Gedanken in seinem Gehirn bewegte, sahen ihn die Räte kläglich an, als stünde auf seiner eisernen Miene Feuer und Schwert geschrieben, und sie vergaßen in atemloser Erwartung, ihre Pfeifen anzuzünden.

Der große Peter war ebenso beredt wie tapfer. Diese beiden seltenen Eigenschaften schienen in seiner Natur unzertrennlich verbunden, und anders als die meisten großen Staatsmänner, deren Siege sich auf das unblutige Feld der Debatten beschränken, war er stets bereit, seine kühnen Worte durch ebenso kühne Taten wahr zu machen. Seine Reden zeichneten sich durch eine an Derbheit grenzende Einfachheit und durch wahrhaft kategorische Bestimmtheit aus. In seiner Rede an den Rat berührte er kurz die Gefahren und Widerwärtigkeiten, die er auf der Flucht vor seinen listigen Feinden erduldet hatte. Dann machte er dem Rat Vorwürfe über die mit nutzlosen Debatten und Parteifehden vergeudete Zeit, die sie besser für ihr Land verwendet hätten. Besonders unwillig äußerte er sich über die Ratsherren, die ihre Stellung dadurch entehrt hätten, daß sie unbeherrschte Prahlereien und unflätige

Beschimpfungen gegen einen edlen und mächtigen Feind gerichtet hätten, feige Hunde, die beständig gegen den Löwen knurrten und kläfften, wenn er schlafe oder weit weg sei, aber als erste das Hasenpanier ergriffen, sobald er in die Nähe komme. Nun forderte er auch diejenigen, die so tapfer mit Drohungen gegen Großbritannien gewesen waren, auf, hervorzutreten und ihre Prahlerei durch Taten zu bekräftigen, denn nicht Worte, sondern Taten zeugten vom Geist einer Nation. Er erinnerte sie an die goldenen Tage des Wohlstands, die nur durch harten Widerstand gegen ihre Feinde gewonnen worden seien, denn ein Frieden, den die Waffengewalt zuwege bringe, sei immer sicherer und dauerhafter als einer, der durch zeitweilige Zugeständnisse zusammengeflickt werde. Er suchte dann ihren Kampfesmut zu befeuern, indem er sie daran erinerte, wie er sie vor den drohenden Wällen des Forts Christina zum Sieg führte. Auch suchte er ihnen Vertrauen einzuflößen, indem er sie des Schutzes des heiligen Nikolaus versicherte, der sie bisher zuverlässig geleitet, unter den Wilden in der Einöde, den Hexen und Squatters des Ostens und den Riesen von Maryland. Endlich unterrichtete er sie von der frechen Aufforderung, sich zu ergeben, und schwor, er werde die Provinz verteidigen, solange ihn der Himmel nicht verlasse und ihn noch ein Holzbein aufrecht halte, ein edler Ausspruch, den er durch einen mächtigen Hieb mit der flachen Seite seines Säbels auf den Tisch bekräftigte, was seine Zuhörer von den Sitzen riß.

Die geheimen Räte, die schon lange an die Art des Gouverneurs gewöhnt waren und einer so vollständigen Disziplin unterworfen waren wie die Soldaten Friedrichs des Zweiten, sahen, daß sie am besten kein Wort verloren, steckten ihre Pfeifen an und rauchten friedlich wie fette und bescheidene Männer. Aber die Bürgermeister, die weniger unter der Gewalt des Gouverneurs standen, da sie sich als Repräsentanten des Volkes betrachteten und überdies eine hohe Meinung von sich selbst hatten, waren nicht so leicht zu beschwichtigen.

Da sie frischen Mut aus der Hoffnung schöpften, daß sie vielleicht der gegenwärtigen Gefahr ohne Blutvergießen entgehen könnten, forderten sie eine Abschrift der Aufforderung zur Kapitulation, um sie dem Volk zu zeigen.

Ein so freches und aufrührerisches Verlangen wäre hinreichend gewesen, den Zorn des stillen Walters des Zweiflers zu reizen. Welchen Eindruck mußte es erst auf den großen Stuyvesant machen, der nicht bloß ein Holländer, ein Gouverneur und ein tapferer holzbeiniger Soldat war, sondern obendrein eine gefährlich aufbrausende Gemütsart besaß. Er brach in einen Strom edler Entrüstung aus, schwor, keiner Mutter Sohn solle eine Silbe davon zu sehen bekommen, sie alle verdienten gehängt, gestreckt und gevierteilt zu werden, weil sie auf verräterische Weise die Unfehlbarkeit der Regierung anzutasten wagten, und was ihren Rat oder ihr Einverständnis anbelange, so seien ihm diese keine Tabakswolke wert, er sei lange genug durch ihre feigen Ratschläge geärgert und gehemmt worden, aber jetzt sollten sie sich nach Hause scheren und ins Bett legen wie die alten Weiber, denn er sei entschlossen, die Kolonie selbst zu verteidigen, ohne ihren und ihrer Anhänger Beistand. Und damit schob er das Schwert wieder unter den Arm, setzte keck den Dreispitz auf, gürtete seine Lenden, stapfte zonig aus dem Sitzungssaal – und alles machte ehrerbietig Platz, als er vorbeiging.

Kaum war er weg, als die rührigen Bürgermeister eine Volksversammlung vor das Stadthaus beriefen, wo sie einen gewissen Dofue Roerback, einflußreicher Lebkuchenbäcker im Lande und ehemaliges Mitglied des Kabinetts Wilhelms des Reizbaren, zum Vorsitzenden ernannten. Das Volk hatte großen Respekt vor ihm und betrachtete ihn als einen Mann von geheimen Künsten, denn er war der erste, der Neujahrskuchen mit den magischen Hieroglyphen von Hahn und Hosen und mit ähnlichen Zauberzeichen versah.

Dieser große Bürgermeister, der immer noch Groll gegen den wackeren Stuyvesant hegte, weil ihn dieser bei seinem

Regierungsantritt schimpflich aus dem Kabinett entfernt hatte, richtete eine sogenannte patriotische Rede an die Menge, worin er sie von der artigen Aufforderung zur Kapitulation unterrichtete und von der Weigerung des Gouverneurs, darauf einzugehen und der Öffentlichkeit Einblick in die Epistel zu gewähren, die ohne Zweifel Bedingungen enthalte, welche der Provinz sehr zur Ehre und zum Vorteil gereichen würden.

Dann sprach er von Seiner Exzellenz in hochtrabenden Ausdrücken und verglich den Gouverneur mit Nero, Caligula und anderen großen Männern aus alter Zeit, die gewöhnlich in solchen Volksreden angeführt werden. Er versicherte dem Volk, daß die Weltgeschichte kein Beispiel einer ähnlichen Despotie, einer solchen Abscheulichkeit, Grausamkeit, Tyrannei und eines solchen Blutdurstes aufzuweisen habe. Dies werde in feurigen Lettern auf der blutbefleckten Tafel der Geschichte überliefert werden! Ganze Jahrhunderte würden vor Entsetzen zurückrollen, wenn sie das zu lesen bekämen. Der Schoß der Zeit (mit dem sich die Redner und Schreiber übrigens merkwürdige Freiheiten erlauben, denn es gilt doch als ziemlich ausgemacht, daß die Zeit ein alter Herr und keine Frau ist), welch entsetzliche Schrecken er auch gebäre, werde nie wieder solche Greuel zutage bringen! Mit diesen und anderen herzzerreißenden und seelenbewegenden Tropen und Redewendungen, die ich nicht alle aufzuzählen vermag, spickte er seine Rede. Es waren die gleichen, die heutzutage in allen Volksreden und patriotischen Ansprachen vorkommen und in der Rhetorik unter dem Begriff Geschwätz eingeordnet werden können.

Nach der Rede des inspirierten Bürgermeisters geriet die Versammlung in eine Art Wallung, die nicht allein eine Reihe recht weiser Beschlüsse, sondern auch eine in bestimmtem Ton gehaltene Denkschrift an den Gouverneur zur Folge hatte, die sein Betragen tadelte. Kaum wurde sie ihm übergeben, warf er sie ins Feuer und entzog auf diese Art der

Nachwelt eine kostbare Urkunde, die den aufgeklärten Flickschustern und Schneidern unserer Tage zum Muster hätte dienen können, wenn sie sich weise in die Politik einmischen.

SIEBENTES KAPITEL

Wie Anthony der Trompeter ein trauriges Ende fand und Peter Stuyvesant, einem zweiten Cromwell gleich, ein Rumpfparlament auflöste

Nun überschüttete der hochmütige Pieter de Groot seine Bürgermeister mit einer Flut von Verwünschungen und bezeichnete sie als eine Bande eigensinniger und bockbeiniger Schurken, die sich weder überzeugen noch überreden ließen. Er beschloß, nichts mehr mit ihnen zu schaffen zu haben, sondern nur die Meinung seiner geheimen Räte anzuhören, die er aus Erfahrung als die beste der Welt kannte, da sie nie von der seinen abwich. Auch ließ er es, da er nun einmal dabei war, nicht an zweifelhaften Komplimenten für die Menge fehlen, die er als Hasenfüße bezeichnete, ohne Sinn für die ruhmreichen Entbehrungen und schönen Mißgeschicke der Schlacht, als Stubenhocker, die lieber mit unwürdigem Behagen fraßen und schnarchten, als Unsterblichkeit und lädierte Schädel im tapferen Grabengefecht zu erringen.

Fest entschlossen, seine geliebte Stadt selbst gegen ihren eigenen Willen zu verteidigen, rief er seinen treuen Trompeter Van Corlear zu sich, der ihm in allen Zeiten der Not und

Gefahr zur Seite stand. Er beschwor ihn, seine kriegverkündende Trompete zu nehmen, sich aufs Roß zu schwingen und Tag und Nacht durchs Land zu ziehen. An den idyllischen Ufern des Bronx sollte er Alarm blasen, er sollte die wilde Einsamkeit von Croton stören und die rauhen Kämpfer von Weehawken und Hoboken, die gewaltigen Krieger der Tappan Zee und die tapferen Jungen von Tarrytown und Sleepy Hollow mitsamt allen anderen Kriegern des umliegenden Gebiets aufrütteln und ihnen allen befehlen, die Pulverhörner umzutun, die Vogelflinten zu schultern und frohgemut hinunter nach Manhattan zu marschieren.

Nun gab es nichts auf der Welt, das schöne Geschlecht ausgenommen, was Anthony Van Corlear mehr liebte als Aufträge dieser Art. Er nahm noch eine kräftige Mahlzeit zu sich, schnallte sich sein Fläschchen mit herzerquickendem Genever an die Seite und ritt fröhlich zum Stadttor hinaus, das auf den jetzigen Broadway führte. Wie gewöhnlich schmetterte er einen kleinen Abschiedsgruß, der in munterem Echo durch die gewundenen Straßen von New Amsterdam hallte – ach, sie sollten sich nie mehr an den lieblichen Weisen ihres Lieblingstrompeters ergötzen.

Es war eine finstere und stürmische Nacht, als der brave Anthony an den Fluß gelangte, der den Namen Harlem River trägt und die Insel Mannahata vom Festland trennt. Es blies ein heftiger Wind, die Elemente waren in Aufruhr, und kein Charon war zu finden, den waghalsigen Blechmusikanten überzusetzen. Einige Augenblicke spukte er wie ein ungeduldiger Geist am Ufer hin, doch eingedenk der Wichtigkeit seines Auftrags umarmte er dann innig sein steinernes Krüglein, beteuerte ganz nachdrücklich, er wolle »in spijt de duivel« – das heißt: dem Teufel zum Trotz – hinüberschwimmen, und damit tauchte er in den Strom. Unglücklicher Anthony! Kaum hatte er sich zur Hälfte über den Fluß gearbeitet, da sah man ihn heftig kämpfen, als balge er sich mit dem Wassergeist. Er setzte unwillkürlich die Trompete an den Mund, ließ einen ungeheuren Ton erklingen und sank auf ewig in die Fluten!

Der gewaltige Klang seiner Trompete schallte weit und breit durchs Land und erschreckte die Nachbarn, die sich erstaunt zu dem Platz begaben. Hier berichtete ihnen ein alter holländischer Bürger, der für seine Wahrheitsliebe bekannt und Zeuge des Unglücks war, den traurigen Hergang, und zwar mit dem schrecklichen Zusatz (dem ich indessen etwas mißtraue), er habe gesehen, wie der Teufel in Gestalt eines ungeheueren Menhaden den kräftigen Anthony am Bein ergriffen und in die Tiefe gezogen habe. Tatsache ist, daß die Stelle und das anstoßende Vorgebirge, das in den Hudson ragt, seitdem den Namen Spuyten Duyvil trägt. Der rastlose Geist des unglücklichen Anthony spukt noch immer in dieser einsamen Gegend, und in stürmischen Nächten hören die Leute, wie sich seine Trompetenstöße mit dem Heulen der Windsbraut mischen. Kein Mensch wagt nach Einbruch der Dunkelheit über den Fluß zu schwimmen, vielmehr hat man jetzt eine Brücke gebaut, um ähnliche traurige Vorfälle zu verhüten, und was die Menhaden betrifft, so hat man davor einen solchen Abscheu, daß sie bei keinem echten Holländer, der guten Fisch liebt und den Teufel haßt, auf den Tisch kommen.

Das war das Ende des Anthony Van Corlear, eines Mannes, der ein besseres Schicksal verdient hätte. Er lebte fröhlich und gesund bis an sein Ende als wackerer, munterer Junggeselle, und obgleich er nicht verheiratet war, hinterließ er zwei bis drei Dutzend Kinder in verschiedenen Teilen des Landes – prächtige, pausbäckige, lärmende, dicke Jungen. Von ihnen stammen, wenn die Überlieferung wahr ist (was gewöhnlich zutrifft), die zahllosen Journalisten ab, die dieses Land bevölkern und verteidigen und vom Volk reichlich belohnt werden, damit sie ständig Alarm schlagen und sie unglücklich machen. Wollte Gott, daß sie nicht nur den Wind, sondern auch den Wert ihres berühmten Ahnen geerbt hätten!

Die Nachricht von diesem bedauernswerten Unfall ging Peter dem Starrköpfigen viel mehr zu Herzen als die Invasion seines geliebten New Amsterdam. Grausam traf sie unmittelbar die sanften Regungen, die nahe am Herzen liegen und von seinen wärmsten Strömen genährt werden. Wie ein verirrter Pilger, dem in finsterer Nacht der tosende Sturm das Haar zerzaust und der seinen treuen Hund leblos vor sich hingestreckt sieht, den einzigen Gefährten seiner Wanderungen, der sein einsames Mahl mit ihm geteilt und ihm so oft die Hand dankbar geleckt hat, so nahm der großmütige Held von Manhattan das frühzeitige Ende seines treuen Van Corlear auf. Er war ihm als ergebener Begleiter gefolgt, er hatte ihn in manch schwerer Stunde mit seiner unbeschwerten Fröhlichkeit erheitert, er hatte in Treue und Liebe Unheil und viele Gefahren mit ihm bestanden, und nun war er auf ewig dahin, gerade jetzt, da jeder Köter sich von seiner Seite wegschlich. Das, Peter Stuyvesant, das war der Augenblick, der deine Seelenstärke auf die Probe stellte, und das war der Augenblick, da du dich in der Tat bewährt hast, Peter der Starrköpfige!

Das Licht des Tages hatte längst die Schrecken der vergangenen stürmischen Nacht verdrängt, doch alles war noch betrübt und traurig. Der sonst so lustige Apoll verbarg sein Antlitz hinter trauertragenden Wolken und blickte nur dann und wann einen Augenblick hervor, als scheue er sich, zu sehen, was in seiner Lieblingsstadt vorging. Es war der bedeutsame Morgen, an dem Peter Stuyvesant die Aufforderung des Feindes zu beantworten hatte. Schon hatte er sich mit seinem geheimen Rat eingeschlossen, saß grimmig da, sann über das Schicksal seines geliebten Trompeters nach und kochte vor Wut, wenn er an die Unverschämtheit seiner aufrührerischen Bürgermeister dachte. Während er sich in dieser gereizten Stimmung befand, traf ein Eilkurier von Winthrop ein, dem schlauen Gouverneur von Connecticut, der ihm ganz freundschaftlich und uneigennützig nahelegte, die Provinz zu übergeben, und ihm die Gefahren und das

Elend in düsteren Farben malte, die seine Weigerung zur Folge haben würde. Welch ein Augenblick, einem Mann, der nie in seinem Leben einen guten Rat angenommen hatte, so aufdringlich eine Empfehlung geben zu wollen! Der hitzige alte Gouverneur stapfte mit einer Heftigkeit, die den Herren große Angst einflößte, im Saal auf und ab und beklagte sein Unglück, ständig rebellischen Untertanen und jesuitischen Beratern ausgeliefert zu sein.

Gerade zu diesem ungünstigen Zeitpunkt betraten die geschäftigen Bürgermeister, die nun sehr auf der Hut waren und vom Eintreffen geheimnisvoller Depeschen gehört hatten, den Raum, gefolgt von einer Schar von Beamten und Speichelleckern, und verlangten den Brief zu lesen. So von einem »infamen Pöbel«, wie er sie nannte, überfallen zu werden und noch dazu in dem Augenblick, da er auch von außen Ärger hatte, war zuviel für den cholerischen Peter. Er zerriß das Schreiben in tausend Stücke, warf sie dem nächststehenden Bürgermeister ins Gesicht, zerbrach über dem Kopf des zweiten seine Pfeife, warf mit seinem Spucknapf nach einem unglücklichen Beamten, der sich gerade sehr geschickt aus dem Staub machte, und vertagte schließlich die ganze Versammlung auf unbestimmte Zeit, indem er die Abordnung mit seinem Holzbein die Treppe hinunterbeförderte.

Sobald die Bürgermeister sich von der Verwirrung erholt hatten, in die sie ihr plötzlicher Abgang versetzt hatte, und wieder etwas zu Atem gekommen waren, protestierten sie gegen das Verhalten des Gouverneurs, das sie unumwunden als tyrannisch, verfassungswidrig, höchst unanständig und ziemlich rüpelhaft bezeichneten. Dann beriefen sie eine Volksversammlung ein, auf der sie ihr Protestschreiben vorlasen, klärten des weiteren in einer vorbereiteten Rede die Menge ausführlich, mit gehöriger Ausmalung und Übertreibung über das despotische und rachsüchtige Betragen des Gouverneurs auf und wiesen darauf hin, sie selber machten sich nicht viel daraus, getreten, geschlagen und vom Holzbein Seiner Exzellenz mißhandelt zu werden, sie hätten vielmehr die Würde des souveränen Volkes im Auge, die eben durch jene Tritte auf den Sitz der Ehre ihrer Vertreter verletzt worden sei.

Dieser letzte Teil der Rede machte großen Eindruck auf die empfindsamen Zuhörer, weil damit sofort jenes Zartgefühl und jene sorgsam gehütete Ehre angesprochen wurde, die jeden wahren Pöbel auszeichnen, der zwar Beleidigungen ohne Murren erträgt, doch erstaunlich eifersüchtig ist auf seine Würde. Und wer weiß, zu welcher Gewalttat gegen den schrecklichen Peter diese Kerle sich hätten hinreißen lassen, wäre ihre Furcht vor ihrem alten Gouverneur nicht größer gewesen als die vor dem heiligen Nikolaus, vor den Engländern oder vor dem Teufel selbst!

ACHTES KAPITEL

Wie Peter Stuyvesant die Stadt New Amsterdam einige Tage kraft seines Dickkopfes verteidigte

Es liegt etwas überaus Erhabenes und Melancholisches in dem Schauspiel, das diese Krise unserer Geschichte bietet. Eine berühmte und ehrwürdige kleine Stadt, die Metropole eines riesigen unbewohnten Landstrichs, besetzt von einer beherzten Schar von Rednern, Vorsitzenden, Komiteemitgliedern, Bürgermeistern, Beamten und alten Weibern, regiert von einem entschlossenen und starrköpfigen Krieger und befestigt mit Erdwällen, Palisaden und Resolutionen, zur See blockiert, zu Land belagert, von außen mit schrecklicher Verwüstung bedroht – aber im Inneren ist sie zerrissen von Parteienzwist und Aufruhr. Nachdem Gouverneur Stuyvesant, wie bereits berichtet, seinen großen Rat erfolgreich davongejagt und sich auf diese Art des ganzen Trosses unverschämter Ratgeber entledigt hatte, sandte er dem Kommandeur des Invasionsgeschwaders eine kategorische Antwort, machte Recht und Anspruch Ihrer Hoheiten, der Herren Generalstaaten, auf die Provinz New Netherland geltend und bot im Vertrauen auf die Gerechtigkeit seiner Sache der gesamten britischen Nation Trotz.

Mein eifriges Bemühen, die Leser und mich selber von diesen unseligen Szenen bald zu befreien, erlaubt mir nicht, den ganzen mutigen Brief hier einzuschalten, der mit folgenden aufrechten und herzlichen Worten schloß: »Was die Drohungen am Ende Eures Schreibens betrifft, so haben wir darauf nichts weiter zu erwidern, als daß wir nur fürchten, was Gott (der ebenso gerecht wie gnädig ist) uns auferlegen wird; denn alles liegt in seiner barmherzigen Hand, und wir können ebensogut mittels unserer kleinen Streitmacht von ihm beschützt werden wie mittels einer großen Armee; in diesem Sinne wünschen wir Euch viel Glück und Wohlergehen und empfehlen Euch seinem Schutz. Ich bin, Mylords, Euer alleruntertänigster und herzlich ergebener Diener und Freund Peter Stuyvesant.«

Nachdem er auf diese Weise den Fehdehandschuh hingeworfen hatte, steckte der tapfere Peter ein Paar Reiterpistolen in den Gürtel, schnallte ein mächtiges Pulverhorn um, fuhr mit dem gesunden Bein in einen Reitstiefel, stülpte sich seine kleine Kopfbedeckung auf den Kopf und marschierte vor seinem Haus auf und ab, fest entschlossen, seine geliebte Stadt bis zum letzten Atemzug zu verteidigen.

Während alle diese bedauerlichen Kämpfe und Spaltungen die arme Stadt New Amsterdam zerrissen und ihr würdiger, aber unseliger Gouverneur den zitierten Brief aufsetzte, legten die englischen Kommandeure nicht die Hände in den Schoß. Sie ließen insgeheim durch Agenten die Furcht und die Klagen der Bevölkerung schüren und verbreiteten überdies in der Umgebung eine Proklamation, worin sie die bereits in ihrer Aufforderung an den Gouverneur enthaltenen Bedingungen wiederholten, und verführten gleichzeitig die einfältigen Holländer mit den listigsten und gewinnendsten Versprechungen. Sie sicherten allen, die sich freiwillig Seiner Majestät unterwarfen, den ungestörten Besitz ihres Hauses, ihrer Frau und ihres Kohlgartens zu. Auch dürften sie ihre Pfeife rauchen, holländisch sprechen, so viele Hosen tragen, wie sie wollten, und sich Backsteine, Ziegeln und steinerne Krüge aus Holland kommen lassen, anstatt sie im Lande selbst herzustellen. Sie sollten auf keinen Fall gezwungen werden, die englische Sprache zu erlernen, noch sollten sie anders rechnen als bisher, nämlich an den Fingern und mit Kreide auf dem Hutdeckel, wie es die Holländer auf dem Land noch immer tun. Jeder sollte seines Vaters Hut, Rock, Schuhschnallen, Pfeife und jegliche andere persönliche Habe erben dürfen, und niemand sollte zur Übernahme neuer Erfindungen, Verbesserungen oder sonstiger Neuerungen gezwungen werden, sondern sollte im Gegenteil das Recht haben, sich sein Haus zu bauen, seinem Beruf nachzugehen, seine Wirtschaft zu führen, seine Schweine zu mästen und seine Kinder zu erziehen, genau wie es seine Vorfahren seit undenklichen Zeiten getan hatten. Endlich sollten sie alle Begünstigungen des Freihandels genießen und nicht gehalten sein, einen anderen Heiligen anzuerkennen als St. Nikolaus, der nach wie vor als Schutzheiliger der Stadt gelten sollte.

Diese Bedingungen sagten, wie man sich vorstellen kann, dem Volk sehr zu, das große Neigung verspürte, sich seines Eigentums in Frieden zu erfreuen, und sich äußerst ungern auf einen Streit einließ, bei dem es höchstens Ehre und blutige Köpfe gewinnen konnte; gegen erste hegten sie eine philosophische Gleichgültigkeit, letzte aber verabscheuten sie regelrecht. Durch solch heimtückische Mittel also wußten die Engländer dem wackeren alten Gouverneur sein Volk abspenstig zu machen, das ihn für fest entschlossen hielt, sie in garstige Ungelegenheiten zu bringen, und deshalb nicht zauderte, frei von der Leber weg zu sprechen und ihn tüchtig zu beschimpfen – hinter seinem Rücken.

Wie der mächtige Schwertwal, von tosenden Wellen und schäumenden Fluten gepeitscht und umhergestoßen, seinen Lauf unbeirrt fortsetzt und, von brüllenden Wogen überwältigt, immer wieder aus der kochenden Tiefe auftaucht und mit zehnfacher Heftigkeit speit und bläst, so hielt Koppig Piet an seinem geplanten Kurs fest und erhob sich verächtlich über das Geschrei der Menge.

Als aber die englischen Krieger aus dem Ton seiner Antwort ersahen, daß er ihrer Macht Trotz bot, sandten sie sogleich Werbeoffiziere nach Jamaica und Jericho, nach Quogue, Patchogue, Niniveh und in alle jene Orte auf Long Island, die einst von dem unsterblichen Stoffel Brinkerhoff unterjocht worden waren; sie wiegelten die heroischen Nachkommen von Jack Stockfisch, Habakuk Haselnußpflücker, Ehrenfest Gockel und von den anderen berühmten Squattern auf, die Stadt New Amsterdam zu Lande anzugreifen. Unterdessen trafen die feindlichen Schiffe kolossale Anstalten zu einem Angriff auf die Stadt.

Die Straßen von New Amsterdam boten jetzt einen Anblick des wildesten Entsetzens und der Bestürzung. Vergebens befahl Peter Stuyvesant der Bürgerschaft, sich bewaffnet auf dem Marktplatz zu versammeln. Die ganze Partei der »Kurzpfeifen« hatte sich über Nacht in schändliche alte Weiber verwandelt, eine Metamorphose, die nur mit den in Rom beim Herannahen Hannibals statthabenden Wundern zu vergleichen ist, als, wie Livius berichtet, Statuen in heller Angst schwitzten, Ziegen zu Schafen wurden und Hähne als Hennen gackernd durch die Straßen rannten.

Der arg bedrängte Gouverneur, von außen bedroht und von innen belästigt, von den Bürgermeistern gehetzt, vom Pöbel ausgelacht, tobte und brummte und raste wie ein wütender Bär, der, an einen Pfahl gefesselt, von einer Meute bissiger Hunde angefallen wird. Als er aber sah, daß alle weiteren Versuche, die Stadt zu halten, vergeblich waren, und hörte, daß ihn ein Überfall der Grenzbewohner und Straßenräuber aus dem Osten zu überschwemmen drohte, sah er sich endlich gezwungen, seinem stolzen Herzen zum Trotz, an dem er fast erstickte, in eine Kapitulation einzuwilligen.

Worte vermögen nicht das Entzücken des Volkes zu beschreiben, als es die Freudenbotschaft erhielt. Ein Sieg über den Feind hätte es nicht in größeren Jubel versetzen können: Die Straßen hallten von Glückwünschen wider, die Holländer priesen ihren Gouverneur als Vater und Befreier des Landes, sie eilten in Scharen zu seinem Haus, um ihm ihre Dankbarkeit zu bezeigen, und machten zehnmal mehr Spektakel in ihrem Beifall als bei seiner Rückkehr nach der Einnahme des Forts Christina. Aber Peter schloß entrüstet Fenster und Türen und zog sich in die innersten Gemächer seines Hauses zurück, damit ihm das erniedrigende Gejubel der Menge nicht ans Ohr drang.

Infolge der Zustimmung des Gouverneurs verlangten die

Belagerer eine Unterredung, bei der die Übergabebedingungen ausgehandelt werden sollten. Entsprechend benannte jede Seite eine Deputation von sechs Beauftragten, und am 27. August 1664 kam eine Kapitulation zustande, die höchst vorteilhaft für die Provinz und ehrenvoll für Peter Stuyvesant ausfiel. Nun blieb nur noch eins zu tun übrig, nämlich die Artikel der Übergabe vom Gouverneur ratifizieren und unterzeichnen zu lassen. Als die Unterhändler ihm in dieser Angelegenheit ihre Aufwartung machten, empfing sie der trotzige alte Kämpe mit grimmiger Höflichkeit. Seine kriegerische Ausrüstung hatte er ganz beiseite gelegt, ein alter indischer Schlafrock umhüllte die rauhen Glieder, eine rote Nachtmütze überschattete die gerunzelte Stirn, und ein drei Tage alter, eisgrauer Bart vollendete sein finsteres Aussehen. Dreimal ergriff er eine kurze, abgeschriebene Feder und versuchte das verhaßte Papier zu unterzeichnen, dreimal knirschte er mit den Zähnen und machte ein angeekeltes Gesicht, als müßte er ein Gemisch von Rhabarber, Sennesblättern und Brechwurzeln hinunterwürgen; endlich warf er sie hin, griff nach dem Schwert, riß es aus der Scheide und schwor bei St. Nikolaus, er wolle lieber sterben als sich irgendeiner Macht unter dem Himmel ergeben.

Umsonst war jeder Versuch, seinen festen Entschluß zu erschüttern; Drohungen, Ermahnungen, Schimpfworte, alles war vergebens. Zwei Tage lang wurde das Haus des Gouverneurs von der lärmenden Menge belagert, zwei Tage lang konnte er sich nicht von seinen Waffen trennen und weigerte sich standhaft, die Kapitulation zu unterzeichnen. Endlich nahm die Bevölkerung, nachdem sie gefunden, daß lärmendes Betragen nur seinen Widerspruch verstärkte, zu einem demütigen Mittel Zuflucht, das seinen Zorn besänftigen und seine Hartnäckigkeit untergraben mußte. Und nun zog eine feierliche Trauerprozession unter Führung der Bürgermeister und Schöffen, gefolgt von der Menge, langsam zum Haus des Gouverneurs, um ihm die Kapitulation zu überreichen. Sie fanden den trotzigen alten Helden wie einen Riesen in seinem Schloß verrammelt, die Türen waren fest verbarrikadiert, und er selbst war in voller Uniform und mit dem Dreispitz auf dem Kopf hinter einer Hakenbüchse am Dachfenster postiert.

Es lag etwas in dieser drohenden Haltung, was auch der lärmenden Menge Ehrfurcht und Bewunderung abverlangte. Sie konnte nur mit Selbstverachtung auf ihr feiges Verhalten zurückblicken, als sie ihren kühnen, aber verlassenen alten Gouverneur so treu auf seinem Posten sah, als verlorene Hoffnung und fest entschlossen, seine undankbare Stadt bis zum letzten Blutstropfen zu verteidigen. Die Gewissensbisse wurden jedoch bald von einer wieder aufflackernden allgemeinen Besorgnis verdrängt. Das Volk stellte sich vor dem Haus auf und nahm mit demütiger Gebärde die Hüte ab, und Bürgermeister Roerback, der zu den von Sallust beschriebenen Rednern gehörte, die »eher schwatzhaft als beredt« sind, trat vor und wandte sich in einer dreistündigen Rede an den Gouverneur, malte die aussichtslose Lage der Provinz in höchst ergreifenden Worten und bat ihn unter ständiger Wiederholung derselben Argumente und Ausdrücke, die Kapitulation endlich zu unterzeichnen.

Peter Stuyvesant sah aus seinem kleinen Dachfenster in grimmigem Schweigen auf ihn herab, hin und wieder schweifte sein Blick über die versammelte Menge, und ein unwilliges Grinsen wie das eines Bullenbeißers huschte über sein hartes Gesicht. Obgleich er ein Mann von unerschrockenem Mut war, obgleich er ein Herz wie ein Ochse hatte und einen Schädel, der es an Härte mit einem Diamanten aufnehmen konnte, so war auch er nur ein Mensch. Vom unaufhörlichen Widerstand und dem ständigem Geschwätz mürbe und von der Einsicht bestimmt, daß die Bürger, wenn er ihnen den Willen nicht tue, ihren eigenen Neigungen oder vielmehr ihrer Furcht folgen würden, ohne auf seine Zustimmung zu warten, befahl er ihnen barsch, ihm das Papier heraufzureichen. Sie gaben es ihm also am Ende einer Stange hinauf, und nachdem er seinen Namen daruntergekritzelt hatte, verfluchte er sie alle als eine Bande feiger, aufrührerischer und verkommener Memmen, warf ihnen die Kapitulation an den Kopf und schlug das Fenster zu. Dann hörten sie, wie er im höchsten Unwillen die Treppe hinunterpolterte. Die Menge ergriff sogleich die Flucht, und selbst die Bürgermeister besannen sich nicht lange, sein Grundstück zu verlassen, denn sie fürchteten, Pieter de Groot werde aus seiner Höhle hervorkommen und sie mit einem unangenehmen Beweis seines Mißfallens begrüßen.

Drei Stunden nach der Übergabe rückte ein Schwarm rindfleischgenährter englischer Soldaten in New Amsterdam ein und ergriff vom Fort sowie von den Geschützstellungen Besitz. Wenig später ertönte aus allen Richtungen Gehämmer – die alten holländischen Bürger waren emsig dabei, ihre Türen und Fenster zu vernageln, um ihre Frauen vor diesen Barbaren zu schützen, die durch die Straßen stolzierten, verfolgt von stummen, verdrießlichen Blicken aus den Dachfenstern.

Auf diese Weise kam Oberst Richard Nichols, Kommandeur der britischen Truppen, als Stellvertreter des Herzogs von York kampflos in den Besitz des eroberten Gebiets. Den Sieg begleitete keine andere Schmach, als daß der Name der Provinz und ihrer Hauptstadt in New York umgeändert wurde, was bis auf den heutigen Tag beibehalten wurde. Die Einwohner durften sich vertragsgemäß ungestört ihres Eigentums erfreuen, aber ihre Abneigung gegen die englische Nation war nach wie vor so groß, daß in einer geheimen Zusammenkunft der führenden Bürger einmütig beschlossen wurde, keinen der Sieger je zu Tisch zu bitten.

NEUNTES KAPITEL

Enthält die ehrenvolle Abdankung Peters des Starrköpfigen und seine Kapitulation vor dem Tod

So hätte ich nun dieses bedeutende Geschichtswerk zu Ende gebracht, doch bevor ich die Feder niederlege, habe ich noch eine fromme Pflicht zu erfüllen. Wenn unter den vielen Lesern meines Buches zum Glück auch solche sind, deren edle Seelen bei der Geschichte aller Edelmütigen und Tapferen erglühen, so werden diese ohne Zweifel begierig sein, etwas über das weitere Schicksal Peter Stuyvesants zu erfahren. Um auch nur *ein* solch lauteres Herz zu erfreuen, würde ich viel weiter gehen, als wenn ich die kaltblütige Neugier einer ganzen Sippschaft von Philosophen zu befriedigen hätte.

Kaum hatte der tüchtige Mann die Kapitulation unterzeichnet, kehrte er, entschlossen, die Demütigung seiner Lieblingsstadt nicht mitanzusehen, ihren Mauern den Rücken und zog sich knurrend auf seinen Landsitz zurück, der ungefähr eine halbe Stunde entfernt lag. Hier verlebte er den Rest seiner Tage in patriarchalischer Zurückgezogenheit, hier erfreute er sich einer Seelenruhe, die er unter den quälenden Sorgen des Regierungsgeschäfts nie gekannt hatte, hier kostete er Freuden absoluter und uneingeschränkter Macht, die seine aufrührerischen Untertanen ihm so oft durch ihre Opposition vergällt hatten.

Durch keinerlei Überredungskünste konnte er je dazu gebracht werden, die Stadt wieder zu besuchen, er ließ sogar seinen großen Lehnsessel immer mit dem Rücken gegen die zur Stadt gerichteten Fenster stellen, bis eine dichte Baumgruppe, die er mit eigener Hand gepflanzt hatte, heranwuchs und als Schirm ihm jede Aussicht nahm. Er spottete ständig über die von den Eroberern eingeführten lasterhaften Neuerungen und Verbesserungen, er verbot seiner Familie, auch nur ein einziges Wort ihrer verhaßten Sprache zu sprechen, ein Befehl, dem man gern nachkam, weil niemand im Haus eine andere Sprache als Holländisch verstand, und er ließ sogar eine schöne Allee vor seinem Haus abholzen, weil sie aus englischen Kirschbäumen bestand.

Dieselbe unermüdliche Wachsamkeit, die seine Herrschaft über eine weite Provinz ausgezeichnet hatte, tat sich auch hier kräftig, wenngleich in etwas kleinerem Rahmen kund. Er patrouillierte ständig an den Grenzen seines kleinen Territoriums, schlug jeden Übergriff unerschrocken und schnell zurück, bestrafte jede Plünderung seines Obstgartens oder seiner Felder mit unbeugsamer Strenge und führte jede verirrte Kuh oder Sau im Triumph in den Pfandstall. Aber dem armen Nachbarn, dem verlassenen Fremden oder dem müden Wanderer stand seine Tür stets offen, und an seinem weiten Herd, dem Sinnbild seines eigenen warmen und edlen Herzens, fand sich immer ein Plätzchen zu ihrer Aufnahme und Erquickung. Ich muß gestehen, daß es Ausnahmen gab. War der unglückselige Bittsteller ein Engländer oder Yankee, so half er ihm zwar unter Umständen, aber er war nie dazu zu bewegen, den Pflichten der Gastfreundschaft nachzukommen. Ja, wenn durch Zufall ein herumreisender Yankee-Händler mit einem Wagen voll zinnerner oder hölzerner Ware vor seiner Haustür hielt, fuhr der wilde Peter wie ein Riese aus seiner Festung und warf ihm seine Töpfe und Kessel so durcheinander, daß der Trödler augenblicklich die Flucht ergriff.

Peter Stuyvesants stattliche Uniform, durchs Bürsten fadenscheinig geworden, hing ordentlich im Prunkschlafzimmer und wurde regelmäßig am ersten sonnigen Tag im Monat gelüftet; sein Dreispitz und sein treues Schwert zierten in grimmiger Untätigkeit den Kaminsims im Wohnzimmer und rahmten ein lebensgroßes Porträt des berühmten Admirals Van Tromp. In seinem Reich hielt er auf strenge Disziplin und führte ein wohlorganisiertes, tyrannisches Regiment. Obgleich sein Wille immer als höchstes Gesetz galt, so war das Wohl seiner

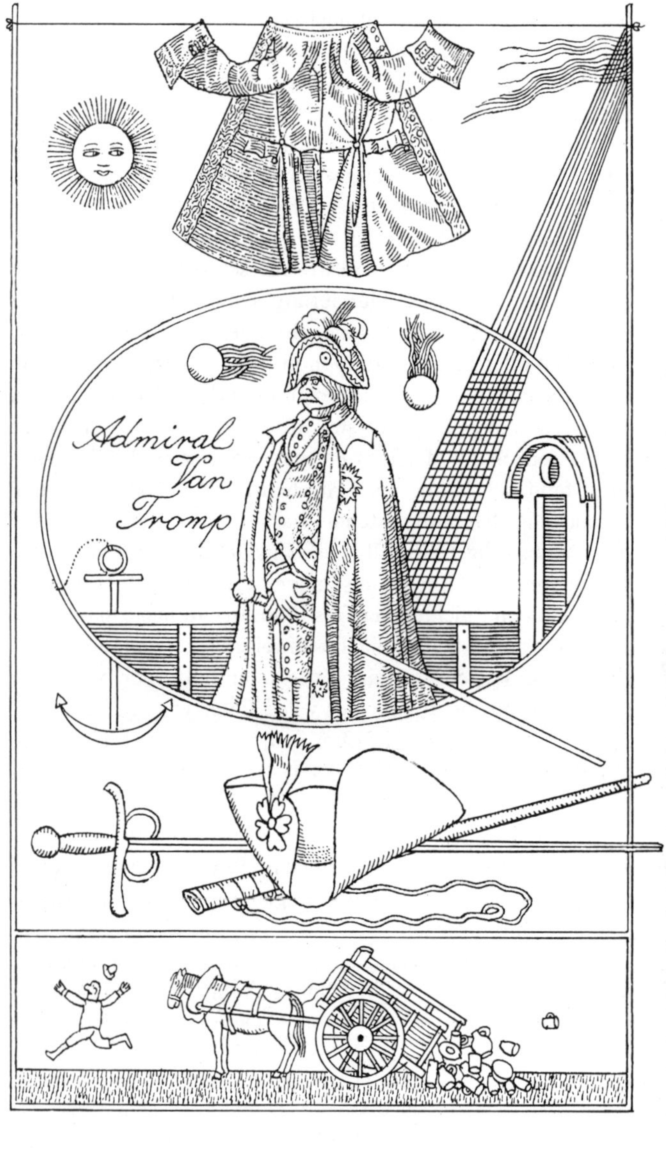
Admiral
Van
Tromp

Untertanen stets das Ziel seiner Wünsche. Er wachte nicht allein über ihre leiblichen Bedürfnisse, sondern auch über ihre Moral und das Heil ihrer Seele, denn er gab ihnen eine Menge guter Ratschläge, und niemand konnte sich beklagen, daß er mit wirksamen Strafen sparte, wenn es erforderlich war.

Die guten, alten holländischen Festlichkeiten, jene periodischen Beweise eines überfließenden Herzens und dankbaren Gemüts, die bei meinen Mitbürgern leider aus der Mode kommen, wurden im Haus des Gouverneurs Stuyvesant gewissenhaft begangen. Neujahr war ein Tag schönster Freigebigkeit, heiterer Gelage und herzlicher Glückwünsche, an dem der Busen in echter Brüderlichkeit überzufließen schien und der üppigen Tafel mit ungenierter Freiheit und offener, lauter Lustigkeit zugesprochen wurde, die man in diesen Tagen der Entartung und Verfeinerung gar nicht mehr kennt. Ostern und Pfingsten wurden in seinem Reich streng eingehalten, und der St.-Nikolaus-Tag durfte nicht verstreichen, ohne daß Strümpfe in den Kamin gehängt, Geschenke gemacht und alle anderen damit verbundenen Bräuche eingehalten wurden.

Einmal im Jahr, am ersten April, pflegte er sich in volle Uniform zu werfen, denn es war der Jahrestag seines triumphalen Einzugs in New Amsterdam nach der Einnahme von New Sweden. Dies war immer eine Art Saturnalienfest für die Dienstboten, die sich bis zu einem gewissen Grad die Freiheit nahmen, zu sagen und zu tun, was ihnen gefiel. An diesem Tag war ihr Herr sehr ausgelassen, spaßig und kurzweilig, er schickte die alten, grauköpfigen Neger nach Taubenmilch in den April, und alle gingen gern auf den Schabernack ihres alten Herrn ein. So herrschte er glücklich und in Frieden auf seinem Anwesen, beleidigte und beneidete niemanden und wurde weder durch Hader in der Welt draußen belästigt noch durch Aufruhr im Inneren verwirrt. Die Mächtigen dieser Erde, die vergebens danach trachteten, durch Krieg und Verheerung den Frieden aufrechtzuerhalten und das Wohl der Menschheit zu fördern, hätten wohl daran getan, eine Reise zu der kleinen Insel Mannahata zu machen und sich von der häuslichen Wirtschaft des Peter Stuyvesant eine Lektion im Regieren erteilen zu lassen.

Im Laufe der Zeit jedoch begann der alte Gouverneur Stuyvesant wie alle Menschenkinder Anzeichen des Verfalls zu verraten. Wie eine alte Eiche, die lange der Gewalt der Elemente getrotzt hat und noch immer von riesenhaftem Wuchs ist, bei jedem Sturmwind zu zittern und zu knarren anfängt, so erging es auch Peter. Zwar war er in äußerer Haltung und im Auftreten wie in den Tagen seiner Tapferkeit und Ritterlichkeit, allein Alter und Gebrechlichkeit nagten an seiner Körperkraft, wenngleich sein Herz, diese unbezwingliche Zitadelle, sich noch immer nicht geschlagen gab. Mit erstaunlicher Begierde lauschte er jeder kleinen Mitteilung über die Auseinandersetzungen zwischen Engländern und Holländern. Sein Herz pochte stärker, wenn er von den Siegen De Ruyters hörte, er senkte den Kopf und runzelte die Stirn, wenn sich das Kriegsglück den Engländern zuwandte. Eines schönen Tages – er hatte gerade seine fünfte Pfeife ausgeraucht, schlummerte nach Tisch ein bißchen in seinem Lehnsessel und eroberte im Traum ganz England – wurde er plötzlich durch lautes Glockenläuten, Trommeln und Kanonendonner geweckt, so daß sein Blut in Wallung geriet. Doch als er erfuhr, daß damit ein großer Sieg der vereinigten Flotten Englands und Frankreichs über den braven De Ruyter und den jüngeren Van Tromp gefeiert wurde, nahm er sich das so zu Herzen, daß er sich ins Bett legen mußte und in knapp drei Tagen durch eine heftige Cholera an den Rand des Grabes gebracht wurde. Aber selbst in dieser äußersten Notlage zeigte sich der unbezwingliche Geist Peters des Starrköpfigen. Er hielt sich bis zum letzten Atemzug mit bewundernswerter Hartnäckigkeit gegen eine ganze Armee alter Weiber, die sich bemühten, den Feind nach einer echt holländischen Verteidigungsart aus seinen Eingeweiden zu vertreiben, nämlich ihn mit Katzenminze und Flohkraut zu überschwemmen.

Wie er so dalag und dem Verfall nahe war, erreichte ihn die Nachricht, daß der tapfere De Ruyter nur geringe Verluste erlitten und sich erfolgreich abgesetzt habe, und gesonnen sei, dem Feind eine neue Schlacht zu liefern. Die brechenden Augen des alten Kriegers funkelten bei dieser Botschaft, er richtete sich halb im Bett auf, kriegerische Begeisterung blitzte in seinem Gesicht auf, er ballte die magere Hand, als halte er das Schwert, das er einst triumphierend vor den Mauern von Fort Christina geschwungen hatte, lächelte grimmig frohlockend, sank zurück auf sein Kissen und verschied.

So endete Peter Stuyvesant, ein mannhafter Krieger, ein treuer Bürger, ein aufrechter Gouverneur und ein ehrlicher Holländer, dem nur einige Reiche zum Verwüsten fehlten, um als Held unsterblich zu werden.

Sein Begräbnis wurde mit großem Aufwand an Pracht und Feierlichkeit gefeiert. Die Stadt war von ihren Einwohnern verlassen, die sich drängten, ihrem guten alten Gouverneur die letzte Ehre zu erweisen. Alle seine wertvollen Eigenschaften überstürzten sich jetzt in ihrer Erinnerung, und die Gedanken an seine Mängel und Schwächen waren mit ihm verloschen. Die alten Bürger stritten sich um die Ehre, das Bahrtuch halten zu dürfen, das Volk balgte sich darum, neben dem Sarg zu gehen, und den Schluß der traurigen Prozession bildete eine Schar grauhaariger Neger, die im Haushalt ihres verstorbenen Herrn mehr als ein halbes Jahrhundert lang gute und schlechte Tage erlebt hatten.

Mit traurigen Mienen versammelte sich die Menge um sein Grab. Sie dachte mit blutendem Herzen an die hohen Tugenden, außerordentlichen Verdienste und tapferen Taten des würdigen Mannes. Sie erinnerte sich mit geheimen Vorwürfen an ihr eigenes aufrührerisches Verhalten während seiner Regierungszeit, und manch alter Bürger, dessen phlegmatisches Gesicht man nie bewegt, dessen Auge man immer trocken gesehen hatte, rauchte nun nachdenklich seine Pfeife, und dabei rann ihm eine dicke Träne über die Wange, während er mit liebevollem Tonfall und melancholischem Kopfschütteln murmelte: »Jaja! Nun ist Koppig Piet dahin!«

Seine sterblichen Überreste wurden in der Familiengruft aufgebahrt, unter einer Kapelle, die er fromm auf seinem Landsitz errichtet und St. Nikolaus geweiht hatte. Sie stand an derselben Stelle, wo sich jetzt die St.-Markus-Kirche erhebt, in der man seinen Grabstein noch sehen kann. Sein Landgut oder *Bouwerij*, wie es genannt wurde, blieb immer im Besitz seiner Nachkommen, die sich allesamt durch ihre Rechtschaffenheit und die strikte Befolgung der Sitten und Gebräuche aus der »guten alten Zeit« ihres berühmten Vorfahren würdig gezeigt haben. Gar oft schlichen sich des Nachts verwegene Schatzgräber auf das Anwesen, die nach Gold suchten, das der alte Gouverneur in Töpfen verscharrt haben sollte, doch ist mir noch nicht zu Ohren gekommen, daß je einer von ihnen dabei reich geworden ist. Aber wer unter meinen hier geborenen Mitbürgern erinnerte sich nicht daran, daß auch er es in den ausgelassenen Tagen seiner Kindheit als kühnes Unternehmen betrachtete, an einem Sonntagnachmittag Stuyvesants Obstgarten zu plündern?

Auf dem Erbsitz der Familie Stuyvesant sind noch jetzt einige Andenken an den unvergeßlichen Peter zu besichtigen. Sein lebensgroßes Porträt blickt finster-martialisch von der Wand des Empfangszimmers herab, sein Dreispitz und sein Schwert hängen im Prunkschlafzimmer, seine schwefelfarbenen Beinkleider hingen lange Zeit in der Diele, bis sie vor einigen Jahren einen Streit zwischen einem jungvermählten Paar verursachten, und sein silberbeschlagenes Holzbein wird noch immer in der Vorratskammer als ein unschätzbares Erinnerungsstück bewahrt.

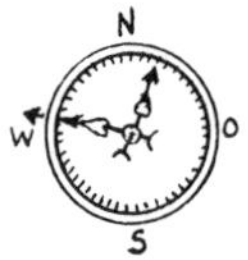

ZEHNTES KAPITEL

Abschließende Betrachtungen des Autors

Daß Reiche aufstreben, blühen und in Nichts zerfallen, ist der traurige Lauf der Weltgeschichte, und so erging es auch Manhattan, dem Reich Ihrer Hoheiten, unter der friedlichen Herrschaft Walters des Zweiflers, der mürrischen Herrschaft Wilhelms des Reizbaren und der tapferen Herrschaft Peters des Starrköpfigen. Die Geschichte dieses Landes ist lehrreich und es wert, mit Bedacht erwogen zu werden, denn in der Asche vergangener Größe glimmen die Funken wahrer Erkenntnis, und hier leuchtet die Lampe der Weisheit. So möge die Regierungszeit Walters des Zweiflers als Warnung vor jener selbstzufriedenen Sicherheit, jener anmaßenden Schwäche für Behaglichkeit und Ruhe dienen, die eine Folge des Wohlstands und Friedens sind. Möge die unselige Regierung Wilhelms des Reizbaren als heilsame Warnung dienen vor der launischen, fieberhaften Art der Gesetzgebung. Möge endlich das Regiment des guten Stuyvesant zeigen, was Energie und Entschlossenheit vermögen, selbst wenn sie nicht von ruhigem Urteil begleitet sind. Möge es zugleich vor dem allzu großen Vertrauen auf die Ehrlichkeit anderer, sich besonders freundlich gebender Nachbarstaaten warnen und lehren, wohlüberlegt auf die Meinungen und Wünsche des Volkes zu hören, das in Zeiten der Gefahr beruhigt und geführt werden muß.

Doch genug der vielen guten Beispiele, die der Leser aus der alten Chronik Manhattans entnehmen mag. Bevor ich schließe, muß ich noch eine feierliche Warnung aussprechen, zu der mich eine Reihe von feinen Verkettungen zwingt, die, von der Eroberung des Forts Casimere ausgelöst, zu den gegenwärtigen Umwälzungen auf unserer Erde geführt haben.

So höre denn, verehrter Leser, auf diese einfache Schlußfolgerung, und wenn du ein Kaiser, König oder anderer mächtiger Potentat bist, so laß dir raten, sie dir zu Herzen zu nehmen. Freilich habe ich wenig Hoffnung, daß mein Werk in solche Hände gelangen wird, denn ich weiß wohl, wie listige Minister alle ernsten und erbauenden Bücher dieser Art den unglücklichen Monarchen vorenthalten, damit sie dieselben nicht etwa lesen und Weisheit daraus schöpfen könnten.

Durch den verräterischen Überraschungsangriff auf Fort Casimere erfreuten sich die hinterlistigen Schweden eines vorübergehenden Triumphes, zogen aber die Rache Peter Stuyvesants auf ihr Haupt, der ihnen ganz New Sweden entriß. Durch die Eroberung dieses Gebiets weckte Peter Stuyvesant die Ansprüche des Lord Baltimore, dieser wandte sich an das Kabinett von Großbritannien, und dieses unterjochte die ganze Provinz New Netherland. Durch diese große Tat kam Nordamerika in seiner ganzen Ausdehnung von Nova Scotia bis nach Florida unter die Botmäßigkeit der englischen Krone. Aber beachte, o Leser, die Folgen! Die bis dahin verstreut liegenden Kolonien wurden auf solche Weise verbunden, und da sie keine eifersüchtigen Nachbarkolonien hatten, die sie in Furcht und Zaum hielten, erstarkten sie und wuchsen schließlich dem Mutterland über den Kopf; sie schüttelten die Fesseln ab und wurden durch eine glorreiche Revolution eine unabhängige Nation. Aber die Kette der Wirkungen hört hier noch nicht auf. Die erfolgreiche amerikanische Revolution brachte die blutige Französische Revolution hervor, die wiederum gebar den mächtigen Bonaparte, dieser den französischen Despotismus, der die ganze Welt durcheinandergebracht hat! So wurden diese Großmächte allmählich für ihre unseligen Eroberungen bestraft, und so begannen, wie ich bereits feststellte, all die gegenwärtigen Erschütterungen, Revolutionen und Katastrophen, welche die Menschheit überwältigen, mit der Eroberung des kleinen Forts Casimere.

Und nun, verehrter Leser, bevor ich dir traurig Lebewohl sage – was, ach, für immer sein wird –, möchte ich gern in herzlicher Freundschaft von dir scheiden und um dein gütiges Andenken bitten. Daß ich keine bessere Geschichte über die Zeit der Patriarchen geschrieben habe, ist nicht meine Schuld; hätte ein anderer eine vergleichbare vorgelegt, so hätte ich mich nicht daran versucht. Daß mich viele spätere Geschichtsschreiber übertreffen werden, will ich nicht bezweifeln und mich noch weniger deshalb grämen, denn ich weiß wohl, daß, als der große Kolumbus einmal sein Ei zum Stehen gebracht hatte, ein jeder am Tisch es tausendmal geschickter machen konnte. Sollte sich irgend jemand durch meine Geschichte beleidigt fühlen, so täte mir das unendlich leid, obwohl ich mich nicht darauf einlassen würde, ihm begreiflich zu machen, daß er sich irrt oder sich über Schatten an der Wand ärgert.

Ich habe eine zu hohe Meinung von der Intelligenz meiner Mitbürger, als daß ich sie belehren möchte, und ich trachte zu sehr nach ihrer Gunst, als daß ich sie mir durch guten Rat verscherzen wollte. Ich bin auch keiner jener Zyniker, welche die Welt verachten, weil sie von ihr verachtet werden, im Gegenteil: Obgleich ich von ihr nicht hochgeschätzt bin, sehe ich doch mit dem besten Gewissen zu ihr auf, und es tut mir nur leid, daß sie sich der grenzenlosen Liebe, die ich ihr entgegenbringe, nicht würdiger zeigt.

Wenn es mir jedoch in diesem meinem historischen Werk – der mageren Frucht eines langen und mühevollen Lebens – nicht gelungen ist, den verwöhnten Gaumen des Zeitalters zu kitzeln, so kann ich nur mein Mißgeschick beklagen, denn es ist zu spät für mich, als daß ich hoffen könnte, dieses Werk zu verbessern. Schon hat das Alter mir schneeweißes, lebloses Haar aufs Haupt gestreut, und es dauert nicht mehr lange, bis die belebende Wärme, die noch mein Herz umfängt und dir, lieber Leser, mit herzlicher Zuneigung entgegenschlägt, auf ewig wird erkaltet sein. Vielleicht gibt dann dieses arme

Häuflein Staub, das in seinem Leben nur wucherndes Unkraut hervorgebracht hat, eine demütige Scholle ab, aus der manch liebliche wilde Blume sprießt, um meine geliebte Insel Mannahata zu schmücken.

NACHWORT

»Meine europäischen Leser waren erstaunt, daß ein Mann aus dem finstersten Amerika sich in passablem Englisch ausdrückte. Man hielt mich für etwas Neues und Seltsames in der Literatur, gewissermaßen für einen Halbwilden mit der Feder in der Hand anstatt auf dem Kopf, und man war begierig zu erfahren, was solch ein Wesen über die zivilisierte Gesellschaft zu sagen hatte.« Die freundlich-ironische Feststellung Washington Irvings stammt aus dem Jahr 1822. »Diedrich Knikkerbockers humoristische Geschichte der Stadt New York« (1809) und das »Skizzenbuch« (1819/20) lagen bereits vor, sie zeugten von der Existenz der amerikanischen Literatur und standen den Werken englischer Schriftsteller nicht nach. Zu einer Zeit, als vor allem die englische Kritik die gesamte Kultur Amerikas mit snobistischer Geste in Frage stellte, übernahm Irving die Rolle eines ebenso taktvollen wie geschickten Mittlers, der um Verständnis für die junge Nation jenseits des Atlantiks warb. Zwar revolutionierte er die Literatur der Vereinigten Staaten nicht, doch gab er ihr in jener Übergangsperiode Richtung und Ziel und trug damit entscheidend zu ihrer weiteren Entwicklung bei. In diesem Sinn ist der erste hauptberufliche, international bekannt gewordene Schriftsteller Amerikas als »Vater« der amerikanischen Literatur zu betrachten.

Washington Irving wurde im Unabhängigkeitsjahr 1783 als Sohn eines angesehenen Kaufmanns in New York geboren. Seit 1798 widmete er sich widerstrebend »den trockenen Studien von Gesetzen und Protokollen, dem technischen Kram und der geistlosen Routine« in mehreren Kanzleien, acht Jahre später erhielt er seine Zulassung als Anwalt, ohne diesen Beruf je ernsthaft auszuüben. Er gehörte der Jeunesse dorée der damals knapp 20 000 Einwohner zählenden Hafenstadt an und wurde von seinen älteren Brüdern William und Peter in Literatenkreise eingeführt. Die ersten schriftstellerischen Versuche – ironische Feuilletons über Theater und Gesellschaft in New York (»Briefe des Jonathan Oldstyle, Gentleman«, 1802/03) und essayistische Satiren über Kultur, Politik und nationale Eigenheiten der Amerikaner (»Salmagundi Papers«, 1807/08) – brachten ihm in New York und Philadelphia den Ruf eines Schöngeists ein. Auf Reisen in den Norden seines Heimatstaates New York lernte er die in den Dörfern am Hudson noch lebendige Kultur und Sagenwelt der seit dem 17. Jahrhundert dort ansässigen Holländer kennen. Die erste Europareise (1804 – 1806), die ihn nach Frankreich, Italien, in die Schweiz und die Niederlande sowie nach England führte, erweiterte seinen Gesichtskreis beträchtlich und überzeugte ihn davon, daß man in Europa über die Vereinigten Staaten nichts wußte.

»Ungeeignet für geschäftliche Unternehmungen in einem Land, wo ein jeder geschäftig ist«, formulierte er 1812 in einem Artikel, »und der Literatur ergeben, wo geistige Muße mit Müßiggang verwechselt wird, ist der Schriftsteller ein nahezu isoliertes Wesen, dessen Arbeit von wenigen verstanden, geschweige denn geschätzt, und von fast niemandem gefördert wird.« Die finanzielle Unsicherheit des Schriftstellerberufs in der jungen Republik bestimmte ihn, bis 1815 im Büro seiner Brüder oder als ihr Vertreter in Washington auszuharren. Es bedurfte des Bankrotts der Familienfirma (1818), deren Filiale in Liverpool er seit 1815 leitete, um Irving, Anwalt und Geschäftsmann wider Willen, endlich der Schriftstellerei zuzuführen. Er schloß Freundschaft mit Sir Walter Scott (1817), der zu den frühen Bewunderern der parodistischen Geschichte der Stadt New York gehörte und ihn zur Beschäftigung mit der europäischen Sagenliteratur, vor allem mit dem reichen deutschen Sagenschatz anregte. Das zwei Jahre später erscheinende »Skizzenbuch« sicherte ihm die Anerkennung des Publikums in Europa und Amerika. Siebzehn Jahre lang blieb Irving in Europa. Er bereiste Deutschland (1822), Frankreich (1824/25) und Spanien

(1826–1829), weilte von 1829 bis 1832 als Diplomat in London, vertiefte sich in europäische Geschichte und Folklore und war ein gern gesehener Gast auf Parties und Empfängen. Bei seiner Rückkehr nach Amerika konnte er eine stattliche Reihe von Büchern vorweisen, unter anderem »Bracebridge Hall oder die Charaktere« (1822), »Erzählungen eines Reisenden« (1824), eine Biographie des Christoph Kolumbus und, als geschlossenste Leistung, »Alhambra« (1832), das sogenannte »spanische Skizzenbuch«, in dem er durch Sage und Essay iberische Kultur interpretiert. Nicht zuletzt zur Besänftigung der Landsleute, die an der überwiegend europäischen Thematik seiner Bücher Anstoß nahmen, wandte er sich in den folgenden Jahren der Darstellung Amerikas zu. »Eine Reise über die Prärien« (1835), »Astoria« (1836) und »The Adventures of Captain Bonneville, U. S. A.» (1837) ließen ein Absinken seiner Schaffenskraft erkennen. Nach einem nochmaligen Aufenthalt in Europa (1842 – 1845 Botschafter in Madrid, 1846 in diplomatischer Mission in London) lebte er in seinem Haus »Sunnyside« bei Tarrytown am Hudson und vollendete bis zu seinem Tod (1859) umfangreiche Werke über Oliver Goldsmith (1849), Mohammed (1849/50) und George Washington (1855–1859), den ersten Präsidenten der Vereinigten Staaten von Amerika.

»Diedrich Knickerbockers humoristische Geschichte der Stadt New York« wurde von Peter und Washington Irving als Parodie auf ein trocken geschriebenes Handbuch (1807) eines gewissen Samuel Latham Mitchill begonnen. Dringende Geschäfte riefen Peter Irving nach London, und so entschloß sich sein Bruder, das Projekt zu Ende zu führen. Er gab den ursprünglichen Plan auf und entschied sich für die parodistische Behandlung der New Yorker Historie unter besonderer Berücksichtigung der holländischen Herrschaft und der drei letzten holländischen Gouverneure Wouter Van Twiller (regierte 1633–1637), Willem Kieft (regierte 1637–1647) und Peter Stuyvesant (regierte 1647–1664).

Das Opus des dünnen Männleins mit dem Dreispitz, dessen Name in der Folgezeit zum Synonym für den New Yorker schlechthin wurde und bei Dampfer- und Omnibuslinien, bei Versicherungsgesellschaften und Herstellern diverser Viktualien als Werbeslogan Verwendung fand, ist eine Mischung aus historisch Überliefertem und frei Erfundenem, es ist Historienparodie, Literaturparodie und Zeitsatire in einem. Fast scheint es, als wollte Irving den Europäern zeigen, daß es in Amerika nicht nur belesene, in allen Literaturen der Alten Welt versierte Leute, sondern sehr wohl auch Traditionen und Sagen gab. Von nun an waren Spuyten Duyvil, Hell Gate, Anthony's Nose und andere Örtlichkeiten im Bereich New Yorks keine nackten geographischen Begriffe mehr, sie waren mit lebendiger Vergangenheit verknüpfte Stätten von historischem Belang. Dabei ist nicht auszuschließen, daß Irving hinter der Maske des alten Historikers Knickerbocker Sagen erfand. Diese und der jugendlich-überschwengliche Humor mit seinen Übertreibungen, dem Wortwitz und der Charakter- und Situationskomik sind die spezifisch amerikanischen Züge der »Humoristischen Geschichte der Stadt New York«. Im Einklang mit der Satire auf die Pedanterie der Geschichtsschreiber gibt Irving dem Poetischen den Vorzug vor den Fakten, komisch-heroischen, teils sogar im Blankvers verfaßten Schlachtenbeschreibungen vor der historischen Detailtreue. Der junge Mann hatte Homer und Hesiod, Cervantes, Rabelais und Swift, Dryden, Butler und Fielding, Ben Jonson und Smollett mit Vergnügen und Gewinn gelesen, sie alle haben in der Parodie mehr oder weniger deutliche Spuren hinterlassen. So weist die Gestalt Peter Stuyvesants eindeutig auf Cervantes hin, der Zwist zwischen Kurzpfeifen und Langpfeifen geht auf Swift zurück, und die Ansprachen Knickerbockers an den Leser sind Fielding abgeguckt. Knickerbockers Auffassung von der Verantwortung des Historikers, der angeblich über Ruhm oder Schmach der Großen seiner Zeit zu entscheiden hat, wird ironisiert – Irving entscheidet sich für das Gelächter. Auch und vor allem im Fall des reizbaren Willem Kieft, der als ein vom Standpunkt eines Föderalisten karikiertes Porträt Thomas Jeffersons, des dritten Präsidenten der USA, zu deuten ist. Im übrigen fehlt es nicht an kritischen Äußerungen zur Zeit – etwa über die Meinungsfreiheit, die Parteien und die Rolle der Presse –, die Irvings damalige, von konservativen Freunden beeinflußte politische Einstellung verraten. Grundsätzlich erschien dem Romantiker Irving die Vergangenheit in ihrer (vermeintlichen) Unbeschwertheit schöner als die laute, ihn unangenehm berührende Gegenwart eines Landes, das sich gerade anschickte, seine agrarische Struktur zugunsten der industriellen zu verändern.

Washington Irving versuchte nicht, das Leben in seinen Höhen und Tiefen auszuloten. Er wußte, was er beherrschte, und bewies bei der Ausführung Geschmack, übrigens auch ein feines Gespür für den Geschmack des zeitgenössischen Publikums. Er war kein Neuerer, doch ein gewandter Stilist mit großem Einfühlungsvermögen, der es verstand, aus Gefundenem etwas Eigenes zu machen. Er orientierte sich an europäischen Maßstäben und an den englischen Essayisten Addison, Steele und Goldsmith, er griff Anregungen aus anderen Literaturen schöpferisch auf und brachte sie in die eigene Literatur ein. Ein großer Teil seines Schaffens ist heute wohl nur noch von historischem Interesse; lebendig geblieben sind sein »Skizzenbuch« – vor allem »Rip Van Winkle« und »Die Sage von der Schläfrigen Schlucht«, die den Beginn der amerikanischen Short Story markieren –, der Band »Alhambra« und eine Handvoll in Amerika spielender Erzählungen. »Diedrich Knickerbockers humoristische Geschichte der Stadt New York«, die im deutschen Sprachraum bisher nur in einer Übersetzung aus dem Jahr 1829 vorlag, verdient es, ihnen an die Seite gestellt zu werden. Sie ist das erste bedeutende humoristische Buch der nordamerikanischen Literatur und hat bis heute nichts von ihrer Frische und Unmittelbarkeit verloren. Sie wird hier in einer bearbeiteten Fassung vorgelegt, die auf die für den heutigen Leser ermüdende Weitschweifigkeit und Monotonie verzichtet, den köstlichen Witz und die Phantasie einer der liebenswürdigsten Erscheinungen der amerikanischen Literatur des 19. Jahrhunderts aber zu bewahren sucht.

Berlin, im August 1977

Hans Petersen

ANMERKUNGEN

11 *Schaghticoke* kleine Stadt (687 Einwohner) in der Nähe von Albany, New York

14 *Bowling Green* Platz am Ende des Broadway in der Nähe der Südspitze von Manhattan, New York City

15 *Herodotos* (um 484 – um 425 v.u.Z.), griechischer Historiker, »Vater der Geschichtsschreibung«

15 *Romulus* sagenhafter Gründer (753 v.u.Z.) und erster König Roms; wurde mit seinem Bruder Remus ausgesetzt, von einer Wölfin gesäugt und von einem Hirten aufgezogen

15 *König Artus* sagenhafter Herrscher der britischen Kelten im 6. Jahrhundert, kämpfte gegen die Sachsen; mit den zwölf Rittern seiner Tafelrunde Mittelpunkt eines umfangreichen keltischen Sagenkreises.

15 *Rinaldo* Heldengestalt aus dem Sagenkreis um Karl den Großen

15 *Godefroid de Bouillon* (um 1060–1100), Herzog von Niederlothringen, Führer des 1. Kreuzzuges

16 *Xenophon* (um 430 – um 354 v.u.Z.), griechischer Schriftsteller und Historiker, Schüler des Sokrates

16 *Sallust* (86–35 v.u.Z.), römischer Geschichtsschreiber und Politiker

16 *Thukydides* (um 455–395 v.u.Z.), griechischer Geschichtsschreiber

16 *Tacitus* (um 55 – um 120), römischer Geschichtsschreiber und Staatsmann

16 *Livius* (59 v.u.Z. – 17 u.Z.), römischer Geschichtsschreiber, bekannt geworden durch das umfangreiche Werk »Römische Geschichte seit der Gründung der Stadt im Jahre 753«

16 *Polybios* (um 201 – um 120 v.u.Z.), griechischer Historiker, verzichtete in seiner »Weltgeschichte« auf rhetorischen Schmuck

23 *Blackstone* Sir William Blackstone (1723–1780), englischer Rechtsgelehrter; seine »Commentaries on the Laws of England« (1765–69) gelten als klassisches Werk über das englische Recht, insbesondere das Verfassungsrecht

24 *Hippogryph* Flügelroß der Dichtkunst, geflügeltes Fabeltier, halb Pferd, halb Greif

28 *Henry Hudson* (gest. 1611), englischer Seefahrer, suchte im

Auftrag der holländischen East India Company die Nordwestpassage nach dem Orient; er entdeckte u.a. die Bucht von New York und den Hudson

28 *Treckschuit* bedecktes Schiff, von Pferden gezogen

30 *Sir Walter Raleigh* (1552?–1618), englischer Seefahrer, unternahm Entdeckungs- und Eroberungsfahrten nach Amerika

30 *Andrea Ferrara* berühmter Schwertschmied, im 16. Jahrhundert wahrscheinlich in Venedig ansässig; sein Name wurde zur Bezeichnung für »breites Schwert«

32 *Marcus Aurelius* (121–180), römischer Kaiser, schrieb aphoristische »Selbstbetrachtungen«

32 *Apollo* in der griechischen Mythologie der Gott der Reinheit und des Lichts; berühmteste Darstellung in der Kunst ist die Statue des Apollo von Belvedere, eine römische Marmorkopie nach einem griechischen Bronzeoriginal aus der zweiten Hälfte des 4. Jahrhunderts v.u.Z.

34 *Sumach* Baum oder Strauch wärmerer Länder

36 *Gibbet Island* (engl.) Galgeninsel; alte Bezeichnung für Ellis Island in der Upper Bay von New York

40 *Orpheus* in der griechischen Mythologie Sänger und Zitherspieler, der mit seiner Kunst die wilden Tiere bezwungen und Steine und Bäume bewegt haben soll

40 *Spuyten Duyvil* enger Kanal, der die Insel Manhattan vom Festland trennt; verbindet die Flüsse Hudson und Harlem

40 *The Narrows* Meerenge zwischen Staten Island und Long Island

40 *Fürst von Oranien* (1533–1584), Wilhelm I. oder Wilhelm von Oranien, Statthalter der Niederlande (1555); bekannte sich zum Protestantismus und kämpfte gegen die Spanier

44 *Triptolemos* in der griechischen Mythologie als Verbreiter des Ackerbaus verehrt

44 *Themis* in der griechischen Mythologie Göttin der Gerechtigkeit

46 *Hell Gate* Meerenge zwischen Ward's Island und Long Island

47 *Theokrit* (1. Hälfte des 4. Jahrhunderts v.u.Z.), griechischer Lyriker, Begründer der Hirtendichtung

47 *Bion* (2. Jahrhundert v.u.Z.), griechischer bukolischer Dichter aus Smyrna, beeinflußt von Theokrit

47 *Phöbus* »der Glänzende«, Beiname des griechischen Gottes Apollo

50 *Blackwells Island* Insel im East River bei New York, heute: Roosevelt Island

52 *Circe* in der griechischen Mythologie Zauberin auf einer einsamen Insel; sie verwandelte die Gefährten des Odysseus in Schweine

59 *Capulet und Montague* in William Shakespeares Tragödie »Romeo und Julia« (1595) die beiden führenden, verfeindeten Familien in Verona

66 *Harun al Raschid* (765–809), abbasidischer Kalif, förderte Dichtkunst und Wissenschaften; seine Tugenden werden in den Volkserzählungen von »1001 Nacht« gepriesen

68 *Plato* (427–347 v.u.Z.), griechischer Philosoph, Begründer der objektiv idealistischen Richtung in der Philosophie und einer der Vorläufer der Wissenschaft von der menschlichen Gesellschaft; von Sokrates beeinflußt

69 *Zerberus* in der griechischen Sage dreiköpfiger Wachhund vor der Unterwelt

78 *Galatea* in der griechischen Mythologie Meernymphe, Tochter des Nereus; Geliebte des Hirten Akis, sie verschmähte den Zyklopen Polyphem

78 *Ajax* neben Achilles der größte und tapferste der griechischen Helden vor Troja

80 *Anabaptisten* Wiedertäufer; protestantische Sekte des Reformationszeitalters mit sozialutopischen Bestrebungen

85 *Gulliver* fiktiver Erzähler von Jonathan Swifts (1667–1745) Satire »Reise in verschiedene ferngelegene Länder der Erde von Lemuel Gulliver« (1726)

85 *Struldbrugs* die Unsterblichen des Landes Luggnagg in Swifts Satire; werden vom 30. Lebensjahr an immer melancholischer, vom 80. Lebensjahr an sind sie von Neid und ohnmächtiger Begierde beherrscht

86 *John Josselyn* (gest. 1675), englischer Reiseschriftsteller, berichtete über zwei Reisen nach New England

86 *Redoute* kleine, geschlossene Viereckschanze

92 *Cajus Gracchus* (153–121 v.u.Z.), römischer Volkstribun

93 *Numa Pompilius* sagenhafter zweiter König von Rom, der von

715 bis 672 v.u.Z. geherrscht haben soll; genoß den Ruf eines Friedensfürsten

93 *Egeria* altitalienische Geburts- und Quellgöttin; galt als Geliebte und Ratgeberin des Numa Pompilius

93 *Sokrates* (469–399 v.u.Z.), griechischer Philosoph, der mit der angeblich zänkischen Xanthippe verheiratet war

96 *Myrmidonen* sagenhafter südthessalischer Volksstamm, mit dem Achilles in den trojanischen Krieg zog

98 *Shad* Maifisch, gehört zur Familie der Heringe

98 *Astolfo* ein englischer Ritter in »Der rasende Roland« (1516 bis 1532), dem Hauptwerk des italienischen Renaissancedichters Lodovico Ariosto (1474–1533); erhält von einer Hexe ein Zauberhorn, dessen Ton alle in Schrecken versetzt

98 *Alekto* »die unversöhnlich Grollende«; eine der drei griechischen Rachegöttinnen

100 *Detachement* Truppenabteilung für besondere Aufgaben

100 *Colbrand der Däne* in dem englischen Versroman »Guy of Warwick« (frühes 14. Jahrhundert) trifft der Titelheld auf den dänischen Riesen Colbrand und erschlägt ihn

101 *Oxhoft* altes Flüssigkeitsmaß, besonders für Wein, von etwa 200 bis 230 Liter

104 *Charondas* griechischer Gesetzgeber aus Katane, Sizilien; gab seiner Vaterstadt im 6. Jahrhundert v.u.Z. ein Gesetzbuch, das später auch in anderen Städten Siziliens und Unteritaliens eingeführt wurde

106 *Bileams Eselin* Bileam ist in der Bibel ein Prophet aus Mesopotamien, dessen redende Eselin sich vernünftiger verhält als ihr Reiter (4. Moses, 22–24)

107 *Lazedämonier* griechischer Volksstamm, alte Bezeichnung für die Bewohner Spartas

110 *Hesiod* (um 700 v.u.Z.), griechischer Dichter, Schöpfer des Lehrgedichts; Hesiod ist die erste in ihren Lebensschicksalen faßbare griechische Dichterpersönlichkeit

113 *Amphiktyonenrat* in der griechischen Geschichte war die Amphiktyonie ein Verband verschiedener Stämme oder Stadtstaaten, die um ein gemeinsames Heiligtum zu regelmäßigen religiösen Festen zusammenkamen; Streitigkeiten unter den Amphiktyonen wurden durch den Amphiktyonenrat geschlichtet

114 *Simson* auch Samson; hebräischer Nationalheld im Kampf gegen die Philister; seine Taten sind in der Bibel mit märchen- und schwankhaften Zügen ausgestattet

115 *Karronade* früher eine Art glatter Haubitze für Kugeln von 12 bis 68 Pfund

115 *Drehbasse* altes kleines, drehbares Geschütz

116 *Apophthegmata* Plural von Apophthegma = kurzer Sinnspruch

116 *Aisopos* d. i. Äsop, lebte im 6. Jahrhundert v.u.Z., griechischer Fabeldichter

119 *Plinius* wahrscheinlich ist Plinius der Jüngere (61 – um 113) gemeint; römischer Schriftsteller und Redner

121 *Parzen* die drei römischen (ursprünglich griechischen) Schicksalsgöttinnen

121 *Plutarch* (um 46 – nach 120), griechischer Schriftsteller, Verfasser vergleichender Lebensbeschreibungen berühmter Griechen und Römer

123 *Algernon Sydney* (1622–1683), englischer Staatsmann, stand im Bürgerkrieg seit 1642 auf der Seite des Parlaments, lebte während der Restauration in der Verbannung und wurde später wegen Teilnahme an einer Verschwörung gegen Charles II. hingerichtet; schrieb »Discourses Concerning Government« (postum 1698)

123 *Tom Paine* (1737–1809), in England geborener amerikanischer Publizist, Anhänger der amerikanischen Unabhängigkeitsbewegung; schrieb aufrüttelnde Kampfschriften und verteidigte in »The Rights of Man« (1791/92) die Französische Revolution

124 *Scone* Ort in Schottland, Residenz der kaledonischen (d. h. schottischen) Könige vom 12. bis zum 15. Jahrhundert. Der Stein von Scone, der Krönungsstein, wurde 1296 nach London gebracht und in den Krönungssessel der englischen Herrscher eingelassen

130 *Lucretius* (um 95–55 v.u.Z.), römischer Dichter und materialistischer Philosoph

137 *Peter von Amiens* (um 1050–1115), Kreuzzugsprediger; zog vor Godefroid de Bouillon nach Kleinasien und schloß sich dort seinem Heer an

145 *Äolus* in der griechischen Mythologie Gott der Winde, lebte auf der Insel Aiolia

146 *More of More Hall* tötet in der komisch-satirischen englischen

Ballade »The Dragon of Wantley« (wahrscheinlich 17. Jahrhundert) den Drachen, der Kinder und Vieh verschlingt

158 *Skanderbeg* (um 1405–1468), albanischer Nationalheld, gewann 1461 den Befreiungskampf gegen die Türken

170 *Schamade* Trommel- oder Trompetensignal als Zeichen der Verhandlungsbereitschaft oder der Kapitulation; Schamade schlagen = sich ergeben, sich zurückziehen

171 *Abencerragen* im Königreich Granada ansässiges maurisches Adelsgeschlecht, dessen Vernichtung durch König Abu Hassan in der spanischen Literatur häufig dargestellt wird

173 *Boreas* griechischer Gott des Nord(ost)winds

176 *Koloß von Rhodos* eines der sieben Weltwunder der Antike; eine von Chares aus Lindos um 290 v.u.Z. gefertigte Apollo-Statue von 31 m Höhe; 224 v.u.Z. durch Erdbeben umgestürzt

182 *Glacis* Abdachung der äußeren Brustwehr einer Festung; Vorgelände einer Festung

182 *Kontereskarpe* äußere Grabenböschung bei Befestigungen

183 *Voltigeur* Luft-, Kunstspringer

188 *Arkebusier* mit einer Arkebuse (das ist ein seit dem 15. Jahrhundert benutztes, etwa 90 cm langes Feuerrohr) bewaffneter Soldat

188 *stygische Gestade* Ufer des Styx, des Flusses der Unterwelt

190 *Kurtine* Teil des Festungswalls, der zwei Bollwerke verbindet

193 *Paladin Orlando* Gestalt aus dem Sagenkreis um Karl den Großen; der berühmteste der zwölf den Kaiser umgebenden Paladine (= Ritter)

198 *Zeloten* Glaubenseiferer; Anhänger einer extrem nationalistischen Partei der Juden unter der römischen Herrschaft im 1. Jahrhundert u.Z.

203 *Gigue* alter, aus England stammender lebhafter, gehüpfter Tanz, meist im 6/8-Takt

213 *»Des Pilgers Wanderschaft«* christlich-allegorisches Hauptwerk (1678–1684) des englischen puritanischen Wanderpredigers und Schriftstellers John Bunyan (1628 bis 1688)

216 *tarpejischer Felsen* ein am Westabhang des Kapitols in Rom gelegener Felsen, von dem Verbrecher in die Tiefe gestürzt wurden

230 *Caligula* dritter römischer Kaiser und grausamer Tyrann, 41 u.Z. ermordet

232 *Charon* in der griechischen Mythologie der alte Fährmann, der die Toten über den Fluß Acheron, die Grenzscheide der Unterwelt, setzt

233 *Menhade* ein Fisch aus der Familie der Heringsartigen

INHALT